Bashung(s)
Une vie

MARC

BESSE

Bashung(s)
Une vie

Préface
de Jean FAUQUE

J'AI LU

À Hector

« There is a crack in everything.
That's how light gets in. »
(« Dans toute chose il y a une faille.
C'est ainsi qu'entre la lumière. »)

Leonard COHEN

Préface
de Jean Fauque

Ce 21 décembre 1997, il fait froid à Paris, très froid même. Rue de Rivoli, je marche d'un pas pressé sous les guirlandes de Noël. Rendez-vous à 18 heures avec Marc Besse, chroniqueur aux *Inrocks*. Il aurait voulu « faire » Bashung pour la sortie prochaine de *Fantaisie militaire*, le rédacteur en chef lui a fait comprendre qu'il y avait d'autres routiers avant lui sur la liste. Il insiste, car il connaît l'œuvre d'Alain sur le bout des doigts depuis qu'il a découvert « Gaby », tout gamin. « Qu'à cela ne tienne, il y a le parolier ; t'auras qu'à l'interviewer. » On se retrouve au café. Je m'attends à rencontrer un type genre « bobo », bien que le terme n'existe pas encore vraiment, un peu torturé (c'est donc l'image que je me fais d'un grand amateur d'Alain ?). Je découvre en fait un « Sudiste », au chaleureux accent toulousain. Au premier demi – le premier d'une longue série –, je baisse un peu la garde.

On parle bien sûr de l'écriture, de l'enregistrement de *Fantaisie militaire*. Il m'explique en détail les raisons pour lesquelles il le considère comme un « monument ». J'ai l'air très surpris. Je lui réponds qu'une fois qu'un album d'Alain est terminé, je ne le réécoute qu'une ou deux fois dans les mois qui suivent, que j'ai bien du mal à porter un jugement, que je suis peut-être à son propos le dernier à savoir, et que si je l'écoute trop tôt, je suis absorbé par les multiples strates qui ont mené au résultat final, aux séances de studio, qu'il me faut du temps pour oublier les conditions de la gestation. Je rêve d'un effaceur de mémoire qui me rendrait l'oreille de celui qui découvre. Et surtout, comme Alain, j'ai le baby-blues, ce serrement de cœur lorsqu'on a devant soi la galette finalisée… C'est une des raisons pour lesquelles, une fois les albums mixés, dans la foulée, on aimait continuer à « bricoler » chez lui des instrumentaux sur du matériel basique, au prétexte de faces B. Pour ne pas que ça s'arrête.

La conversation prendra fin à 4 h 30 du matin. On a évoqué l'artiste, le créateur bien sûr, mais aussi le personnage à la personnalité si complexe, sinon mystérieuse. Bien sûr, je ne dispose pas du trousseau de clés au complet, loin de moi cette prétention, seul l'intéressé peut y prétendre, et nombre de celles et de ceux qu'il aura croisés ou avec qui il aura intimement cheminé sont dans la même situation que moi. Chacune de ces clés ouvre peut-être une serrure différente. Je n'aurai fait qu'en confier quelques-unes à Marc, elles lui auront donné envie de s'en procurer d'autres. Que j'aie été la personne qu'Alain aura le plus longtemps côtoyée, trente-quatre ans en tout, d'avoir été témoin direct, à l'occasion un peu acteur de ses faits et gestes, confident-infirmier de certaines de ses blessures, sauvé par lui en 1977, plus tard son sauveur, ce pathétique 1er janvier 1982, ne me donne pas plus de droits qu'à d'autres. Juste un dernier devoir, puisqu'il avait accepté de se confier. Au fil des entretiens, lorsque la mémoire lui faisait défaut, ne disait-il pas à Marc : « Là, je ne sais plus trop, demande à Janot » ?

Un mois plus tard, Marc me fait part d'une idée qui lui est venue à la suite de notre rencontre : il aimerait bien, dans le cadre d'un reportage, ramener Alain sur les lieux de son enfance alsacienne, à Wingersheim. Mon « Ouh ! là ! là ! » le refroidit manifestement. « Trop tôt je crois, mais un jour peut-être... Enfin, seul Alain pourra te répondre. »

Mais l'idée a germé en lui de dévider l'écheveau. Il a surtout perçu qu'elle gît là, dans l'enfance, la grande blessure d'Alain Bashung, et qu'il tentera toute sa vie de l'aider à cicatriser par son œuvre : cette naissance (de quel père ?) non désirée par la mère, ce bébé ballotté de grand-mère en grand-mère, celle qui vit en Alsace l'élevant jusqu'à l'adolescence. L'abandon comme sentiment primal. Cela explique bien des choses, une lecture de l'œuvre apparaît soudain derrière l'allusion, comme un fil étrangement autobiographique. Cette œuvre introspective, c'est celle d'un inconnu de lui-même. De cette « bâtardise » initiale, Alain me parlera souvent dans les semaines qui suivront notre rencontre, en mars 1975. J'ai du mal alors à concevoir ce possible. J'évoque pour lui mes propres parents aimants, leurs quatre enfants, le paradis de l'enfance sauvageonne au Maroc. On dirait qu'il m'envie... Coupable d'avoir été heureux, je lui confie aussi la douleur du déracinement, suivie d'une adolescence mélancolique, la souffrance de me sentir à jamais un étranger en France. Je lui avoue penser que tout ce que j'écris vient de là, de cette incurable nostalgie. Il comprend, il n'a hélas pas de leçons de souffrance à recevoir. Peut-être que cela nous rapproche un peu plus encore ?

Ce mauvais départ dans la vie éclaire peut-être certains des aspects les plus antagonistes de sa personnalité, d'un côté l'hypertimidité, la discrétion, le silence (le chat, chez lui, c'était vraiment un chat), de l'autre l'exhibition sur scène, parfois impudique, dans les années 1980 ; la constance des sentiments envers quelques proches, mais aussi cette facilité qu'il avait à se séparer des autres, sans plus éprouver le désir de les revoir, la perméabilité à certaines emprises, jusqu'au retour de la lucidité qui déclenche le clash ; la rigolade la plus échevelée au cœur des moments les plus « sérieux » (la folle tournée 1980-81, avec Gainsbourg sur *Play blessures* en 1982, qui se déchaîne en pitreries...) ; cette façon, parfois, d'emprunter la contre-allée devant l'obstacle, mais toujours l'admirable courage du risque permanent, déployé jusqu'au sublime au cours de l'ultime tournée 2008 ; le « chef » qu'on a envie de protéger comme un enfant perdu, ces déprimes terrifiantes (sauve-moi) suivies d'une stupéfiante aptitude à reprendre de l'altitude, cette tentation permanente de l'autodestruction (sauve-toi) contrebalancée par le désir constant de construire, de re-construire, avec une exigence vis-à-vis de soi-même et des autres qui aura laissé pantois tous ceux qui ont collaboré avec lui, parce qu'il les aura tous révélés à l'insoupçonné qu'ils portent en eux.

C'est un incroyable don qui l'aura sauvé : la musique, cette part essentielle de son âme, ses connaissances vertigineuses en ce domaine, cet éclectisme qui le faisait passer sans transition de l'écoute d'un vieux Dean Martin ou de Willie Nelson à Kurt Weill, à Robert Wyatt ou au plus effréné des groupes punk. Et ce désir permanent de faire partager ses goûts, ses découvertes à l'autre. Combien de nuits, dans les années 1970, aurons-nous passées à écouter ainsi, au casque, jusqu'à l'aube ? C'est de lui que je tiens une bonne part de mon éducation musicale. Je n'avais, avant de le rencontrer, qu'une connaissance normale de ce qui se passait du côté des Américains : Dylan (Alain sera le nôtre), JJ Cale, Johnny Cash, du blues, le rock'n'roll des pionniers et, bien sûr, quelques groupes folk, pop et psychédéliques de la décennie 1965-75. Mais lui les connaissait tous. Connaissait tout.

Et en permanence cette facilité, tenant du prodige, à en créer à tout moment et en tout lieu, des heures et des heures de morceaux en « lavabo » en une soirée, chacun son casque. C'est bon, tu peux enclencher le magnéto (et on se marrait à chaque fois, des décennies durant, de prendre bien soin de prononcer militairement *raidi* au lieu de *ready*). Il a fait la fortune des K7iers ! Et ces soirées furent innombrables. Combien de compos différentes sur un même texte, en bribes ou achevé ! Chercher, chercher, tenter, oui, tout tenter. La sainte horreur de la routine et du conformisme. Comme pour les mots. Ce flot qu'il faudra canaliser ensuite, entre la fantaisie la plus débridée, l'expérience la plus osée et la rigueur la plus aboutie.

Détruire, casser, éliminer, mélanger pour bâtir. Puzzle complexe qui finit miraculeusement un jour par s'assembler. Et ces disques des autres qu'il aimait, et qu'il faisait écouter aux musiciens, aux réalisateurs ou aux ingénieurs du son, parce qu'ils indiquaient mieux que les longs discours la direction à suivre. Quitte, bien sûr, à ce que la version finale de l'album n'ait plus grand-chose à voir avec le projet initial. Toujours la méfiance à l'endroit des idées préconçues. Le « laisse venir » comme grand manitou.

En 2002, au studio ICP, à Bruxelles, sans doute l'endroit qu'Alain préfère après son chez-lui, Marc Besse évoque avec lui, après une interview pour *L'Imprudence*, l'idée de prolonger par une série d'entretiens. Cela pourrait mener à une biographie, même si le mot fait peur et n'est pas prononcé. Fidèle à lui-même, Alain se garde bien de répondre immédiatement, mais avec l'art de l'ellipse qu'on lui connaît, il semble laisser la porte s'entrouvrir. Il est peut-être temps. Mais il y a ces blessures indicibles, et puis cette modestie si profonde qui le freine : quel intérêt ? Parler des albums, des chansons, des concerts, passe encore, et autour de l'œuvre dévoiler à l'occasion des sentiments intimes. Mais pour le reste… Revenir sur l'enfance mal-aimée ? Sur les séparations douloureuses ? Il me disait souvent : « C'est pénible de devoir raconter sa vie à chaque sortie d'album. Si au moins elle était rose ! »

Et pourtant…

Huit années durant, ce sont des heures et des heures d'entretiens, plus de 200 au total, qu'il aura accordées à Marc, de visu ou au téléphone. En janvier 2009, la dernière fois que j'ai vu longuement Alain – il était très fatigué mais plein de projets et d'optimisme –, la conversation a roulé sur cette biographie. Léger froncement de sourcils : « *À quoi ça sert de savoir tout ça ? En quoi ça peut intéresser quelqu'un ? Janot, déconne pas hein, balance pas tout !* » Aussitôt après, un sourire : « *Oh, et puis vas-y, maintenant je m'en fous…* » Pas tout, Alain, non, un jour j'ai juré de ne pas enjamber. Les secrets lourds, ceux qu'on aurait voulu ne pas entendre, s'en iront avec moi. Mais pour le reste, oui, je n'ai pas hésité à répondre aussi fidèlement que ma mémoire le permettait aux questions de Marc, à ses demandes de précisions sur tel ou tel fait, sur les détails de datation. Aidé en cela par toutes les archives que j'ai conservées, musicales ou textuelles, depuis nos premières chansons ensemble, en 1975.

Mais Marc Besse aura également des entretiens avec la plupart de ceux qui ont fréquenté Alain à un moment ou à un autre de sa vie, de près ou satellitairement. Monumental travail de recherche, digne d'une enquête d'historien. Nul n'a refusé, tant chacun avait envie de parler de « son » Alain. Il y manquera cruellement Andrée, la marraine salvatrice, et Mick Larie, le pote des débuts sur scène, mandoliniste de génie, emporté par une embolie en juillet 2007. Nous avions prévu de déjeuner ensemble, peu de temps auparavant. Touché au cœur, Alain lui dédicacera *Bleu pétrole*.

Et puis, comme dans une tragédie, ce 14 mars 2009, le héros de ce livre se porte disparu. La fin avant la fin. Ceux qui n'avaient pas encore parlé ont eu plus encore envie de se confier. Et d'autres témoins insoupçonnés se sont avancés, permettant à Marc de mieux encore remonter le fil : cousines, cousins, copains d'enfance ou de jeunesse, aux souvenirs intacts, et puis les vieilles photos qui ressurgissent, tout un pan de vie occulté après la rupture familiale. Le non-dit aura ainsi fini par se dire, le méconnu sera remonté à la surface, le trouble aura fait place à une légère éclaircie.

Depuis qu'il n'est plus là j'y vois un peu plus clair sur un certain nombre de choses, malgré les sales brumes du manque. Son don fabuleux se serait-il révélé, serait-il devenu Bashung sans la blessure première ? J'ai souvent soupçonné notre long cheminement commun de relever de la nécessité. De même qu'il « fallait » qu'il rencontre tous ceux qui ont compté dans son parcours initiatique, il « fallait » qu'on se rencontre. Il le pensait sans doute aussi, deux allusions à vingt ans d'intervalle. Incroyable et tendre patience vis-à-vis de moi, l'arbre a mis bien du temps à en porter les fruits. Que s'accomplisse, en quelque sorte, mon complice.

Les derniers mois, souffrant mais apaisé, entouré par ses proches, porté par la magistrale tournée, touché au plus profond par ces ondes d'amour venues du public et dont il parlait avec tant d'émotion, il semblait heureux : affection, honneurs, récompenses, jusqu'au bouquet final des Victoires 2009. La Légion d'honneur refusée des années plus tôt, il l'accepta sans trop rechigner dès lors que la proposition émanait de la Sacem, qu'elle signifiait la reconnaissance de ses pairs. Touchée par sa disparition, la ministre de la Culture lui dédiera la fête de la Musique 2009. Mais finalement, aura-t-il vraiment pris tout cela au sérieux ? Premier rôle de sa vie, n'aura-t-il pas ri parfois à en être le simple spectateur ? Alain a envahi bien des cœurs et fera sans doute la saison dans tant de boîtes crâniennes. Noir de monde, Alain était plusieurs. Lequel d'entre eux restera à chacun ?

« Ma Quête » faillit être le titre du premier album *Roman-photos*. Jusqu'au dernier souffle, telle fut la vie inspirée d'Alain Bashung.

Avant-propos

« *Tu veux qu'on se voie ? Pour quoi faire ? L'amour ?* » La première entrevue avec Bashung fut un fiasco. En 1989, au bas de l'arrière-scène du « Novice Tour », il s'était tout de même repris en me proposant de le suivre au dîner d'après-concert pour écouter mes questions. Il ne m'adressa pas la parole de tout le repas. Douze ans s'écouleront ensuite. Une décennie interminable à remâcher une envie, un besoin, une urgence. Rencontrer Bashung, m'entretenir avec lui, c'était faire connaissance avec l'auteur de la bande-son d'une vie, la mienne.

Ce temps aura été nécessaire pour continuer à faire le tour du personnage, seul, au gré des trouvailles dans les quotidiens et les magazines, presse ou télé. La masse de documents, d'interprétations et de théories compotées dans un coin de ma cervelle à propos de sa place dans la musique française moderne me servirait un jour, j'en étais convaincu. La délivrance ne me fut pas accordée par le petit monde du journalisme rock, où les places deviennent très chères dès lors qu'il s'agit d'interviewer les monstres sacrés, mais par sa maison de disques. Une première notice biographique, pour son site internet, me fut commandée par elle, puis on me confia la réalisation d'une galerie de chroniques de ses disques destinées à alimenter les pages de l'adresse web qui avait été lancée à la sortie de son album *Climax*. Bashung surveillait tout cela à distance.

À compter de ce jour, plus de quarante-cinq entretiens avec ses collaborateurs, des plus occasionnels jusqu'aux plus fidèles, m'ont permis de préparer sérieusement ma première vraie rencontre avec Bashung, en 2002. Et lorsqu'il m'ouvrit les portes de son studio, pendant l'enregistrement de *L'Imprudence*, je mesurai l'importance de chacun des propos recueillis pour aborder le personnage – avec le respect et la rigueur d'approche attendus.

Le premier entretien a duré six heures, entièrement filmé, suivi de deux heures de discussions plus libres autour des mystères de son enfance, de l'héritage des troubadours et du blues. Plus d'une centaine d'autres suivront, au téléphone, chez lui, au cours de longues après-midi mais aussi, sur des plateaux télé, jusqu'au 12 janvier 2009 – quand je lui annonçai la fin de mon travail, alors qu'il nourrissait les plus grands espoirs de pouvoir continuer sa route, vu les nouvelles encourageantes qu'il avait reçues sur l'état de ses poumons. Il savait que je mûrissais une biographie, je savais qu'il savait, mais nous n'en parlions jamais. À demi-mot, il avait d'ailleurs écarté toute idée de revenir sur certains épisodes de sa vie. « *J'ai mis longtemps à oublier certaines choses, ce n'est pas à moi d'y revenir* », esquivait-il aussitôt que le propos abordait des périodes dont il avait refoulé le souvenir. Pour s'y replonger, à sa façon, il attendait que je mène l'enquête, défriche le passé et revienne vers lui muni de témoignages et de documents solides. Alors, il pourrait enfin, selon l'humeur, ouvrir la boîte de Pandore.

Une biographie de Bashung, c'est avant tout un jeu de patience, une longue quête et un travail de collecte d'indices à recouper méthodiquement et à ordonner année par année, depuis l'enfance à Wingersheim jusqu'à l'installation à la Cité Poissonnière. Il m'aura fallu huit ans et plus de deux cents entretiens avec ceux qui l'ont croisé à travers le temps pour reconstituer le puzzle d'une vie, la sienne. La voici.

M. B

1

À l'est d'Éden

Sur sa chaîne de montage à la section caoutchouc de l'usine Renault de Boulogne-Billancourt, elle a senti les premiers tiraillements. De ceux qui ne trompent pas. Geneviève est enceinte. Pendant des mois, elle en a toujours refusé l'éventualité, mais l'évidence est implacable. Nous sommes à l'automne 1947, dans l'euphorie d'une guerre tout juste tiède, qu'on refroidit à grands coups de relances économiques et de bals du samedi soir. Le père de l'enfant, elle seule en connaît le visage. La rumeur le voudrait ouvrier d'origine kabyle…

Il n'est surtout plus là. Venue depuis sa Bretagne natale pour participer au grand rebond économique français sitôt l'armistice signé, la petite ouvrière est une de ses héroïnes malheureuses du baby-boom. À vingt-deux ans, pas facile de retrouver un homme avec un mouflet dans l'abdomen. Surtout dans ce contexte et en un temps où les traditions de la société française transpirent encore les valeurs du XIXe siècle.

Andrée Lainé, la responsable du personnel et des œuvres sociales, a tout compris du désarroi de Geneviève. Elle va l'aider. Le garçon naît Alain Claude, quelques jours avant Noël, le 1er décembre, à la maternité Baudelocque de l'hôpital du Val-de-Grâce, boulevard du Port-Royal, à Paris XIVe. À la sortie, il part emmitouflé dans les bras de sa mère, direction le Finistère, à Landrévarzec, exactement, au sud de Quimper, chez l'arrière-grand-mère maternelle du petit : Mme Le Dorze. Il faut se reposer. Chez Renault, on a pris ses dispositions pour faire face à l'inflation de naissances après-guerre. Geneviève n'est pas la première, et la pointeuse découvre bientôt le visage de celle qui la remplacera à son poste pendant son congé postnatal.

À peine le temps de sortir de l'hiver 1947-1948, qu'il faut déjà reprendre son quart chez Renault. Les pouponnières de Paris sont saturées et, de toute façon, cela aurait représenté une charge financière bien trop lourde pour sa maigre paye. Alain doit rester là, aux bons soins de « mémère » pendant que Geneviève réintègre la manufacture 1A du Bas-Meudon, à Billancourt. Andrée, la « marraine » du petit Alain, l'attend là-bas.

Alain est bien au sec dans ses layettes, choyé à l'ombre des dolmens, au grand air de l'océan, pendant que Geneviève reprend goût à la vie parisienne sitôt son tablier d'ouvrière enlevé. Les bals du samedi soir ont repris leurs droits, mais les fins de soirée sont plus prudentes. « Mémère » aimerait bien continuer à s'occuper du petit, mais les forces lui manquent. Et puis Alain serait mieux à Paris, auprès de sa mère. Mais la situation de Geneviève n'a guère évolué depuis huit mois. C'est Andrée qui trouve la solution : en attendant meilleure fortune, c'est sa mère Jeanne qui assurera l'intérim et accueillera le petit Alain dans ses appartements jusqu'à ce qu'un homme prenne le bras de l'esseulée.

Roger est arrivé d'Alsace, à moto, il y a quelques mois lui aussi. Il a quitté son village de Wingersheim une fois remplies ses obligations militaires pour commencer une nouvelle vie, là, dans la fourmilière parisienne, où les usines cravachent comme jamais pour donner de l'espoir à la France. Sa vie d'artisan du pain, avec le réveil qui sonne à onze heures et demie du soir pour douze heures de pétrin, ne lui laisse guère le loisir de faire des rencontres. Quand il fait la connaissance de Geneviève, il n'y va pas par quatre chemins. C'est ainsi que Roger Baschung épouse Geneviève Harscoët, le 19 mai 1949, à Paris XVIIIe. Et l'enfant qu'elle a porté sera donc aussi le sien. Le voici officiellement Alain Claude Baschung. À la fin de l'été, il quittera son domicile provisoire pour reprendre sa place de fils dans l'appartement familial.

Pour mieux l'accueillir, et avec l'aide d'Andrée, Geneviève s'est éloignée du bruit des chaînes de montage pour un emploi de bureau plus tranquille. Reste un problème de taille à régler. Dans cet appartement du 8, rue Marcadet, dans le XVIIIe, on vit dans une seule pièce. À deux, l'exiguïté est encore vivable ; mais à trois ? Les journées de travail décalées et cette vie partagée entre deux portes six jours sur sept vont avoir raison de l'unité familiale.

À l'été 1949, en attendant des jours meilleurs, Roger et Geneviève décident de confier Alain Claude à ses grands-parents paternels, Joseph et Elisabeth Baschung, qui vivent dans la bourgade de Wingersheim, à une grosse vingtaine de kilomètres de Strasbourg, en plein pays de la Zorn, du nom de la rivière qui coule au bas du vallon.

Le trajet est interminable. Après plus de six heures de train jusqu'à Mommenheim, plus une bonne heure de bus jusqu'à Wingersheim, Roger, Geneviève et Alain Claude arrivent enfin au 205, rue de la Libération. C'est là que Roger a grandi, dans une des plus vieilles maisons du village, sur quelques centiares de terrain, juste à côté de la boulangerie. Son père Joseph, revenu de la boucherie de 14-18, s'y est installé avec sa femme Elisabeth, une Allemande de Düsseldorf née Battenstein. Il l'avait épousée un peu après l'armistice de la Grande Guerre (le 20 août 1919), et elle l'avait suivi côté nouvellement français.

Enrôlé dans les troupes allemandes, Joseph avait rencontré Elisabeth à l'hôpital central de Düsseldorf. Elle était belle, grande, laborantine de formation et fille d'une des plus grandes familles de la ville. Les von Battenstein, ruinés et déclassés après le conflit de 1870, quand le père avait dû vendre sa particule aristocratique pour assurer la survie de la famille. Avec la guerre, elle avait fait valoir ses diplômes pour devenir infirmière, et puis Joseph, le beau garçon alsacien, était arrivé, blessé.

Il avait mis de côté un solide magot avant le déclenchement du conflit, et il espérait bien le retrouver une fois la guerre terminée. Mais à son retour au village, en 1919, au bras d'Elisabeth, il s'aperçoit que le bas de laine a fondu comme neige au soleil : en août 1919, le mark perd 90 % de sa valeur. Il aura donc englouti ses derniers deniers dans l'achat d'une bâtisse qui avait un temps appartenu à ses ancêtres, et dont il voulait à tout prix récupérer le titre de propriété. Joseph et Elisabeth ne possèdent rien que ces quatre murs. Et la maison neuve qu'il avait promis de construire à sa femme au fond du jardin restera à jamais une chimère. Alors, il faut improviser. Lui, le plumé, se reconvertit plumeur et devient le volailler de Wingersheim, tandis qu'elle fait ce qu'elle peut pour trouver sa place dans ce paysage… Forcément déçue par sa nouvelle situation, qu'elle avait imaginée bien plus riante.

Cette baraque, tout le monde en a peur au village. C'est l'une des premières à avoir été construites à Wingersheim – elle date des années 1600 –, et comme toutes les vieilles pierres, elle incarne la mémoire collective. On l'appelle la « Maison noire ». Les gamins passent devant en pressant le pas, les grands-mères leur ont dit qu'elle était hantée. En 1793, l'accusateur public du Tribunal révolutionnaire de Strasbourg, Euloge Schneider, avait installé la guillotine dans ce jardin et quelques têtes de dignitaires du royaume étaient tombées là. Pendant les guerres de Religion, elle avait abrité les messes secrètes des moines catholiques interdits de culte dans le village voisin protestant, Hohatzenheim. La légende parle même d'un souterrain d'un kilomètre et demi, qui aurait débouché dans le sous-sol de la ferme, devant un tabernacle improvisé, enchâssé dans le torchis.

Avec le temps, la ferme est surtout devenue le château fort d'Elisabeth Baschung. Tout le monde l'appelle Else. Elle s'exprime en allemand quoi qu'il arrive, lâche quelques mots d'alsacien lorsqu'il s'agit de participer à une discussion au village. Avec son port altier, son autorité et ce regard de canonnière, elle s'est taillé une réputation de maîtresse femme. « *C'était une grande femme, très impressionnante. Elle avait un port et une attitude qui témoignaient qu'elle provenait d'une autre culture que celle de nos villages. Elle en imposait. Le dimanche après-midi, elle portait ses grands anneaux aux oreilles, elle fumait sa cigarette et elle allait aux vêpres à l'église du Hohatzenheim* », se rappelle-t-on ici. « *Elle venait tous les soirs chercher le lait à la maison, et elle restait là à discuter avec mes parents pendant une bonne heure. Ils se racontaient les histoires des villages alentour : c'était un peu les infos régionales autour de la table.* »

Joseph plume et Else fait des enfants. Entouré de quatre sœurs (Joséphine, Claire, Marie-Madeleine, Élise), Roger est le seul garçon de la famille. Mais il est bien trop jeune pour être mobilisé en 1939. Joseph, lui, est trop vieux. C'est ainsi que la famille ne verra aucun des siens revêtir l'uniforme allemand au cours de la Seconde Guerre mondiale.

Mais la maison Baschung devient malgré elle l'épicentre du conflit dans la région. L'armée allemande y installe d'abord une cantine et appose des barreaux aux fenêtres de la pièce la plus reculée pour improviser une geôle de fortune. Quand la Gestapo entreprend de rafler les juifs du village en 1943, Else use de son titre (fût-il caduc), von Battenstein, pour s'interposer dans la rue principale du village : « *Ce n'est pas possible, Hitler n'a jamais pu vous demander de faire ça !* » assène-t-elle au gradé en charge de la sale besogne. Elle pensait obtenir gain de cause. Son patronyme de jeune fille lui aura tout juste sauvé la vie, elle et sa famille se retrouvant assignés à résidence. Depuis lors, elle impressionne au village. À l'heure de la débâcle allemande, les divisions de l'armée américaine feront elles aussi leur tambouille dans la grande pièce centrale et utiliseront la petite bâtisse d'en face comme cellule provisoire pour leurs prisonniers de guerre.

Septembre 1949. Alain n'est pas le seul enfant sur qui veille Else. Élise, sa dernière fille, a tout juste quinze ans et va passer encore quelques années ici. Robert, son cousin germain (le fils de Joséphine), vit déjà là depuis six ans. Il est arrivé en 1942, exactement pour les mêmes raisons qu'Alain : des parents au bout du rouleau financièrement et épuisés par des journées de boulot infernales. Robert, lui aussi, est un enfant adopté. L'arrivée du petit est pour lui une délivrance. Enfin, il ne sera plus l'unique garçon de la maison. Et il va couver Alain comme un petit frère.

À Wingersheim, comme dans toutes les autres campagnes de France et d'Allemagne, la vie est rythmée par les guerres. Mais ici, plus encore qu'ailleurs peut-être, les changements de nationalité successifs ont figé le temps et semé le trouble dans la langue. Et puis, dans ce village du fin fond de la vallée de la Zorn, on vit comme au début du siècle. Pas d'eau courante, ni d'électricité, le chauffage par la seule cheminée et des draps glacés dans les chambres en hiver, les toilettes au fond du jardin, pas de salle de bains bien sûr : une existence gravée dans la terre. Les lavandières travaillent au battoir dans la rivière et les gamins font boire les vaches. Les almanachs comptent les lunes et le temps des semis quand la religion fourre ses figurants au calendrier : les enfants de chœur agitant leurs crécelles pendant la semaine sainte, les valets de la Pentecôte (les Pfingschtecknecht), les chanteurs de la fête des rois (les D'sternesinger). Il y a aussi les bouquets d'herbe à la fin des moissons, les fables pleines de sorcières machiavéliques et de créatures hantant la Forêt-Noire que l'on raconte aux veillées. Et puis, il y a la tradition de la Stub : alors, le petit égrène le maïs, écosse les haricots secs et casse des noix. Tous ces moments de la vie de famille auront enrichi sa mémoire d'enfant.

Mais rue de la Libération, ce sont surtout les odeurs qui marquent les esprits au fer rouge. Celle des chevaux que l'on ferre et du métal qui sort du feu chez Schmitt'Sepp, le forgeron, et évidemment celle du houblon. Au village, cette odeur âcre pénètre chaque pore de la peau quand les cônes sèchent dans les granges ou sous les préaux. Opa Joseph apprendra à Alain les rudiments de sa plantation et de sa cueillette.

L'hiver 54 n'a pas été dur qu'à Paris. En Alsace, c'est le pôle Nord. Avec sa santé fragile, Alain est malade comme un chien. Le corps fatigué de Opa Joseph, lui, a bien failli rendre l'âme. Un miracle. À l'école, il gèle. Alain vient d'entrer en CE1, sa première année de scolarisation. À l'école de la République, il apprend à parler le français. Son institutrice est enthousiaste. Il est deuxième de sa classe sur les quatorze garçons inscrits. « Bon élève. Alain est appliqué mais très indiscipliné », écrit-elle sur son livret scolaire. La discipline, voilà l'ennemie d'Alain, celle qui va lui valoir les plus sévères punitions. Dès qu'il joue un peu trop fort de son harmonica (un cadeau de Roger pour le Noël 1952), ou dès qu'il chahute un peu trop avec des copains, on entend la voix tonitruante d'Oma entonner un fracassant « *Lummel herrein !* » (Dedans, sale môme !) qui marque l'arrêt des polissonneries et la consigne immédiate dans la grande maison sombre.

À l'église, en particulier, le petit est connu pour son effronterie. Il venait à peine d'être désigné enfant de chœur qu'il s'était déjà mis en tête de faire tourner l'encensoir trois fois dans le dos du curé. Un pari de gamin. À la troisième, l'encensoir racle le sol et provoque un bruit énorme dans la nef de Saint-Nicolas. Sacrilège. Il se rappellera longtemps la torgnole qui a sanctionné sa pitrerie : « *J'ai volé à 20 mètres.* » Le curé Klein est un rigoriste. Et à Wingersheim, la religion fait encore office de seconde école de la vie. Jusqu'en 1956, en classe, Alain suit des cours d'éducation religieuse à la place des heures dédiées à l'éducation morale et civique. « *J'ai très vite compris que, pour avoir la paix, il fallait que j'aie des bons résultats à l'école* », dira Alain Bashung à propos de ses années de primaire. Avec son Oma qui ne parle qu'allemand et Joseph qui ne comprend pas grand-chose aux livres de classe de son petit-fils, Alain devra sa réussite à la boulangère voisine, chez qui il révise et apprend ses leçons en prenant son goûter...

1955. « Élève intelligent... Bon travail, mais trop bavard. Monte en CE2. » Classement : troisième sur 14.

« *Je devais avoir sept ou huit ans le jour où on m'a traité de petit bâtard. Ce jour-là, j'ai compris que je n'étais pas vraiment du village et que je n'en serais jamais. Bâtard, le mot ne signifiait pas grand-chose pour moi, mais, au-delà de l'injure, j'avais compris qu'il y avait une vraie différence entre les gamins du coin et moi. J'ai saisi immédiatement que je n'étais pas désiré ici, que je n'avais rien à y faire légitimement. Je n'étais pas né là... Je passais pour un étranger. Paris, c'était la*

France, pas l'Alsace. On ne parlait pas la même langue. Et puis, on ne traite pas quelqu'un de bâtard par hasard, ce fut une sorte de révélation pour moi. Je ne connaissais mes parents que de loin. J'étais là, sans eux et sans comprendre vraiment pourquoi ils n'étaient pas là. Enfant, ça me paraissait presque normal, c'était comme ça. »

Alain est encore à l'âge où on aime la terre sur laquelle on vit et où le village invite aux premières complicités qu'il vit déjà son premier combat : trouver sa place. Robert, lui aussi, a essuyé la même insulte, « bâtard ! », mais il l'a moins mal vécue. C'est que la ségrégation est vivace entre les familles alsaciennes. Les clans sont bien marqués entre les « petits Français » déracinés et les petits Alsaciens de souche. Dès la porte de l'école franchie en fin d'après-midi, les différences reprennent leurs droits. On ne joue pas ensemble, ou très rarement. Et puis il y a les confessions catholiques, protestantes et juives qui divisent. Alain doit rester à sa place, sous peine de voir s'abattre sur lui les foudres d'Else.

« *C'est terrible, la vie à la campagne. Tout y est figé pour des siècles : un tel est un raté, un tel a de l'argent, un tel est un bâtard, un tel est respectable parce qu'il est bien avec le curé. C'est établi et ça ne bougera pas. Les tabous à ne pas transgresser se transmettent de génération en génération et le silence prévaut sur les explications. Sauf cas grave, on ne parlait de rien, c'est tout juste si on effleurait les choses. La fantaisie ou l'oisiveté ne sont pas autorisées, seul le travail représente une réelle valeur dans le monde rural. Il y a une culture de la pénibilité, une peur du changement, de l'avenir. Les enfants devaient rentrer dans le moule et se conformer à la ligne qu'on avait tracée pour eux, sans réclamer le droit de penser autrement. C'était un monde extrêmement conservateur, tissé d'austérité et d'hypocrisie, où le plaisir était considéré comme un péché.* »

1956. « Alain fait du bon travail, mais est un peu trop turbulent. Alain passera en CM1. » Classement : troisième sur 10.

Alain est taillé comme une arbalète. Ses camarades d'école l'ont surnommé « le Max ». Être aussi frêle à la campagne n'est pas un signe de bonne santé. Ici, un enfant bien portant est un marmot bien grassouillet. Avec la guerre et le rationnement, le vieil adage a pris encore plus de valeur. Alors, dans le village, on se demande si le petit mange bien à sa faim. Rumeur... S'il ne pèse pas bien lourd à l'heure des défis physiques, il a pour lui un sens inné du chant et le fait valoir à la chorale. « *Le maître d'école tenait l'orgue. Il était immense, tout en bois, avec un jeu au pied. C'était un vrai moment de bonheur. Là, j'oubliais le quotidien pendant quelques heures...* »

Alain a neuf ans, et sa perception du monde qui l'entoure a bien changé. Sa grand-mère lui a expliqué à quel point elle était nostalgique de sa vie d'avant, du carnaval de Mayence et des soirées chics de sa jeunesse aristocratique. Il voit son grand-père décliner et faire les quatre saisons sur sa chaise sous le porche de la maison à regarder défiler les carrioles dans la rue, sa canne posée à côté de lui, se refusant à soigner cette goutte qui lui déforme pourtant le pied. Même ses marches solitaires jusqu'au verger, où il bichonne ses cerisiers, ses poiriers et ses pommiers, lui sont devenues difficiles. Il s'occupe pourtant encore des oiseaux qu'Alain recueille blessés et qu'il garde dans sa grande cage le temps de la rémission : pinsons, mésanges, chouettes. Mais Joseph a lâché prise depuis longtemps.

« *Mon grand-père se laissait sombrer, il avait abdiqué et il traînait de plus en plus la patte. Quand il voulait se faire entendre, il tapait le sol avec sa canne. On lui apportait sa chaise respectueusement. Ma grand-mère lui gueulait dessus tout le temps et lui ne voulait plus lutter. Cela créait un climat d'une grande amertume, de drame permanent. Pour un gamin, ce sont des images terribles. L'exemple de mon grand-père me montrait la voie de ce que je pouvais éventuellement devenir. C'était effrayant. C'est pour ça que j'ai toujours fui de façon maladive tout ce qui peut me rappeler la résignation, les relations qui se nourrissent de drames stériles pour un oui ou pour un non, de complications inutiles. Ça m'a bouffé la tête.* »

Il voit aussi toutes ces granges qui brûlent à intervalles réguliers, ces vengeances de campagne pour quelques mètres de terrain carottés sur la propriété de l'autre, pour de vieux différends noués sous l'Occupation (une dénonciation, une trahison, un peu trop de zèle au marché noir...) ou, plus souvent, pour des histoires de fesses : « *Je voyais des femmes enceintes qui passaient leur temps à pleurer. C'était la catastrophe, parce qu'elles savaient que leur enfant n'était pas celui de leur mari et qu'en grandissant le gamin allait ressembler de plus en plus à un type qui vivait à l'autre bout du village...* »

Alain s'ennuie. Son harmonica ne lui suffit plus et il voudrait bien tromper la morosité en jouant du violon posé au-dessus de l'armoire. Oma lui a fortement déconseillé d'y toucher. C'est un instrument de famille qu'on se transmet de père en fils. Elle a tellement peur qu'il le casse... Sa seule échappatoire, c'est la radio. Les fréquences lumineuses du gros poste où défilent des noms magiques : Baden-Baden, Stuttgart, Luxembourg... Quand il est autorisé à l'allumer, il ingurgite tout ce qui s'y passe et retient tous les noms des compositeurs : Wagner, Strauss, Kurt Weill, mais aussi ceux des chanteurs à la mode : les sœurs Kessler, Caterina Valente (très populaire alors en Allemagne), Peter Krauss. « *Mon imaginaire pouvait enfin avoir une bande-son. Durant ces premières années, j'ai sans doute développé un attrait pour ce mélange de sentimentalisme et de bizarre. Je n'entrevoyais pas encore la possibilité d'échapper à mon sort rectiligne par la musique, mais au moins je pouvais rêver, m'évader.* »

Alain a d'autres motifs d'évasion. Comme chaque année, il fait un court séjour chez ses parents à Paris. Trop court. Cet été-là, sa grand-mère a bien vu qu'il avait un grand besoin d'air. Elle a beau le visser à double tour, elle sait encore lire dans les yeux d'un enfant. Et comme elle a l'âme voyageuse, elle profite de chacune de ses escapades estivales pour emmener le petit. Elle l'a même inscrit sur son passeport pour pouvoir franchir la frontière allemande en toute tranquillité et s'offrir une semaine de vacances avec sa jeune tante Élise à Düsseldorf, chez la sœur d'Oma, la grand-tante Lenchen.

En août, quand sa mère lui rend visite, ils partent prendre quelques bains de soleil à Strasbourg et à la station thermale de Niederbronn-les-Bains pour boire un verre d'eau soufrée. Mais l'humeur de Geneviève est très fragile. Depuis quelque temps, venir à Wingersheim est devenu une épreuve pour elle, particulièrement lorsqu'elle doit voyager seule. Déjà, à Noël dernier, alors que Roger était resté près de ses fourneaux pour les fêtes, elle lui avait adressé une courte lettre où elle lui faisait part de son profond désarroi au cœur de cette campagne enneigée. « *Pendant ces deux jours, je me suis ennuyée. Je ne suis plus la même* », concluait-elle dans sa correspondance. Cette année, elle ne s'éternise pas au pays du houblon. Elle se contente d'un aller et retour express Paris-Strasbourg pour honorer son engagement auprès de son fils. Elle regarde ses cahiers, son livret scolaire si plein de promesses, puis repart se ressourcer comme chaque année sur la pointe finistérienne, avec ses aînés, au Pouldu, à Quimper ou Bénodet.

1957 : « Très bon élève. Trop bavard. N'apprend pas toujours ses leçons. Monte en CM2. » Classement : Premier sur 9.

L'ennui, toujours l'ennui. Alain et Robert font les quatre cents coups. Oma leur a formellement défendu de visiter le grenier. C'est donc évidemment la première chose à laquelle ils pensent. Les différents régiments qui sont passés par le village pendant la guerre ont laissé des munitions par caisses entières. Alors, aux beaux jours, bravant le « *verboten* » grand-maternel, Alain et Robert démontent les cartouches et se font un petit feu d'artifice privé en allumant de longues traînées de poudre... Il leur en cuira. Oma ne badine pas avec la discipline. Elle a la main leste et un regard qui ne trompe pas quand la grêle va tomber. Alors, quand Alain entreprend de taper sur une grenade avec un marteau pour voir ce qu'il y a dedans...

Malgré leurs six années d'écart, Alain et Robert partagent la même ferveur pour la bicyclette. À sa dernière visite avec Geneviève, Roger a offert à son fils son vieux biclou de course rouge. Une bombe ! Avec ces petits boyaux, Alain s'imagine déjà avalant les kilomètres et peut-être battre Robert dans la grande course qu'ils referont presque chaque jour. « *C'était un beau cadeau. C'était mon vélo pour aller à mes rendez-vous d'amour ou au bal. Il y avait un village tous les kilomètres. Il y avait toujours une fête de la bière, des tournois de sport : bière, saucisses, catch, tombola. Pour 50 centimes, on mangeait pour trois jours. La souffrance sur le vélo me faisait du bien. À chaque douleur dans les jambes, j'avais l'impression de me renforcer pour affronter d'autres choses. Chaque côte était un défi. Il fallait que j'y arrive, sinon j'étais un nul. Sur un vélo, t'es tout seul, ça fait mal aux jambes, au ventre, mais je ne déchaussais jamais les pédales. Je me battais contre moi-même, je me faisais tout un cirque pour me motiver. J'avançais quand même. Avec Robert, on se soutenait. On ne parlait pas de nos souffrances, mais silencieusement on se comprenait. On vivait la même chose.* »

Depuis qu'il a sa bécane, Alain s'est passionné pour la petite reine. Début juillet, il entre comme en religion : le Tour de France 1957 a démarré. Il a tout préparé pour suivre la Grande Boucle au jour le jour. Une carte de France où il a reproduit le tracé de l'épreuve, un cahier pour noter les moments importants de chacune des 22 étapes. La septième journée, l'arrivée est jugée à 75 km de chez lui, à Colmar. Il rêve d'y assister et d'applaudir la star alsacienne, Roger Hassenforder.

Avec quelques bouts de fil de fer, du papier et des bouchons, il a bricolé dix petites figurines, des principaux coureurs du Tour (André Darrigade, son favori, le vainqueur 1956 Roger Walkowiak, René Privat, Jean Forestier, Jean Stablinski, encore sur le pont, le Belge Marcel Janssens, le grimpeur ailé Charly Gaul, l'Italien, roi de la montagne, Gastone Nencini, et un petit jeune très prometteur du nom de Jacques Anquetil...). L'oreille vissée à la radio, il suit en direct l'évolution de la course et déplace les miniatures sur la carte à chaque temps fort. Chaque soir, il note tout sur son cahier – minutieusement : les chutes, les points intermédiaires, les échappées, le nom du vainqueur et le classement général. Trois semaines de pur bonheur, et autant de courses à refaire soi-même sur le vélo rouge.

Assis sur son bolide, exhibant ses guiboles à la Fausto Coppi, Alain sillonne les campagnes et passe ses après-midi chez sa tante Joséphine, à Mittelschaeffolsheim. Une sacrée bonne femme. Six enfants au compteur. Plus six autres à élever, arrivés sous son toit avec son dernier mari. Une vraie patronne, chez qui la cuisine est une véritable caverne d'Ali Baba. Mais Joséphine s'est fâchée avec Oma. Il n'y avait pas de place pour deux impératrices dans le village, alors elles ont mis deux kilomètres de distance entre elles. Peu importe : leurs histoires ne concernent pas les enfants de la fratrie Baschung, tous aimantés autour de la table de Phine à l'heure du goûter.

À Paris, Geneviève a pris sa décision. Pour sa dixième année, Alain ira passer ses vacances au bord de la mer. Une ou deux semaines sur le sable breton, entre Landrévarzec et Houlgate, pour faire le plein d'embruns et de crêpes. Son arrivée dans le village d'à peine 1 000 âmes a attiré la curiosité des gamins. Un Alsacien en Bretagne ! « Mémère » retrouve son tout-petit vraiment grandi et déjà presque adolescent. Le soleil est au rendez-vous. Mais financièrement, il faut redoubler de prudence. La période n'est pas bonne.

1958 : « Bon travail. Il y a des progrès. » Classement : cinquième sur 19.

Comme tous ses camarades, Alain a raté une bonne partie du premier trimestre. Le nouvel instituteur n'a été nommé que bien après la rentrée. Le retard pris est considérable. Dans la classe, les effectifs ont sérieusement forci puisqu'on compte à présent dix-neuf élèves. Les notes d'Alain dépassent tout juste la moyenne. Il va donc devoir mettre les bouchées doubles pour cette année capitale avant le concours d'entrée en sixième et le certificat d'études. De fait, il redresse miraculeusement la barre au cours du dernier trimestre et s'offre ainsi toutes les chances de bien figurer au collège.

« *En classe, Alain était le meilleur dans bien des domaines. En maths, en dessin et en écriture, il était vraiment un cran au-dessus de nous tous. Quand on faisait des exercices d'écriture, il montrait un coup de crayon et de l'esthétique qui lui valait les félicitations de nos maîtres de l'époque, M. Marx et M. Schaal. Il avait un don que nous n'avions pas* », se souvient l'un de ceux qui partageaient le banc avec lui, Raymond Arbogast. Le dessin, l'aquarelle, voilà la nouvelle passion d'Alain. Il a achevé son premier tableau : une nature morte. Il vient également de faire une découverte majeure :

« *Un jour, ma grand-mère est entrée dans la Stub en hurlant :* "Ils ont inventé le rock'n'roll !" *Elle détestait ça. Pour elle, c'était aussi grave que la bombe atomique. J'ai découvert les radios américaines installées en Allemagne à ce moment-là. C'était une révolution. En Amérique, les pionniers étaient déjà en perte de vitesse et le mouvement s'essoufflait, mais moi, j'entendais enfin quelque chose qui me parlait directement, qui me touchait très profondément. J'avais l'impression que chaque morceau m'était adressé personnellement. Pour la première fois, je me suis senti heureux.* »

Robert n'a pas passé cette année avec Alain chez Oma. Il a réintégré le domicile de sa mère, Joséphine. Il a l'âge d'aller aux champs maintenant et le nouveau mari de Phine a justement besoin de bras sur l'exploitation. Il termine son apprentissage de mitron et va gagner sa croûte bientôt. Mais les vacances scolaires d'été vont offrir un autre compagnon de jeux à Alain. Son cousin Alain Jean, à peine plus jeune que lui d'un an, arrive début juillet. Ils vont pouvoir suivre le Tour de France ensemble. Mais Alain Jean ne parle pas un mot d'alsacien. « *La grand-mère baragouinait deux ou trois mots de français, mais pour le reste, Alain faisait l'interprète. Pendant nos premières vacances, notre passe-temps favori était le jeu du parachutiste. On allait dans la grange où les voisins faisaient sécher la paille et le tabac et on se lançait du haut des tas de paille avec un grand drap. C'était à celui qui sauterait le plus loin ou du plus haut. On arrêtait dès que la grand-mère commençait à élever la voix. On savait qu'il fallait filer doux à partir de ce moment-là. Puis fin août, arrivait la récolte du houblon. Le principal vigneron habitait un peu en contrebas. Alain, Oma et moi passions la journée dans la cour de sa ferme, à arracher les cônes de houblon jusqu'à sept heures du soir. Il fallait être très consciencieux, on n'en perdait pas une miette. Le voisin et sa femme nous surveillaient. À la fin de la journée, on avait les mains recouvertes d'une couche verte qu'il fallait enlever au couteau.* »

En septembre, Alain n'a pas onze ans. Il doit attendre pour se présenter à l'examen du certificat d'études primaires. Les mois sont longs. Plus encore que sa scolarité, c'est la suite de sa vie qui se joue durant ces quelques mois jusqu'à Noël.

Alain va devoir quitter Wingersheim, mais pour aller où ? Deux hypothèses s'offrent à lui : aller en pension à Strasbourg pour y poursuivre ses études, ou retourner à Paris. Or, l'internat, ce n'est pas donné, et les modestes émoluments de Roger et de Geneviève pourraient ne pas suffire à son entretien. Et puis Alain n'a aucune envie de vivre six jours sur sept dans un établissement scolaire. Il désire profondément retrouver ses parents, voir se reconstituer le noyau familial en revenant à Paris. Mais le problème est toujours le même : l'appartement de la rue Marcadet est toujours aussi minuscule. Roger et Geneviève ont bien fait une demande pour obtenir un HLM, mais il leur faut, en attendant, trouver autre chose, et ils logeront provisoirement en face, chez un certain M. Petiot. Ils espèrent une réponse à l'horizon 1959. L'arrivée prochaine d'Alain devrait d'ailleurs faire accélérer leur dossier.

2

Un fil à la patte

Avril 1959. Square des Moulineaux, au 36, avenue Pierre-Grenier, à Boulogne-Billancourt, Roger et Geneviève poussent la porte du trois-pièces dont ils viennent enfin d'obtenir le bail. Tout est là, comme un luxe nouveau : une cuisine, une salle à manger, deux chambres… dont une pour Alain. Ce sera celle qui donne sur la cour, avec la meilleure vue. Située au cœur de Boulogne, la cité est à deux pâtés d'immeubles de la station de métro Marcel-Sembat. Construite au milieu des années 1930 pour loger les tabliers bleus de chez Renault, elle incarne ce que de Gaulle aurait voulu pour chaque barre HLM du grand Paris : un carrefour de cultures, un lieu d'échange, une zone franche où les particularismes vivraient en harmonie. Chacun à sa place, mais tous sur le même étage.

Alain a posé son petit baluchon sur son lit. Pour la première fois depuis sa naissance, il se retrouve dans le même logement que ses parents sans que le temps soit compté… Une autre vie peut commencer. Là, dans la grande ville. Geneviève assure le quotidien au bureau, quand Roger sue toujours devant son four à bois de la rue Poissonnière. À trois heures du matin, le réveil donne le top départ de sa journée qui se poursuivra jusqu'en milieu d'après-midi.

Le Général est président, la France vient d'entamer ses Trente Glorieuses, elle a un nouveau franc et mange du pain. Mais Roger a très rarement le loisir d'accompagner son gosse jusqu'à l'école, pourtant à deux pas, il l'aperçoit juste à la sortie des cours, une fois que lui-même a terminé sa sieste.

Depuis le 20 avril, Alain est inscrit à l'école primaire de garçons Pierre-Grenier, au cours complémentaire industriel de CM2. Il suit donc une formation additionnelle, une sorte de pré-professionnalisation qui devrait déterminer sa carrière à venir. Une façon élégante de lui signifier qu'il redouble. Non seulement parce qu'il a passé les huit derniers mois loin des salles de classe et qu'il faut rafraîchir certaines connaissances élémentaires en vue du certificat d'études, mais aussi parce qu'il vient de la campagne profonde alsacienne, dont on pense à Paris qu'elle n'est pas le lieu idéal pour préparer à l'examen du certif à Paris. « *Dès qu'on dépassait le périmètre de la gare de l'Est, on avait l'impression d'être un étranger. La première chose que les gens remarquaient, c'était ton accent alsacien. À cette époque, il y en avait toujours un pour se foutre de ta gueule à l'école. Ils ne savaient pas d'où je venais, mais ça les amusait de me montrer du doigt. Les humiliations sont impitoyables à cet âge-là. Comme j'étais d'un naturel plutôt réservé, je faisais profil bas. On m'avait toujours appris à ne rien dire, alors les premiers temps, je la fermais et je me disais qu'un jour j'aurais ma revanche. C'était terrible. Je venais d'un pays où j'étais le petit Parisien qui allait repartir, et une fois à Paris, j'étais le petit Alsacien qui arrivait. C'était le déracinement permanent. C'est très difficile de se construire sur de telles données... Pendant longtemps j'ai continué à rêver en alsacien.* »

Les premières semaines sont très douloureuses. Il vit un véritable bizutage à l'école et, une fois rentré chez lui, il ne peut compter ni sur son père ni sur sa mère pour être aidé dans la révision de ses leçons : Roger ne sait ni lire ni écrire et Geneviève n'a pas la force de s'atteler à cette tâche. Heureusement, Andrée, la « marraine », s'est proposée pour suppléer aux lacunes parentales. Mais même ainsi accompagné, le défi semble impossible à relever. Tout annonce qu'une autre année sera nécessaire pour consolider ses connaissances et lui permettra enfin de s'orienter vers la formation professionnelle. Mais la réforme de l'éducation votée en 1959 va délivrer Alain de tout ce jeu de contraintes inutiles. À partir de septembre, plus besoin du certif pour prétendre à un avenir ! La loi a rendu la scolarisation obligatoire jusqu'à seize ans, et du coup, il suffit de passer un petit examen pour entrer en sixième. Le collège ouvre ses portes. Alain va donc pouvoir se présenter au nouveau certif, en juin 1960, avec une pression moindre. Avec un niveau correct, il grimpera à coup sûr à l'étage supérieur.

L'été arrive donc en pente douce. Direction l'Alsace, où Oma et Alain Jean l'attendent de pied ferme. Mais la santé d'Opa s'est bien dégradée. À soixante-seize ans, sa patte folle ne le porte plus et Oma doit veiller sur lui en permanence. Elle a lâché du lest avec les petits. Le programme des deux mois d'été est toujours aussi passionnant : vélo, parachutisme en grange et ramassage du houblon.

La rentrée scolaire s'annonce autrement plus sérieuse. C'est tout de même l'année du certificat et de la communion solennelle. Le rituel de la remise des livres le premier jour de classe à l'école Pierre-Grenier ne trompe pas : même si le diplôme a perdu de son importance, il représente encore un enjeu de taille, un passeport pour l'avenir. À la paroisse de Boulogne-Billancourt, le curé n'a pas manqué de solennité lui non plus pour expliquer ce grand moment de rencontre avec la foi catholique qu'est la communion. Toute l'année, Alain va devoir s'y préparer.

Il a des fourmis dans les jambes, mais ses parents n'aiment pas le voir traîner au bas de l'immeuble au retour de l'école ou le jeudi après-midi. Et puisqu'il aime le vélo, Roger l'a inscrit au club de cyclisme sur piste de Boulogne afin qu'il tâte du braquet et qu'il se frotte à la compétition. Avec sa silhouette, pense-t-il, il devrait fendre la bise sans difficulté et renforcer ses mollets toujours aussi fins. C'est ainsi qu'il va digérer les kilomètres jusqu'aux traditionnelles vacances de Noël, où il pourra enfin faire valoir ses progrès au guidon auprès du cousin Robert. Il a emporté avec lui les livres du certif, pour réviser, et le petit carnet où il a griffonné les paroles de ses chansons préférées. Celles qu'il aime bien entendre à la radio ou qu'il écoute sur l'électrophone d'Andrée le samedi après-midi, au 76, rue du Château, à Boulogne. Patiemment, il va en recopier les textes, à la plume et sur du beau papier pour en conserver un double dans le tiroir de sa chambre à Wingersheim. « Les feuilles mortes » d'Yves Montand, « Je chante », « Le chat noir », « Y'a de la joie » et « Le temps des cerises », par Trenet, les incontournables de Piaf (« La foule », « L'hymne à l'amour », « L'accordéoniste »), « Le bateau espagnol » et « Jolie môme » de Léo Ferré... Pour faire plaisir à Oma, il calligraphiera aussi les classiques alsaciens (« Stille Nacht, Heilige Nacht », « Am Weihnachtsbaum », « Süsser die Glocken nie klingen », « Kommet ihr Hirten »).

Début 1960, le quartier autour de la place Marcel-Sembat change à vue d'œil. Depuis les rixes tragiques de l'été précédent, les blousons noirs font la une des médias. Si elles ont été chassées du centre de Paris en périphérie, en revanche, les bandes ont étendu leur territoire. Celles de Boulogne, notamment, ont élargi leur zone d'action depuis la patinoire de la « Fédé » jusqu'à l'avenue Pierre-Grenier et les blousons noirs ont fait de la cité HLM leur nouveau fief. Chaque soir vers 17 heures, ils prennent leurs marques à chacune des entrées de la résidence. Motos, bananes, bottes, barres de métal et chaînes de vélo, rock'n'roll, blousons en cuir noir : pas de doute, on est ici en zone ouvrière, prolétaire. On y attend de pied ferme les rivaux, les Blousons dorés, qui viendront à coup sûr chercher la bagarre à la nuit tombée. Le rock'n'roll est au bas de l'immeuble et Alain ne se lasse pas du spectacle chaque soir.

Il est beau comme un astre dans son aube blanche. À son arrivée sur le parvis, ce 15 mai 1960, Alain saisit son grand cierge et prend place dans la file des communiants. C'est le grand jour. Il s'agit d'affirmer sa pleine responsabilité de chrétien et de conclure un long parcours commencé à l'église de Wingersheim. Et s'il fait un peu le pitre à l'arrière du rang, il sait parfaitement qu'il s'apprête à vivre l'un des moments les plus forts de sa vie. Le plus fort ? « *J'étais un peu amoureux d'une fille, et elle était aussi un peu amoureuse de moi. On s'est regardés pendant toute la cérémonie. Et pour nous, c'était comme si on se mariait. C'était fabuleux. La religion passait bien après ça.* »

Ce dimanche, en guise de cadeau, il reçoit une petite collection de disques (un Johnny Hallyday, deux Gilbert Bécaud, un Sydney Bechet, un Dario Moreno...). Un avant-goût de la surprise qui l'attend le jour de sa réussite au certificat d'études : une guitare Lucky 7 bleue. « *J'avais la guitare, mais pas l'ampli, alors je me branchais sur le pick-up.* »

Alain a trouvé enfin une raison de rester dans sa chambre. En trois mois, au prix d'heures de grattouillages en autodidacte, il commence à maîtriser les six cordes. Il a dompté les accords de base et retrouve les mélodies sur le manche. Il ne lui manque que le rythme. Le look, il l'a déjà. Pour son entrée en sixième, il a abandonné la raie sur le côté du petit garçon sage et se coiffe désormais comme Gene Vincent. Il tient son passeport pour attirer la curiosité des rockers au bas de l'immeuble et inviter à la conversation... même s'il est bien trop timide pour aller se frotter aux durs. Dans la barre d'immeubles d'en face, il a d'ailleurs repéré deux frangins qui jouent aussi de la musique – et de la bonne. Il compte bientôt entrer en contact avec eux pour progresser sur son instrument et tenter quelques petites séances de jeu.

Roger et Geneviève regardent leur môme grandir. Il vient d'avoir treize ans et ils n'ont rien de mieux que leur quotidien à proposer à l'adolescent qui se construit. À peine deux ans après leur réunion sous un même toit, le lien se distend déjà. Il est vrai qu'il n'y a rien dans cette vie ouvrière pour rêver un peu. Du coup, quand il n'est pas fourré chez ses potes musiciens de l'autre côté de la cour, Alain s'échine sur sa Lucky 7 dans sa chambre. Avec les progrès qu'il a accomplis, il va bientôt pouvoir jouer devant un public, composer peut-être lui-même quelques chansons – et surtout monter son propre groupe.

C'est l'époque où la situation professionnelle de Geneviève se complique un peu plus tous les jours. Elle travaille maintenant dans une supérette et gagne moins qu'à l'époque de Renault. Les temps sont durs et les sacrifices de Roger pour offrir quelques distractions à Alain absorbent la majeure partie des économies. Il reste peu de place pour la fantaisie. Ses meilleurs moments, il les vit dans ses sorties avec Andrée. « *Mes parents avaient toujours des problèmes, mais ils en parlaient très peu. Il y avait une certaine solidarité dans l'immeuble. Ils menaient une vie simple, sans fantaisie. Ils faisaient du mieux qu'ils pouvaient. Ma marraine, elle, me faisait rêver un peu, elle me faisait sortir de temps en temps de la grisaille HLM. Par exemple, elle connaissait un régisseur, à l'ORTF, qui me racontait ses tournages avec Henri Salvador. Ça me transportait. Henri Salvador, ce n'était pas rien ! Je passais des soirées avec elle. Elle aimait la grande musique, elle avait beaucoup de disques. Je lui dois beaucoup pour m'avoir ouvert une fenêtre sur un autre monde ; c'était ma seule planche de salut.* » Le samedi, ils font le tour de Paris : Montmartre et ses peintres, les clubs de jazz où défile un fond sonore ahurissant – Art Tatum, Thelonious Monk, les premiers Gainsbourg... Autant de refuges où il saura revenir quand l'atmosphère deviendra trop lourde chez lui.

L'été 1961 s'ouvre sur une bonne nouvelle. Alain Baschung passe en cinquième. Cette année-là, il part à Wingersheim guitare sur le dos. Ses copains, au village, ont dû tirer une langue comme ça, c'est sûr. Alain Jean le rejoint quelques jours plus tard. Lui aussi s'est mis à la musique et tire sa petite épingle du jeu devant une batterie. Oma leur a donné l'autorisation de mettre de côté les vieilleries entreposées dans la pièce qui servait de cellule pendant la guerre et de l'organiser en salle de concerts. Opa, lui, est au plus mal. Le médecin a peu d'espoir. Alain et Alain Jean ne seront pas autorisés à le suivre à l'heure du départ pour l'hôpital. Ici, les enfants sont tenus à l'écart des affaires des adultes, surtout lorsque la mort approche.

Ils vont s'affairer sur leurs instruments tout l'été, autour de reprises rock, de tentatives jazz approximatives (le ternaire n'est pas à la portée du premier débutant venu). Quand les doigts chauffent un peu trop, on fait une pause le temps d'une longue balade dans les champs. Un peu de papier à cigarettes, une allumette et on s'essaye aux premières clopes avec des cheveux de maïs en guise de tabac. Quintes de toux garanties. Le 1er septembre 1961, Opa revient à la maison dans un cercueil. Les enfants rentreront plus tard à l'école cette année.

Son prof de français, Alain le connaît bien. Il vend *L'Humanité* au bas de l'immeuble, avec *Pif le Chien*. En cours, il ne parle jamais de politique mais explique Molière, invite à étudier *Le Cid* et George Sand. Alain s'ennuie. *Le Cid*, lui, il en connaît une version bien plus drôle sous le nom de KaCIDi Hopalon, comme il l'a grimé sur son livre de classe en déformant le nom du célèbre cow-boy, héros de bande dessinée. George Sand, elle, est bien plus belle avec un bandeau de pirate sur l'œil, un tricorne et une barbichette de mousquetaire.

1962 arrive et Baschung n'a plus qu'une idée en tête : faire de la musique. À la guitare, il a désormais atteint un niveau qui lui permet haut la main de jouer un bon répertoire devant n'importe quelle assistance. Avec son jeu à l'harmonica et sa technique de chant naturelle rôdée à la dure école de la chorale, il peut désormais tenir une scène tout seul – ou en petite formation acoustique. Il ne lui manque qu'un ampli pour faire un barouf d'enfer. Son intérêt pour les études, on peut le dire, est inversement proportionnel à son attrait pour sa Lucky 7 : « *On m'a souvent taxé de rebelle, mais c'était par la force des choses : il fallait que je m'explose, que je m'implose… J'étais tellement mal dans ma peau. Sans ma guitare, sans le rock, j'aurais certainement très mal tourné. Je n'ai jamais trouvé cette musique superficielle, je l'ai prise au contraire très au sérieux. C'était à la fois fort, moderne, intelligent et simple, fulgurant et profond. Ça me laissait une chance, c'était à la portée de l'amateur. Je suis vraiment heureux d'avoir débuté ainsi, par quelque chose de simple. Je crois que l'on mesure mieux la valeur des autres musiques lorsqu'on a commencé par accrocher au rock.* »

La vie au bas de l'immeuble le happe. Le batteur du groupe dans lequel il joue parfois dans la cité est ouvrier chez Renault. Il vient de décrocher un petit concert en lever de rideau d'une fête de l'usine de Mennecy. Il manque un chanteur. Alain saute sur l'occasion et file en douce. « *On a fait un concert mémorable. Il y avait plusieurs petites scènes. Je devais avoir quinze ans. On chantait en première partie de Bobby Lapointe, Anne Sylvestre, Raymond Boisserie, un accordéoniste obligatoire à chaque fête populaire. On a joué dans une indifférence totale. Philippe Avron et Evrard étaient venus donner une petite représentation de leurs sketches, j'étais fasciné. J'avais un sentiment très partagé. Il y avait un tel décalage entre le public, le spectacle et les conditions du spectacle que je me demandais s'il était vraiment raisonnable de se lancer dans ce métier. Les artistes arrivaient dans une voiture au cul de l'arrière-scène, ils descendaient dans la boue. Ils faisaient semblant de se changer derrière un rideau. Ils avaient un vague piano avec un micro qui faisait du larsen dès qu'on le touchait. De quoi dégoûter les plus acharnés. Quand Bobby Lapointe est passé, je crois que personne n'a rien compris de ce qu'il racontait alors que nous, nous étions morts de rire.* »

Entre lui et ses parents, c'est une opposition frontale qui se profile. Son cursus d'études longues (pour l'époque) a du plomb dans l'aile et à ce rythme-là, il est clair qu'il n'ira pas au-delà de la quatrième. Roger l'a prévenu qu'il le formerait au métier de boulanger s'il ne faisait pas un effort. Menace mise à exécution. Alain tient deux jours comme mitron puis revient à la raison. La « marraine » Andrée est passée par là et a pacifié les débats. Grâce à ses aptitudes, il remonte vite la pente et gagne son ticket pour la classe supérieure. Il a pris une solide résolution : à la fin de ces trois nouveaux trimestres, il se réorientera vers une filière courte pour prendre son envol le plus rapidement possible. À l'été 1963, il opte ainsi pour une inscription au lycée professionnel Belles-Feuilles, section comptabilité-industrie afin de préparer un brevet technico-commercial.

Le départ à Wingersheim s'effectue dans un climat apaisé. Alain s'apprête à épater la galerie avec cette guitare, dont il tire désormais de somptueuses choses, et ce solex, qui lui demandera nettement moins d'efforts que son vieux vélo. Et pour la drague, c'est nettement plus efficace ! Il a surtout pour objectif de traverser la frontière, comme il le fait chaque mois d'août depuis quelques années maintenant, pour y dénicher ces fameux disques de rock qu'il n'a pas la possibilité d'acheter en France. Après le rituel pèlerinage en famille à Niederbronn, il tient enfin son périple à Kehl puis Düsseldorf. Le Buddy Holly bleu est enfin à sa portée. Dans sa besace, il ramène quelques bricoles de Bobby Darin, des simples de Joe Brown, Peter Paul and Mary et un ou deux Elvis – ceux qui manquent à sa collection.

Alain Jean et lui poursuivent leurs fameuses jam-sessions, mais avec une tout autre maestria qu'à leurs débuts, et ils continuent à fumer ensemble le poison aux cheveux de maïs. Dans leur studio, ils sont seuls au monde, veillant parfois très tard, perdus dans des discussions interminables. Alain Jean : « *Un soir, Alain me dit : "Dis-moi, il paraît que mon père n'est pas mon père… Tu es au courant ?" Je le savais depuis longtemps, mais ma mère m'avait fait promettre de tenir ma langue coûte que coûte. Je lui réponds : "Ah non ! Mais tu m'étonnes, là ! – Si si, mon père n'est pas mon père." Je n'ai jamais su qui le lui avait dit.* » Alain Baschung : « *J'aurais aimé l'apprendre de la bouche des principaux intéressés. De toute façon, la question restait sans réponse. Je n'avais aucune piste pour essayer de retrouver la trace de ce père biologique. Et on ne voulait pas m'en donner. Je me suis accroché quelque temps à l'espoir d'obtenir un indice. On m'a dit qu'il était kabyle et qu'il serait parti au Canada. Loin. Je n'en ai pas su davantage. J'avais un père adoptif qui avait pris ses responsabilités et qui faisait du mieux qu'il pouvait. Je devais accepter la situation.* »

Ce seront ses derniers jours d'été à Wingersheim.

3

L'échappée belle

Le 21 septembre 1963, Alain découvre ses nouveaux camarades de lycée. Il est le seul à porter un blouson de cuir. Tous les autres lui semblent endimanchés. Deux d'entre eux, toutefois, ont l'air un peu plus filous que la moyenne. Leurs noms : Mick Larie et André Georget. La musique va très vite les rapprocher et les discussions basculent aussi vite autour de Roy Orbison ou d'Eddie Cochran. Mick joue du banjo et de la guitare, André de la guitare seulement. Mick a échoué à Belles-Feuilles mais ne compte pas faire de vieux os ici. Il pense trop à la musique, en cours il s'est installé à côté d'Alain qui lui souffle en douce les solutions pendant les interrogations écrites. Le cas d'André est un peu différent : « *Je sortais d'un cours particulier pour rattraper le niveau, et je me sentais un peu redevable vis-à-vis de mes parents. Il fallait assurer. Alain était dans la même situation que moi.* »

La connexion s'établit donc d'abord avec Mick, autour de cette fameuse grille de trois accords que chacun explore de son côté. L'idée d'un groupe n'est pas encore à l'ordre du jour, même si l'aventure enclenchée avec les copains de Boulogne semble être tombée à l'eau. Mais avec Mick et André, on cause musique entre les cours et après. Les disques s'échangent et les découvertes se partagent. Alain est le plus érudit des trois : ses heures passées à écouter avec avidité les radios américaines captées en Alsace ont stocké dans sa tête une quantité incroyable de références. Et puis les microsillons achetés en Allemagne détonnent avec les idioties yé-yé qui abreuvent les ondes radio françaises, où *Salut les copains* résonne comme la voix de la jeunesse.

Le premier trimestre a rendu son verdict. Alain est sur les bons rails. Il a renoué avec sa bonne vieille idée d'assurer du point de vue des études pour acheter la paix familiale et mener ses expériences musicales en toute tranquillité. André loge au 5, rue Mirabeau. Il est le fils de la concierge des établissements Chauvirey (un négociant en rhum), et la patronne lui a concédé une pièce au rez-de-chaussée pour faire ce qu'elle appelle « sa musique ». Alain y est le bienvenu. André Georget : « *C'était une aubaine de pouvoir répéter dans un grand local. Dès qu'on avait terminé la journée, on marchait jusqu'à chez moi, on discutait du début à la fin du trajet, puis on branchait et on répétait jusqu'à assez tard. Avec Alain, on la jouait plutôt profil bas. C'était vraiment sérieux la musique, on ne considérait pas le rock comme un truc pour draguer les minettes. On essayait de le garder comme un machin un peu underground. En plus, Alain avait ce sérieux par rapport aux études qui impressionnait. On était loin du cliché rock qu'on connaîtra quelques années plus tard. Tout était encore très "ambiance après-guerre". Fallait pas plaisanter avec l'école, l'avenir. On venait du milieu prolo et on vivait les choses avec le poids de la réussite sur nous.* »

Mick, lui, habite rue Daumier, près de la porte de Saint-Cloud, pas très loin de Boulogne. C'est au cours de l'un de leurs trajets de retour que germe cette envie de se tester guitare en main une après-midi. La rencontre a lieu chez Mick, et débouche sur une évidence : ils sont faits pour jouer ensemble. Études, séances de cinéma au Ranelagh, reprises de standards du rock et de la country. Voilà le programme pour les six mois à venir, avec une belle carotte au bout de la route : se faire la belle cet été-là sur la côte Atlantique en essayant de décrocher quelques concerts et de gagner quelques sous pour s'équiper en matériel.

Pari tenu. En juillet 1964, le patron de la brasserie Le Regalty à Royan les prend un mois pour animer les soirées de la brasserie. Et s'ils ont besoin d'une basse, il la tiendra lui-même, puisqu'il sait quoi faire avec un manche à quatre cordes. Alain Baschung : « *Mick était un hurluberlu total. On n'avait vraiment pas de sous et on ne pouvait pas s'équiper Vox, fender, sono. On était branchés rockabilly et country rock par défaut puisqu'on ne pouvait pas s'équiper électrique. On jouait cinq ou six heures par jour, on était nourris, logés… J'ai gagné 1 500 francs. C'est la première fois que j'ai imaginé pouvoir gagner ma vie en jouant de la musique. Revenus à Paris, on a joué dans quelques cabarets, des boîtes de strip-tease, on auditionnait çà et là. Jusqu'au jour où on a rencontré un manager à Pigalle, un Black qui faisait tourner des artistes dans les bases américaines du Shape en France. On pouvait rester un temps assez conséquent dans chaque base.* »

À Fontainebleau, Chinon et Dreux, Baschung et ses amis jouent dans les mess devant des soldats désœuvrés, coincés là, et qui tuent le temps à boire des coups le samedi soir et à jouer au bingo. Les groupes français sont cantonnés aux premières parties, les premiers rôles sont réservés aux artistes américains. Des loulous de seconde zone aux États-Unis ou d'anciennes gloires d'un jour sur le retour qui cachetonnent à l'étranger, certes, mais surtout d'incroyables professionnels qui renseignent immédiatement sur le fossé existant entre nos pauvres tentatives musicales françaises et l'évidence américaine : « *On côtoyait des sous-Four Tops fabuleux, des musiciens country avec violons et pedal steel, des groupes qui chantaient tout le répertoire des Beach Boys à s'y méprendre. Les conditions étaient limites, mais eux étaient absolument impeccables. Ils étaient incroyablement organisés avec des gens qui s'occupaient de leur matériel sur scène et qui rangeaient. Ils n'avaient à s'occuper que de leur musique, de leur show. En France, à cette époque, il n'y avait que les stars pour avoir des roadies. Nous, on arrivait avec notre vieux tube Citröen qu'il fallait pousser dans les côtes, on déballait notre matériel et on remballait tout nous-mêmes. Là, on s'apercevait vite qu'on était loin du compte.* »

De sa virée chez les GI, Baschung va surtout rapporter les ustensiles indispensables à tout rocker : des Levi's, des Zippo, des disques introuvables dans les boutiques françaises – et vendus là à un prix dérisoire.

Alain et Mick attaquent 1964-1965 sur deux fronts séparés. Baschung est entré à l'École nationale de commerce Bessières comme demi-pensionnaire. Mick, lui, n'a pas été aussi assidu. En revanche, il a trouvé une solution pour prolonger les pérégrinations country-folk des deux amis sur Paris. Il tient le lieu et peut-être aussi les musiciens additionnels. Son frère, Jeff, entré à l'École hôtelière, est d'accord pour tenir la batterie et il va sonder dans sa promo de cuisiniers en herbe pour dénicher un quatrième larron à la basse. Le trio répète dans un patronage laïque du XIIIe arrondissement, au 15, rue Charcot. Le Père Jean-Pierre, met à leur disposition le local de répétition un à deux soirs par semaine, juste à côté des studios Europa Sonor. Jean-Marc Tomasi les rejoint un mois plus tard. Il ne sait pas jouer de la basse, mais il a trafiqué sa guitare pour lui donner un son proche. Les Dunces (les cancres) sont nés. Chaque répétition est enregistrée, on y brasse du Dylan, du Hughes Aufray, du Peter Paul and Mary, tout en acoustique. Parfois, les portes du studio voisin sont ouvertes pour quelques heures et placent le groupe en condition réelle, comme s'il enregistrait... Mais il n'y a personne derrière la table de console.

Six mois ont suffi aux quatre pour prendre leurs marques. Ils sont attendus à Royan pour jouer un nouvel été au Regalty, mais toute la saison d'été cette fois-ci. Jean-Marc, pourtant, ne pourra pas être du voyage : il doit effectuer un stage dans un grand restaurant de La Baule. Les Dunces feront le boulot à trois pour cette fois, s'adjoignant un bassiste occasionnel. Mais cette instabilité perturbe Alain et Mick. Ils vont donc recruter un musicien supplémentaire pour pallier tout imprévu. Jeff, lui, est fatigué de trimballer sa batterie : il opte pour une rythmique en wash-board, une batterie portable, ce qui accentue le côté très bluegrass du groupe. Le guitariste recruté s'appelle Jean-Marie Redon. « *J'ai été accepté dans le groupe sur un seul critère : je savais faire les accords barrés et ça les a séduits. Je vois encore la tête de Chouchouille (le surnom d'Alain) quand je leur ai montré ça.* » Le groupe doit bientôt honorer ses deux premières représentations officielles : le concert des Jeunesses Ouvrières Chrétiennes et le gala de l'École supérieure de commerce, suivies de quelques prestations au parc d'attraction western de Robinson, en banlieue. Carton plein.

Si Alain a pu s'inscrire en deuxième année de son BTS comptabilité, c'est d'abord parce qu'il a obtenu une excellente note de mémoire de stage effectué chez Pechiney-Rhône-Poulenc en fin d'année passée. Mais ce qu'il a vu à l'occasion de ces quinze jours passés en entreprise l'a effrayé sur son propre avenir :

« *J'apprenais la mécanographie, les ancêtres des ordinateurs : les bilans, les études de marché, le droit commercial anglais. Des trucs à des années-lumière de ma sensibilité. Mais c'était la seule manière d'avoir un diplôme concret. C'était ça ou se retrouver en philo, ou des études littéraires qui ne menaient pas à grand-chose, ou des études administratives qui débouchaient sur des métiers encore plus flous. Tu sortais avec un CAP, un brevet qui pouvait te permettre de devenir comptable ou expert-comptable, de travailler assez rapidement pour rapporter de l'argent. Je me suis retrouvé dans cette pièce où cinquante personnes étaient assises devant leurs machines à écrire, en train de recopier à la main les résultats calculés par les mécanographes, d'éplucher des comptes en avalant un sandwich à midi et je voyais la vie que j'allais avoir après. J'ai eu très peur. Je voulais autre chose que cette destinée étriquée, quitte à travailler beaucoup. Mais au moins donner un autre sens à ma vie, aller au-delà de la simple équation "bosser pour bouffer, payer un loyer et avoir quelques semaines de vacances". C'était suicidaire à l'époque. Je n'étais certainement pas le seul, mais je voulais entretenir l'utopie, mettre un peu de passion dans le concret. J'étais à l'âge où un gamin peut commencer à se dire que la vie n'est pas seulement faite pour avoir un chèque à la fin du mois. Je pensais pouvoir atteindre autre chose avec une guitare à la main. J'ai essayé de revenir à l'école pour une seconde année. J'ai tenu deux semaines.* »

À l'automne 1965, Baschung s'est fait une raison. L'avenir appartient aux Dunces et, au cas où le band s'effondrerait, il pourrait toujours proposer une collaboration à André Georget, avec qui il joue toujours un peu quand les Dunces font la pause. André Georget : « *Alain a écrit beaucoup de chansons dans cet appartement, et on enregistrait sur un petit magnétophone Uher 2 pistes, et de temps en temps, Gilbert Montagné venait avec son farfisa pour compléter les morceaux. Ce qu'on faisait n'avait pas grand-chose à voir avec ce qu'Alain faisait avec Mick et les Dunces. C'était un projet parallèle assez informel, Alain lançait un thème et puis on tournait autour à deux guitares. Lui il avait encore sa Lucky 7 et moi une espèce de guitare jazz avec un micro steamer vissé à la Django Reinhardt et mon ampli bricolé dans un poste de radio Télémonde. On a fait quelques petits trucs ensemble, mais c'est toujours resté une vie musicale marginale.* »

Tout s'envole fin 1965. André a anticipé son départ au service militaire, il s'apprête à passer dix-huit mois au 8e régiment d'infanterie à Commercy, dans la Meuse. Alain, lui, envisage de se constituer un dossier psychiatrique. Ils ne se perdront pas de vue. Pour mieux préparer la suite des Dunces, Alain se met à l'écriture. Compositeur, il ne désespère pas de devenir auteur – et édite, en effet, son premier recueil de poèmes. Six petites successions de strophes à lire comme telles, ou à mettre en musique, dont « Ange m'a pris la main », « Mon vieux berger », « Va au bout de la Terre », « Soldat universel », « Je ne suis qu'un musicien » et « Chaque homme porte une lourde chaîne » :

Pour celui qui tend la main,
au bon cœur de son prochain
Pour celui qui n'a plus rien,
qu'un peu de lait et du pain
Pour celui qui vagabonde,
tant que la Terre est toujours ronde
En suivant ses pas dans l'ombre
Jusqu'à la prière de sa tombe
Écouter battre son cœur.

4

La confusion des genres

Les Dunces ne décollent pas. Pas d'agent, pas d'argent… et des signes de plus en plus inquiétants de lassitude vont avoir raison de leur fougue. Alain a envisagé de tailler la route en solo. Il en a parlé à Mick et Jean-Marie, qui de leur côté, se verraient bien continuer le chemin à deux dans la veine bluegrass. Jean-Marc a son destin tout tracé dans les meilleures brigades de cuisine. Jeff, lui, n'a pas encore vraiment réfléchi.

Alain passe alors des auditions au club Pierre-Charron, la boîte branchée du quartier des Champs-Élysées, et son taulier, Raymond Mamoudy, l'engage pour trois mois. Mamoudy est une autorité dans le monde de la chanson. Auteur et/ou compositeur pour Michèle Arnaud, François Deguelt ou Tino Rossi, il tient le tout-Paris du show-biz dans son carnet d'adresses, et les soirées au Pierre-Charron regorgent de directeurs artistiques en tout genre. Si Baschung doit être repéré, c'est ici. « *J'avais une guitare douze cordes et mon harmonica. J'avais un set de vingt minutes où je faisais un Dylan, un Presley, un Buddy Holly, je reprenais Peter Paul and Mary dont je maîtrisais bien le répertoire, et puis j'alternais le reste de la représentation avec du Barry McGuire (un soir "Eve of destruction", un autre "Sins of the family"), PF Sloan,*

Donovan... Je touchais 50 balles par soir. C'était une fortune pour moi. Un soir, un type me dit : "On va signer un contrat, je vais te faire enregistrer un disque." J'ai cru que c'était le paradis. »

Le gars s'appelle Gérard Hugé. Il est directeur artistique chez Decca-RCA-Victor. Ses bureaux sont à quelques mètres du club. Dans son catalogue, il a déjà signé ce qui se fait de mieux sur la place de Paris : Noël Deschamps, Ronnie Bird, les Hopcats, Tom et Jerry et puis Pussycat.

Avant d'être éditeur, Hugé est surtout un musicien, un chef d'orchestre au sens le plus pur du terme. Il s'est illustré au tout début des années 1960 dans un groupe, Les Pingouins (avec un certain Dominique Blanc-Francard à la batterie), et, de ses quelques années au cœur de la machine rock à la française, il a compris qu'aucun groupe de rock ne pourrait jamais réussir ici si on ne changeait pas les habitudes musicales en profondeur. Alors, plutôt que de s'échiner sur des mélodies, de passer son temps à s'exaspérer en concerts, il a décidé de passer de l'autre côté. Il veut modifier les manières de faire en termes de son, de production, d'arrangements, de détection artistique afin de faire avancer les choses dans ce vieux pays obsédé par sa littérature, d'un côté, et confit dans sa chanson à flonflons de l'autre. En Baschung, il a détecté une voix bien sûr, mais surtout, il a deviné un artiste hors cadre qui ne fait valoir aucun héritage musical français et qui est allé chercher du côté de l'Amérique ses propres racines. Plus qu'un interprète, il croit avoir repéré un compositeur en puissance. Et avant de le lancer en tant que chanteur, Hugé voudrait tester sa jeune recrue sur l'écriture de chansons pour un ou deux artistes qu'il a déjà pris sous son aile. La première sera pour la chanteuse Pussycat. Ancienne meneuse d'un des rares groupes pop-rock féminins français, Les Petites Souris, Pussycat (alias Évelyne

Courtois) est à la recherche d'une chanson pour son prochain quarante-cinq tours, *La la lu*.

Alain a une idée. Plutôt que de se lancer dans une pure composition, il a pensé à une adaptation. Pas une resucée de standards, mais une refonte d'un truc un peu décalé, un générique de série américaine : le thème de *Dick Tracy*, composé par The Ventures, un groupe américain spécialisé, depuis la fin des années 1950, dans les génériques de séries télévisées. Porté par le brin de gosier frivole de Pussycat, cela aurait fière allure. Passée à la centrifugeuse Baschung, la chanson est méconnaissable et, sur le texte d'Eileen Robinson, elle pétarade comme un hymne de chipie : « Moi, je préfère ma poupée ». Ces deux minutes trente de pop canaille atterrissent en quatrième position du disque de Pussycat, mais ce sont elles qui vont faire guincher la jeunesse parisienne tout l'été 1966.

La façon dont Alain s'est dépatouillé de cette gageure renforce Gérard Hugé dans son pressentiment : ce type a de la ressource. Le chèque de sa première prestation ne lui est pas encore réglé par la comptabilité de chez RCA que Hugé veut déjà lui confier une deuxième mission : une chanson pour Noël Deschamps, l'une des deux stars de la maison. Problème : entre Hugé et le chanteur, il y a de l'eau dans le gaz. Si Hugé propose Baschung à Deschamps, celui-ci le renverra à coup sûr dans les cordes. Mieux vaut les mettre en contact plus finement. Noël et Alain ne se connaissent pas vraiment, ils se sont juste croisés dans les bureaux du 30, rue Beaujon. Un samedi de septembre, ils se retrouvent tous les deux « par hasard » dans une fiesta, impasse Genouville à Levallois-Perret. Alain a apporté sa guitare. Noël le repère : « *Je le vois, on discute et je lui fais part de mon embarras. Je suis mélodiste, mais je ne suis pas un compositeur naturel. J'avais cette chanson avec "Oh là hey !" comme point central du refrain, Je la sentais, j'avais presque tout le texte, mais je n'arrivais pas à trouver la solution. Je la chante à Alain, qui commence à gratter et ébauche une structure en guitare rythmique. La chanson est née comme ça. On l'a enregistrée en novembre 1966. C'était la seule chanson originale du disque.* »

La petite brouille entre Noël Deschamps et Gérard Hugé cache une bien plus épineuse discorde : chez RCA-Victor, le directeur artistique n'est plus en odeur de sainteté et il apparaît de plus en plus évident qu'il va devoir changer d'air. Il a d'ailleurs déjà commencé à préparer ses valises, non sans avoir assuré ses arrières : c'est qu'en quittant la pétaudière RCA, fin 66, Hugé compte bien « emporter » avec lui « ses » artistes, Baschung y compris, même s'il n'a pas eu le temps de lui faire signer le moindre contrat avant son départ. Il le prend quoi qu'il en soit sous sa coupe et l'emmène avec lui chez Philips. Trimballé d'un côté à l'autre de Paris, Alain a une seule certitude : il va enfin pouvoir sculpter son premier microsillon dans les prochains mois. Que ce soit chez Philips, RCA ou Tartempion records, il s'en contrefout. Gérard Hugé sera son mentor pour l'année à venir.

Depuis le 19 octobre 1966, Alain est inscrit à la Sacem. Il y a été parrainé par Mouloudji. Sous le matricule 152866, il a déposé ses poèmes comme premières œuvres et ses deux premières chansons. Le 16 novembre, il peut ajouter à son crédit quatre nouveaux titres en tant qu'auteur-compositeur : « Pourquoi rêvez-vous des États-Unis ? », « T'es vieux t'es moche », « Opéra cosmique » et « Petit Garçon ». Chez Philips, le petit nouveau est lancé avec les moyens habituels. *Salut les copains* et RTL côté radio, foultitude de magazines pour jeunes (*Frimousse, Je suis timide, Âge tendre et tête de bois*, etc.).

Mais au-delà de l'attirail promotionnel, Alain a aussi imaginé comment il pourrait forcer son destin : en mobilisant autour de sa chanson tous les suffrages de sa famille et de ses amis. Dans sa lettre du 12 novembre 1966, il fait part de sa ruse à sa marraine Andrée et lui demande d'entrer dans sa combine.

« Salut Dédée,

Je t'écris ces quelques lignes pour te donner des nouvelles… Mon disque va sortir le 16 novembre et passe déjà à la radio. Mercredi dernier, j'ai fait une émission sur Radio Luxembourg avec Michel Cogoni. Pourrais-tu écrire à la radio en disant que ma chanson te plaît et que tu aimerais la réécouter. Plus il y a de lettres et mieux ça vaut. La chanson s'appelle "Pourquoi rêvez-vous des États-Unis ?". L'adresse de la radio est 22 rue Bayard dans le 8ᵉ arrondissement. Tu fais semblant d'avoir entendu mon disque le samedi 9 à 21 h 15 environ. Ma chanson parle de Jeanne d'Arc, du Président, de vignettes, de porte-clés, etc. Si des lettres pouvaient partir d'endroits différents, ce serait préférable. Si je fais d'autres émissions, je te préviens sauf je suis informé trois heures avant comme c'était le cas hier… En attendant, je t'embrasse bien fort. Alain. »

L'histoire ne dit pas si Dédée a suivi le « machiavélique plan de bataille » imaginé par le jeune Alain, mais le titre va grimper dans l'estime des programmateurs jusqu'à inviter le jeune prometteur à sa première prestation télévisuelle à l'ORTF, le 29 décembre dans l'émission « Ça vient de paraître », pour lancer sa deuxième chanson officielle, « T'es vieux, t'es moche ».

La pochette et le *scopitone* télé révèlent le beau gosse, habillé à la limite du psychédélique, avec débardeur en moumoute et pantalon à carreaux noirs et blancs. Baschung présente bien, il chante des textes en phase avec la jeunesse un peu rebelle, il a une voix de crooner en puissance : la jeune recrue a décidément de l'avenir. Musicalement, il est tout aussi crédible, entre pop française bien tenue et folk américaine, avec de vraies ouvertures artistiques du côté du psychédélique sur « Opéra cosmique ».

L'émission de télévision a été enregistrée quelques jours avant. Car au moment de sa diffusion, Alain vit sa première grande séance de studio : celle où l'on grave, sur un « Premier Essai Discographique », dix chansons en vue d'un éventuel trente-trois tours. Il y a là trois titres à paraître sur les prochains simples et six autres miniatures pop : « Hep radio taxi », « Je suis un incompris », « Seul dans la pénombre », « Jo qu'as-tu fait à l'école », « Une vie de Toutou » et « Ah ! j'ai si mal » qui resteront inédits. Dans la carte de vœux qu'il adresse à sa marraine pour le Nouvel An 1967, Alain confie à Andrée tous les espoirs qu'il place dans ces enregistrements. Son rêve n'est plus très loin désormais, pense-t-il.

En février 1967, Gérard Hugé reprend la direction de l'orchestre qui va l'accompagner sur les quatre morceaux de son quarante-cinq tours suivant. Mais Baschung n'est pas très sûr de son écriture. S'il assume pleinement les paroles de « T'as qu'à dire yeah » (l'histoire d'une fille qui bégaie), il préfère travailler à quatre mains avec Pussycat ou Gérard lui-même pour écrire les couplets et les refrains des trois autres titres (« Quand un amour disparaît », « Toute la semaine à travailler », « Comme une enfant »).

Hugé est un véritable sorcier. Il procède avec Alain comme avec ses anciens poulains Ronnie Bird et Noël Deschamps. Il n'enregistre que la nuit. Ce soir-là, comme d'habitude, il a demandé une dérogation à Philips pour pouvoir utiliser les studios en nocturne, et il a convoqué tout son monde pour dix heures du soir. Mais Alain et les musiciens de l'orchestre devront poireauter deux heures avant de démarrer. Hugé est comme ça : il bidouille sans arrêt, il cherche un son, fait tester dix possibilités chromatiques à son preneur de son avant de commencer. Comme une sorte de Phil

Spector à la française, il prétend inventer une direction de production propre à chacun des disques qu'il entreprend d'enregistrer. Il en sera comme toujours le cerveau, et surtout le seul à savoir ce que sera le résultat final.

À minuit tapante, la séance commence. Sur quatre pistes ou huit pistes maximum, il empile des couches d'orchestrations, trafique les effets de guitare rythmique et les voix avec, parfois, jusqu'à sept chants différents dans le même morceau. Il fait même chanter Bashung en voix de tête quasi féminine. Il mixe alors sur une seule piste, sans s'autoriser le moindre droit à l'erreur. À quatre heures du matin, tout le monde est lessivé.

La tradition du show-biz français veut que chaque débutant soit symboliquement chaperonné par un grand nom de la chanson. Philips a ainsi suggéré à Juliette Gréco de « marrainer » le jeune Alain Baschung. Une courte entrevue le 3 avril a convaincu Juliette :

« *J'avais été étonnée par son regard. Il avait une réelle force de vie, une flamme. Je ne m'engage pas auprès des gens si je ne sens pas ces vibrations en eux. Sinon on vous collait n'importe qui comme rejeton. Même quand Jacques Canetti m'a proposé, en 1953, d'être la marraine de Jacques Brel, j'avais été le voir à l'Alhambra avant de prendre ma décision. Il faisait les entractes entre deux représentations, seul sur son tabouret. Pareil pour Serge Gainsbourg. Dans ce genre de cooptation très commerciale, on comptait sur vous pour tenir le rôle de la donneuse de conseils, mais il n'y avait que Jean Nohain à l'époque pour croire encore à ces histoires. Moi, je n'étais pas là pour leur prodiguer quoi que ce soit. Qu'est-ce que vous voulez conseiller à quelqu'un dont vous sentez qu'il a tout en lui ? Nous avons fait ensuite une séance photo chez moi, 33, rue de Verneuil, avec une petite mise en scène. Moi dans une attitude un peu protectrice, lui m'écoutant religieusement assis devant le piano. C'était amusant.* »

Deux minutes trente de pure Amérique chantée en français : voilà le tour de force réalisé par « T'as qu'à dire yeah ». La mélodie y tourne comme un standard country-folk. Baschung est très loin des canons du yéyé et des chansons de charme, mais il n'a pas encore le tranchant électrique qui lui permettrait d'atteindre aux raids rock d'un Ronnie Bird, qui, lui, plane au-dessus de la mêlée avec sa bande (Micky Jones, Long Chris et Tommy Brown). Bref, il se tient dans l'entre-deux et peine à trouver son public. La radio ne l'aide pas beaucoup. Dans *SLC*, priorité est donnée aux stars de la variété (Cloclo, Sylvie, Johnny, Eddy, etc.) et aux intouchables (Dutronc, Nino Ferrer). On se méfie de ces jeunes premiers aux contours un peu flous. En revanche, les chansons de Baschung pourraient avoir du potentiel au Canada. Et de fait, « T'as qu'à dire yeah » survole l'Atlantique pour s'installer dans les juke-box du Québec. Voyage gagnant. Le titre se taille même une petite réputation chez les cousins américains et Donald Lautrec, la star nationale, en enregistre une reprise qui lui permet de figurer en très bonne place dans les charts.

Baschung n'est pas chez Philips depuis six mois qu'il doit déjà réfléchir à ce qui sera son dernier quarante-cinq tours dans cette maison. L'enthousiasme des débuts s'est un peu émoussé. Il sent le vent tourner et sa marge de liberté s'amenuiser de single en single. Pour ses prochains textes, il est contraint de faire équipe avec Sébastien Poitrenaud. « Où va le train fantôme », avec ses références au fameux « Mystery Train » d'Elvis, lui plaît bien – même si l'image est un peu éculée en mai 1967. Il n'a pas les mêmes affinités avec les trois autres histoires à l'eau de rose qu'il va devoir chanter : « Tu es une petite enfant qui fait la belle », « Tout près de vous », « Prends un peu d'amour ». Même les arrangements de Hugé semblent s'essouffler à mesure qu'il emboîte les enregistrements.

Alain Bashung : « *Je voyais que tout ça était en train de déraper. Je devenais un instrument, une baudruche. On me posait là, je chantais, je n'avais plus mon mot à dire sur les textes et je sentais qu'on allait vite m'empêcher de donner mon avis sur les musiques. Le contrat se terminait. J'étais sur le point d'arrêter. Je n'avais aucune envie de persister là-dedans. Les résultats des ventes me prouvaient bien qu'il n'y avait rien à espérer de plus. Pour rentabiliser, on me faisait composer pour d'autres artistes, comme Pascale Audret ou Claude Channes. C'est comme cela que je me suis retrouvé avec un titre ("Il est grand temps de faire boom") sur la bande originale du film de Jean-Luc Godard, La Chinoise. Aucun groupe ne marchait en France. Il n'y avait que ceux qui faisaient du rythm'n'blues comme Vigon qui trouvaient un public. Le seul qui tirait son épingle du jeu avec une musique un peu originale et des textes intéressants, c'était Polnareff. Pour réussir quelque chose, il fallait faire des adaptations de tubes anglais ou américains, le plus minables possible. Ça m'horripilait. Je crois n'avoir entendu qu'une seule reprise valable à cette époque : celle de* "Friday on my mind" par Eric Saint-Laurent. *Il s'en est vendu 30 000 disques et puis on n'a plus revu l'artiste.* »

Bien entendu, Baschung n'est pas près d'être remisé aux oubliettes de la pop française. Mais lui croit alors que sa vie de chanteur est foutue. Pourtant, dans son dos, son producteur lui a préparé une surprise : il est à l'affiche du premier festival pop de Paris, qui doit se tenir le 1er juin prochain au Palais des Sports. Noël Deschamps, Ronnie Bird et lui sont les trois seuls chanteurs français annoncés. Ils ouvriront pour l'étoile montante du reggae Jimmy Cliff et la crème des groupes pop-rock anglais du moment : Dave Dee,

Dozy, Beaky, Mick and Tich, Cream, le groupe d'Eric Clapton, les Pretty Things, The Troggs, les VIP's, les Walker Brothers et... les Who !

Depuis qu'ils dégénèrent systématiquement en bagarres, les festivals rock sont interdits dans Paris. Mais celui-ci a miraculeusement obtenu une dérogation. L'échéance est dans moins d'un mois. Baschung n'a pas d'orchestre de scène. Les Sharks, des spécialistes en la matière, acceptent de le soutenir dans l'épreuve. Baschung effectue sa prestation au jour dit, en fin d'après-midi, devant un public déjà conséquent pour un tel « lever de torchon ».

« *Dès que j'ai eu fini, j'ai filé dans les loges pour voir les groupes. Il y avait un brouillard de fumée impossible et à un moment, je distingue Jack Bruce, le batteur de Cream, qui était assis et ne bougeait plus. Il était totalement groggy. Il avait pris des trucs un peu trop forts et lorsqu'il a fallu que Cream monte sur scène, deux types l'ont chopé, l'ont mis sur son tabouret, et d'un coup il s'est mis à jouer impeccablement avec une rage et une précision incroyables. Clapton avait ses cheveux tout bouclés. Il était beau comme un dieu, il jouait à la perfection, et ce soir-là, je me suis rendu compte du gouffre abyssal qu'il y avait entre ces mecs et moi.* »

Loin de l'encourager, l'événement dissuade Baschung de persister dans la musique. Le système français le désole et il n'y trouve manifestement pas sa place. André Georget est revenu de l'armée et Baschung a envie de refaire de la musique avec lui, seulement pour le plaisir. Mais le sort s'acharne. Au courrier, Alain a reçu une lettre d'un producteur lui demandant son accord pour participer à une tournée de dix-huit dates à travers toute la Belgique. Tout paraît clair. Le plateau est composé de Yves Simon, Pierre-André Dousset, Graeme Allwright... Jamais les Sharks ne le suivront dans une telle embardée. Alain improvise alors un duo à deux guitares avec son ami

Georget encore bien dégagé autour des oreilles. Pour réaliser une prestation correcte, André investit dans une guitare digne de ce nom : une Jacobacci transformée pour gaucher.

L'équipée française est chaleureusement accueillie à Bruxelles début août 1967. Il se produit pourtant un petit contretemps : la tournée est brutalement décalée d'une semaine. Tout a bien sûr été prévu pour faire patienter ce beau monde sur place, mais comme Alain et André ne sont pas têtes d'affiche, ils vont devoir loger chez l'habitant. Alain Bashung : « *On a fait une première date, mais le producteur de ladite tournée était incapable de nous dire où on devait jouer le lendemain. Alors, pour patienter, on logeait chez l'habitant. Moi, j'étais chez un couple dont le mari voulait absolument que je couche avec sa femme ; le matin j'avais les tartines beurrées, le chauffage était à fond : la Belgique accueillante, quoi... On a bu du café et mangé des tartines pendant une semaine. On a bien compris qu'on s'était fait rouler dans la farine. En réalité, le type qui avait organisé ça s'était contenté d'aligner des villes et des dates, mais il n'a jamais pris contact avec les salles des villes concernées. Tout a été annulé, on a pensé que ça devait être une forme d'humour belge.* »

La plupart des autres artistes ont repris la route de Paris dès le deuxième soir. Mais Alain et André, en compagnie d'Yves Simon, prolongent l'aventure bruxelloise quelques jours de plus. Ils ne se décideront à rentrer qu'une fois leurs poches vides. « *On s'est retrouvés le dernier soir dans la gare de Bruxelles, à dormir sur un banc. Alain et moi dormions côte à côte* », raconte Yves Simon, quarante ans plus tard. À son retour à Paris, Alain n'a pas vraiment de domicile fixe, mais il peut composer quelques mois avec ses différents points de chute. Et puis la marraine Andrée a déménagé à Saint-Julien, dans l'Yonne, et elle lui a laissé les clés de son appartement, rue du Château, à Boulogne.

Ce qui le préoccupe le plus, à cette époque, ce n'est ni l'endroit où il dormira ce soir, ni son avenir dans la chanson, mais bien la meilleure façon d'échapper au service militaire. La date d'incorporation approche, et il lui reste peu de temps pour inventer une ruse.

Le psychiatre qui le reçoit en septembre 1967 ne peut pas le réformer sur simple avis médical. Déontologie oblige. Il peut, certes, signaler son cas aux armées, encore faudrait-il qu'Alain se mette dans la peau du parfait déprimé pour espérer échapper au treillis et à la tondeuse. Ou alors, il peut aussi obtenir un ultime report pour raison professionnelle. Comme un nouveau contrat par exemple… Un cercle parfaitement vicieux en quelque sorte : prendre le risque d'enregistrer l'un de ces disques qui lui inspirent tant de dégoût pour échapper… à la pire des punitions. Il n'aura pas à se poser la question bien longtemps : Francis Dreyfus vient de lancer sa pépinière de jeunes artistes, les éditions Labrador, et il l'invite à rejoindre son équipe d'artistes naissante en octobre 1967. Baschung n'hésite pas. Début octobre, il paraphe un contrat qui va le lier pendant sept ans à la nouvelle structure.

L'armée le rattrape cependant plus vite que prévu. L'état-major l'affecte au Quartier Fayolle de la caserne d'Angoulême, dans le régiment des candidats à la coopération. « *Ce fut une très grande période de désarroi. Je suis arrivé à la caserne à Bordeaux. Je chantais à tue-tête toute la journée. Ils m'ont mis dans un hôpital psychiatrique pendant un mois. Ils m'ont filé des cachets avant de me renvoyer chez moi au bout d'un mois. J'ai mis six mois avant de retrouver complètement mes esprits.* »

Réformé. Mais il a passé, entre-temps, un vrai pacte avec ce qu'il considère comme la chanson la plus stupide du monde : de la confiture à sentiment, du générique de roman-photo. Et de fait, Baschung va devoir se plier désormais aux orientations artistiques qui seront décrétées pour lui et faire ce qu'on lui dit de faire. Certes, Francis Dreyfus n'est pas le pire des diables, il est tout simplement éditeur et il a vu en Bashung un Tom Jones ou un David Alexandre Winter à la française. Coïncidence troublante, le siège des éditions Labrador est sis au 55, rue Pierre-Charron, à deux pas du club où il avait été repéré un an et demi plus tôt. C'est dans ces bureaux que la nouvelle stratégie de lancement artistique du nouveau Baschung est imaginée. Son nom va être simplifié : exit le *c*. Sa posture est réétudiée pour une meilleure utilisation de sa voix, dont on dit qu'elle exerce un attrait irrésistible sur la gent féminine. Son look est retravaillé dans la veine des chanteurs de charme, et enfin, arme suprême, on va le faire travailler avec le meilleur auteur de la place, le distributeur automatique de succès : Pierre Delanoë. « *Là, j'ai senti que j'allais toucher le fond. Il n'y avait aucune porte de sortie possible. Delanoë, je l'avais presque cherché. J'avais tellement dit que je voulais quelque chose qui soit plus proche de la folk-music qu'ils m'ont attribué le seul adaptateur de Dylan en français. Et je l'avais tellement ramenée sur les textes en réclamant quelque chose qui se rapproche un peu plus du rock tout en ne racontant pas trop de conneries, eh bien voilà, on avait mis Delanoë à ma disposition. Mais ce que personne n'a dit à l'époque, c'est qu'il en avait bavé pour adapter Dylan, vraiment ça n'avait pas été une partie de plaisir. Quand il est arrivé avec "Les Romantiques", j'ai essayé la première version et je lui ai demandé de revoir certains phrasés dans les couplets parce que ça ne collait pas du tout. Il m'a regardé avec des gros yeux comme si j'avais commis un crime de lèse-majesté. Mais ce n'était pas du Gainsbourg ce qu'écrivait Delanoë ! Alors, il a fait des tentatives un peu psychédéliques, pour me faire plaisir peut-être, ou pour se dépatouiller tout simplement de cette aventure, et là, ç'a été pire. Quand la chanson a été enregistrée, il était vraiment soulagé d'être enfin débarrassé du petit con que j'étais pour lui. Je lui cassais les pieds avec des idées qu'il prenait pour des caprices, puisqu'il ne comprenait absolument rien au rock'n'roll ni même à la country. On vivait à l'époque une période où tu avais l'impression de travailler avec des gens d'un autre siècle. Entre les désirs de ma génération et ceux qui tenaient les cordons de la bourse, la fracture culturelle était absolue.* »

Pour faire passer la pilule, on lui a donné le droit de choisir un arrangeur de son choix pour le titre « Je vous crois » et d'approcher une forme musicale plus adaptée à ses désirs. Il a désigné son vieil ami André Georget, dans le seul espoir de sauver un peu les meubles. Il voulait un ton plus rock, mais pendant l'enregistrement le bassiste Tony Rubio lui a appliqué un groove à la James Brown – très à la mode alors, pour danser le hully gully en tapant des mains : il y a des combats perdus d'avance.

Le Bashung nouvelle formule a la cote à la télé. « Je vous crois » force le tabernacle des hit-parades et pointe en vingt-huitième position en juin 1968. En août, il gagne le Tremplin de l'été, le concours-télévision de la deuxième chaîne, devant un certain Michel Bernard. Il est aussi courtisé par France Inter, qui le programme le même soir qu'une autre voix pleine de promesses, un certain Julien Clerc, qui arrive avec « La cavalerie ». André Georget l'accompagne ce soir-là, et il comprend tout de suite la difficulté qu'il va y avoir à percer avec ce genre de concurrence. Et pourtant, les pavillons de l'audiovisuel frémissent encore début 1969 quand « Les Romantiques » arrivent dans les présentoirs à quarante-cinq tours français, belges et canadiens. La Flandre, toujours un peu paradoxale, le classe même dans les dix premiers singles le mois de sa sortie. À Paris, Bashung est même indirectement coopté par Claude François, qui chante avec lui en duo « Belle, belle, belle » dans le grand rendez-vous de Guy Lux, *Chansons et champions*. Dix jours plus tard, le 27 avril 1969, il vient se présenter sous les yeux de chat de Denise Glaser, dans une émission alors très populaire, *Discorama*. Du Bashung partout, même dans la botte de l'Europe – quand Lily Bonato enregistre une version vert-blanc-rouge de son titre composée pour Annie Philippe, « Quarante maringouins », et qu'il est lui-même lancé, comme une belle gueule d'amour, par un disque intitulé *Ho gli occhi chiusi*.

Avec de tels objectifs de productions, le 55 rue Pierre-Charron s'est transformé en ruche. La nuit tombée, les musiciens s'activent dans les alvéoles à l'élaboration des chansons qui vont constituer le catalogue des futures productions de la maison. Gilbert Montagné, Christophe et Bashung (toujours en tandem avec André Georget) sont les plus assidus. Mais les moyens manquent. Pour permettre à chacun d'enregistrer ses travaux nocturnes il n'y a qu'un seul Revox en état de marche, alors il faut réserver son tour sur le panneau d'utilisation du matériel. Un tel système d'intendance est ingérable. Surtout quand Christophe traîne dans les parages. André Georget : *« Il arpentait l'immeuble en chantonnant sans arrêt, "La petite fille du troisième / Elle a toujours, toujours des problèmes…". Il tenait le début de la chanson, mais n'arrivait pas à la finir. Dès qu'il trouvait une idée pour avancer, il entrait dans la pièce où nous répétions, il disait "Stop !" et nous piquait le Revox. Alain et moi en avons eu rapidement marre. On a sorti cinq cents francs et on a acheté la Dauphine Renault du comptable pour pouvoir se barrer dès qu'on en avait envie et travailler ailleurs.* » André et Alain vont passer l'essentiel de leur temps dans leur petit local de la rue Mirabeau et filer d'un coup de caisse à savon chez le parolier Gilles Thibault, en banlieue sud, pour débattre sur les textes pendant de longues soirées, aussi productives qu'agréables.

Loin de la machine à fabriquer du sirop romantique, André et Alain reprennent un peu espoir, et cèdent au fantasme de pouvoir infléchir la tendance et imposer un peu leurs vues artistiques dans les prochaines chansons. Mais en phase de production et d'arrangements, l'insupportable logique de la machine à méli-mélo reprend sa dictature et ramène leurs ambitions à zéro.

Un quarante-cinq tours quatre titres « Lise », « La rivière », « Ni le ciel ni l'enfer », « La dernière porte », en tandem avec l'auteur fétiche de Francis Dreyfus, Michel Renard, et avec le rocker suisse Larry Greco, puis un dernier simple dégoulinant de marmelade (*Simplement quelques jours*) vont finir de briser ses dernières illusions fin 1969. Malgré huit chansons en deux ans, Bashung est toujours un illustre inconnu : un espoir de la chanson française, dit-on poliment.

5

Papillon

Comme chaque 1er janvier, Bashung espère que le bout du tunnel est pour cette année. D'autant que, cette fois-ci, le calendrier enterre définitivement les années 1960, et symboliquement, ce n'est pas rien.

Après quelques mois pourtant, Bashung ne voit toujours rien de nouveau poindre à l'horizon. Chez Labrador, la routine a repris. André Georget a taillé la route pour le monde plus fructueux de la musique de publicité. Ses copains d'écurie, Christophe et Gilbert Montagné, végètent comme lui. Montagné a tué l'ennui tout l'hiver en jouant dans des bars aux États-Unis. Christophe, de son côté, n'en finit plus de préparer son retour et pond des dizaines de chansons, la nuit, enfermé dans son studio. Alain, lui, travaillote dans son coin et ronge son frein. Il a l'assurance de pouvoir enregistrer un nouveau single, mais son éditeur voudrait qu'il s'engage auparavant à faire un peu de service après-vente sur les plages des côtes atlantiques, à l'occasion d'une tournée d'été. Il a bien flairé le traquenard, mais il n'a pas le choix. Question de survie. Et puis il y a Chantal qui partage sa vie depuis cinq ans et à qui il aimerait bien pouvoir garantir un peu de stabilité financière.

Bashung enregistre le quarante-cinq tours promis : *Un jour viendra*, une évocation du *Tannhäuser* de

Wagner façon crooner, dans la lignée des voix à la PJ Proby ou Long John Baldry, sur une musique de Christophe et avec une prose signée Gilles Thibault. Relookée par les arrangeurs à la sauce romantique française de l'époque (Mike Brandt est devenu la référence), cette musique doit favoriser un nouvel accès aux play-lists radiophoniques. Sur l'autre face du simple, Bashung opte pour « La paille aux cheveux » : un texte d'un certain Boris Bergman, révélé à la planète entière deux ans plus tôt par *Rain and Tears*, le single d'Aphrodite's Child, et couturier de mots pour Juliette Gréco ou Dalida. Le petit vinyle sort le 15 mai 1970 et, comme il s'y était engagé, Alain commence à préparer sa tournée des podiums estivaux.

Bashung sait déjà qu'avec un tel programme, il n'est pas près d'en finir avec cette image d'« éternel espoir de la chanson française » qui lui colle à la peau dans la presse musicale. Ses éditeurs, agents, maisons de disques, il les déteste au dernier degré. D'autant qu'il est encore lié pour deux ans par contrat et qu'il n'a pas le choix. Prisonnier, il profite de la moindre interview pour ruer dans les brancards. Début septembre 1970, il se lâche dans l'hebdo *Pop Music* : « *La mauvaise organisation de ce métier en France est un handicap. Il est certain que les directeurs artistiques se préoccupent plus de ce qui se vend que de développer la personnalité du chanteur. Il y a dans notre pays trois directeurs artistiques qui travaillent efficacement : Johnny Stark, Claude Carrère et Norbert Saada. D'ailleurs, les résultats sont là pour le prouver. À cause de cette incompétence, il y a des chanteurs de talent qui resteront méconnus.* » (*Pop Music*, n° 24, 10 septembre 1970).

Des paroles suivies d'actes puisque, en douce, il s'active encore et toujours à plusieurs plans B pour échapper à sa situation intenable. Il remet ainsi sur piste son tandem de travail avec son ancien copain de promo 66 chez Philips, Michel Bernard. Ensemble, ils couchent des tonnes d'essais sur Revox dans l'appartement parisien de Michel, rue Ganneron, dans le XVIIIe arrondissement. Alain y élabore les mélodies et donne le ton général des compositions dans un chant en « yaourt » sur lequel Bernard met à profit ses talents de parolier. Bien plus que son écriture, c'est sa complémentarité qu'apprécie le plus Alain chez Michel, son esprit rationnel et sa capacité à prendre en charge toutes les contingences matérielles et techniques. Libéré des contraintes, lui n'a plus qu'à laisser filer son imagination et créer.

Fin septembre, le binôme accouche de deux premières chansons écrites par Michel, « L'infidèle » et « On s'était dit », qui ne trouvent aucun écho auprès des différents éditeurs de la place. Les réseaux d'Alain, par lesquels il parvenait à placer ses chansons écrites pour d'autres, ne sont plus aussi efficaces. Des cachets issus de la tournée des plages, il ne reste plus rien. Comme prévu « Un jour viendra » est un échec, et il va donc falloir retourner au régime sandwiches et système D en attendant des jours meilleurs. « *On fonctionnait comme des tâcherons, il fallait qu'on survive. On se glissait dans des cocktails pour picoler et bouffer à l'œil. On faisait du cacheton. Moi, je chantais du rive gauche, et lui il passait des auditions pour jouer dans les troquets et les clubs* », se souvient Michel Bernard. « *Parfois, je lui faisais le son de ses guitares pour m'amuser... Il portait toujours la même gabardine* », renchérit Christophe.

Les poches éternellement vides, le duo s'invente des tournées des grands-ducs en claquant ses maigres cachets de cafés-concerts et trouve toujours un point de chute pour quelques heures de rigolade nocturne. C'est à l'occasion de l'une de ces nuits de déambulation qu'ils rejoignent bientôt les coulisses du Concert Mayol où Bernard a ses entrées. Avec la bienveillante attention de Régine Denis, la propriétaire des lieux, ils feront les fins de soirée avec les filles du spectacle jusqu'à l'extinction des feux. Ils sont musiciens, elles danseuses... Un soir d'hiver, au détour d'une énième discussion d'after-show, ils se voient proposer de faire une musique pour la nouvelle création du cabaret : une chanson phare... et plus si affinités. Quelques semaines plus tard, la doublette voit défiler les créatures de rêves du Mayol sur sa chanson créée *ad hoc*, « Je vends des rêves », qui accompagnera les sirènes jusqu'à la fin de la saison.

Alain et Michel auraient dû composer toutes les musiques du spectacle, mais ils n'en auront pas eu le temps. Dès février 71, les affaires reprennent. Pas de quoi jouer les cadors, mais l'occasion de faire un peu de braise. Bashung a en effet décroché le droit d'enregistrer deux titres dans la veine de Cat Stevens, « Du feu dans les veines » et « Œil pour œil », en vue d'un nouveau single aux éditions Labrador, et il doit retravailler l'une de ses vieilles musiques pour une chanson (« Ho ! le soleil ») à paraître sur le prochain album de Caterina Valente, la star des sixties qui prépare son come-back. Et en prime, une petite ballade pour Isabelle Aubret : « Notre vrai pays c'est le vent ». De son côté, Michel Bernard s'est lancé dans « Je veux vivre tango », une adaptation d'un tube nippon, « Black cat tango », qui doit amorcer en France la carrière d'un enfant-star, Éric Berda. Ensemble, ils ont mis en forme une sucrerie aux accents soul en français (« Viens je t'attendrai ») et en version anglaise (« Tears make memories »), sous le nom bidon de Monkey Bizness, un groupe-gag avec Nicole Croisille (alias Tuesday Jackson) aux chœurs, où Bashung signe du pseudonyme Hendrick Darmen. Ils continuent aussi à déposer une brouettée de compositions à la Sacem, sur lesquelles Alain (parfois sous son nom d'emprunt, dès qu'un morceau lui pose un problème d'intégrité) chante en guitare-voix avec une énergie très blues – en attendant d'éventuels interprètes : « Il est question d'aimer », « Merci Mammy merci Daddy », « Bandit », « Le second chagrin », « Qui la nuit », « Dépassé », « Toujours », « Quel bel été on a eu cet hiver » (destiné à Claude François)… et des chansons pour Michel Bernard lui-même, où Bashung tient le rôle du réalisateur : « Tu t'en vas tu reviens » et « Regarde il ne se passe rien ». Autant de titres qui traduisent l'incertitude de l'époque.

En avril 1971, ils ratent le coche de justesse avec « Le premier chagrin d'un enfant », une chanson écrite pour Nana Mouskouri, que la chanteuse renoncera finalement à enregistrer. La maison mère de Bashung (Labrador) serait bien preneuse de « Bandit », mais à la seule condition que les paroles en soient réécrites par un auteur maison. Inviolable depuis son inscription à la société des auteurs-compositeurs, le morceau rejoint les cartons à archives et Bashung monte au créneau pour casser l'accord qui le lie aux éditions Labrador. Rien n'y fera. Ni les discussions argumentées, ni l'une de ses rares (mais légendaires) colères noires. « *C'était une situation intenable. On me faisait chanter de vraies conneries et il m'était impossible de donner mon avis ni d'y mettre mon grain de sel. C'était une vraie torture d'enregistrer dans ces conditions. J'étais pieds et poings liés à mon contrat, les quarante-cinq tours se plantaient à chaque fois et je me dégoûtais moi-même. Après chaque échec commercial, j'allais voir mon éditeur et je lui disais :* "Ça ne sert à rien de s'acharner, libérez-moi, ça sera mieux pour tout le monde." *Et à chaque fois, on me répondait qu'il était hors de question de me laisser partir. J'ai cru que j'allais devenir fou à m'en taper la tête contre les murs. J'ai atteint des niveaux de rage inimaginables à cette époque.* » C'est une faille juridique décelée par l'ami (saint ?) Bernard, conjuguée à une volonté des deux parties de ne pas perdre davantage leur temps, qui l'affranchira en un tournemain de ce contrat léonin.

Bashung est libre... mais fauché. Malgré le soutien actif de RTL qui se met en quatre pour propulser son nouveau quarante-cinq tours (*Du feu dans les veines*) au sommet des hit-parades, l'argent ne rentre pas. Mais, dans l'euphorie, il a décidé de franchir un autre pas. Le 7 juin 1971, oubliant leurs emplois du temps incompatibles, Alain Bashung et Chantal Mironneau se marient, en catimini et en petit comité. Un petit passage à la mairie de Saint-Cloud, avec Michel Bernard et Micheline Brunel (l'attachée de presse de ses jeunes années chez Philips) comme témoins. On fera ensuite une belle fête chez un restaurateur lorrain, un ami de longue date fraîchement installé derrière la place de l'Opéra. Le ménage s'installe définitivement au 32, rue du 18-Juin, dans un immeuble des bords de Seine, pas très loin des bureaux de la Caisse d'Épargne où travaille Chantal.

Micheline Brunel a toujours été proche d'Alain. Quelques semaines avant le mariage, elle l'avait présenté à Norbert Saada, le boss de La Compagnie, un label « défricheur » qu'il venait de monter en association avec Hughes Aufray et où elle officiait en tant qu'attachée de presse. Depuis, Bashung donne des coups de main au sein du label pour arrondir ses fins de mois.

La définition de son poste est vague. Il supplée aux urgences. À la comptabilité, quand il s'agit de s'occuper des salaires des musiciens, des déclarations aux sociétés d'auteurs et des budgets ; à la direction artistique, lorsqu'il faut prendre une option sur telle ou telle orientation orchestrale des jeunes pousses prometteuses.

Le rock a pris alors un nouveau tournant dans le monde. Woodstock, l'herbe et les acides, les Stones, les Who, Hendrix et Sly Stone ont changé la donne.

En France, Variations, Triangle et les enragés de la chanson (Jacques Higelin, Brigitte Fontaine and Co) ont bousculé les habitudes. Même Johnny Hallyday a durci le ton. Les recettes yé-yé à la française qui prévalaient jusqu'à fin 68 sont obsolètes. Et Bashung le rocker, à côté de la plaque commerciale il y a cinq ans, est devenu à La Compagnie l'« érudit », l'homme capable d'imaginer un son pour demain.

« *Saada était un type incroyable,* raconte Bashung. *Avec lui, on retrouvait le côté convivial, presque familial de la musique. La Compagnie fonctionnait comme une petite structure indépendante. Il était toujours super-enthousiaste. Même si les chiffres d'exploitation étaient catastrophiques, il nous disait presque en rigolant : "Bon ! les enfants... Cette année, il ne faut pas perdre plus de quatre cents briques ! D'accord ?" Il fonctionnait au coup de cœur. Il signait les types qu'il aimait, même si ça ne marchait pas. Il avait récupéré Scott Walker, qui était au fond du trou à l'époque, et lui avait permis d'enregistrer ses disques de country qui ressemblaient à des génériques de westerns spaghettis. Il s'occupait un peu de Bill Medley, dont il a financé l'album solo* A Song For You, *à Paris, au studio Davout. J'avais assisté aux séances d'enregistrement de ce disque. Il n'y avait pas de rythmique, juste quatre-vingts violons. Je n'en ai pas perdu une miette. À la fin d'une prise, je me dirige vers Medley, tout timide, comme le fan que j'étais, et je lui dis :* "It's wonderful", *il me répond :* "It's just routine"... *Ce sont des moments qu'on n'oublie pas, surtout quand soi-même on n'arrive à rien. D'un coup, on se sent regonflé par une rencontre exceptionnelle et, en même temps, anéanti par la somme de travail qu'il reste à accomplir pour arriver à la cheville de ces bonshommes.* »

C'est à La Compagnie qu'Alain rencontre Dick Rivers, au début de l'été 1971. Un Dick plus très sauvage, mais fort des cinquante mille exemplaires vendus de son disque de reprises *Dick'n'roll*, qui lui autorisent un dernier opus en guise de fin de contrat chez RCA. Dick envisage déjà un *Dick'n'roll 2* plus féroce, « avec des compositions originales et un son béton ». Il a besoin de chansons inédites pour donner un peu de piquant à l'affaire ; mais il n'y a pas un pèlerin pour tenir le rôle auprès d'une star des sixties qui n'excite plus grand monde dans le métier.

La Compagnie est alors sur le point de baisser pavillon. Norbert Saada a des ambitions cinématographiques, et le label doit changer de propriétaire. On refile logiquement le bébé à Bashung, pour qu'il agisse en franc-tireur.

« *Je lui ai fait écouter quelques trucs qui lui ont plu. Il a voulu que j'aille plus loin et m'a demandé de m'occuper de la réalisation artistique de l'ensemble du disque. J'étais un peu cueilli à froid, et puis je me retrouvais un peu au pied du mur : moi qui pestais contre les arrangeurs des années 1960 qui massacraient toutes mes chansons, j'avais la chance incroyable de passer derrière la console pour faire un vrai disque de rock. Je pouvais parler de musique sans faire croire que j'avais fait le Conservatoire, je communiquais des ambiances de travail en groupe. On parlait d'énergie, de son, de feeling avec des musiciens qui étaient au fait des choses du rock, comme Claude Arini par exemple, avec qui j'ai continué à bosser par la suite. C'est vraiment là que j'ai ressenti pour la première fois un vrai plaisir. En apprenant toutes les autres facettes du métier, les portes s'ouvraient une à une et je pouvais enfin mettre bout à bout tous ces éléments qui m'avaient manqué pendant des années : des choses techniques, des petites astuces de table de mixage, des savoir-faire… J'ai eu l'impression de découvrir l'envers du décor en même temps que je devais le maîtriser. J'apprenais en faisant. C'était aussi excitant que terrorisant. Je ne pouvais m'appuyer sur aucun vocabulaire technique, alors j'improvisais, je donnais des indications artistiques en termes de couleurs, de rondeurs, etc. Ça m'a libéré. C'est certainement à ce moment-là que j'ai compris que je devais m'orienter vers une vision d'ensemble de ma propre musique, juste en imaginant les formes et les sensations qu'elle devait suggérer.* »

Il faudra à peine quatre jours d'enregistrement à Bashung, Dick et son team, dans les studios Condorcet de Toulouse, du 26 au 30 juillet 1971, pour finaliser ce *Dick'n'roll 2*, très vite rebaptisé *The Rock Machine*, l'album le plus rigoureux de Dick Rivers. Un pur disque de rock, qu'il a réalisé à l'ancienne, avec un maximum de prises directes, dans l'esprit originel. Du point de vue des compositions, une seule des chansons d'Alain a survécu, « Hold on » – dont il partage la paternité avec Mike Shannon. Toute en nervosité et en cuivre, elle ouvre et irradie le disque de cette sève rock que Bashung rêvait de graver un jour sur vinyle.

En attendant que *The Rock Machine* trouve son public, Dick, son groupe et Alain se lancent dans une autre aventure, plus rémunératrice. Sous le nom de Rock Band Revival, ils ont signé pour un double album de reprises de standards du rock avec la petite boutique Disques Festival. Selon leur tessiture et leur timbre, Dick et Alain vont se partager le leadership au chant sur une grosse vingtaine de réinterprétations. Dick et sa gorge de crooner sur les titres de Presley, Jerry Lee Lewis et Gene Vincent, la voix de tête travaillée à la toile émeri de Bashung sur les chansons plus blues (« Long Tall Sally », « Good golly miss molly », « What did I say », « Lucille », « Say mama », « Send me some lovin… »).

« *Ces disques étaient à la limite de la légalité*, confiera Bashung. *On reprenait des titres de façon presque anonyme. On enregistrait à côté d'Évreux, dans les studios du célèbre arrangeur des sixties Jacques Denjean, qui s'était lancé dans ce genre de productions. On était payés 500 francs le morceau. Il y avait des spécialistes de ce genre de disques. Burt Blanca, un rocker belge, se faisait de vraies fortunes avec ça. FR David se débrouillait très bien aussi là-dedans. Moi, c'était plus occasionnel. On m'appelait surtout quand il fallait une voix bien déchirée, sur du Little Richard par exemple. J'avais tellement chanté de naseries, de trucs atroces et sans intérêt que j'étais presque fou de joie de pouvoir enfin m'égosiller sur des chansons qui faisaient partie de ma culture. On enregistrait un double album en deux jours, qui sortait aussi vite, avec une pochette bien étudiée – généralement un clone de Clint Eastwood ou de Dennis Hopper en Harley. Ils servaient souvent aux disc-jockeys pour tenir ces soirées. Comme s'ils avaient un orchestre gratuitement. Il ne faut jamais oublier les orchestres de bals, les balochards. C'est notre blues à nous, les Français.* »

La Compagnie est vendue à un Américain, Gary Bernett, un novice dans le milieu de la musique mais un furieux homme d'affaires qui a fait fortune dans l'industrie du pétrole et a imaginé revivre les fantasmes rock'n'roll de sa jeunesse en rachetant une maison de disques française. Pour ne pas risquer de tout casser, l'investisseur d'outre-Atlantique a eu la sagesse de conserver l'équipe en place, placée désormais sous la bannière de Butterfly Records, avec à sa tête Michael McGrave – un vieux briscard du métier, intime de Paul Anka, à qui il avait suggéré d'enregistrer la cover anglaise de « Comme d'habitude » – et l'éternelle Micheline Brunel aux relations presse. Le tout récent fonds de catalogue (Gilles Dreu, Nicole Croisille, Hugues Aufray...) a été conservé, il ne reste plus qu'à définir une ligne éditoriale et à découvrir de nouveaux talents.

Michel Bernard : « *Comme je commençais à cartonner avec "Je veux vivre tango", on m'a sollicité pour la direction artistique du label. J'ai tout de suite fait la contre-proposition d'un duo composé d'Alain et moi, vu que nous travaillions ensemble depuis longtemps et que nous avions déjà une quantité importante de compositions pour constituer rapidement un nouveau catalogue. Ils ont accepté. Nous sommes passés du jour au lendemain du statut de grognards de la variété au rang de directeurs artistiques.* »

La répartition des rôles est logique : Bashung dirigera les manœuvres purement musicales, Bernard prendra soin des textes, de la logistique de production et des budgets. Un sous-label, Espiègle Music, est même créé pour cadrer leur activité. Salaire mensuel de chacun : 3 500 francs… L'Eldorado.

Pour ne pas dilapider le budget enregistrement, Michel Bernard a trouvé la parade. Ils vont aller en Belgique, à deux pas de Bruxelles, chez Marc Aryan, multi-numéro un des hit-parades, qui a investi une partie de ses recettes dans une structure top niveau : les studios Katy. Un lieu improbable tout capitonné de bois exotique, qui favorise les fantasmes soul avec l'aide d'une technologie dernier cri. Mais Bashung ne sait pas conduire, et puis, avec son goût immodéré pour la bringue, une voiture se transformerait facilement en cercueil. C'est donc avec la 2 CV beige de Michel qu'ils font leur premier voyage.

Le trajet est interminable. À 80 km/h, pauses comprises, il faut l'après-midi pour arriver à bon port. Or, le temps est compté pour cette première session. Deux jours montre en main, histoire de remettre à niveau toutes les compositions mémorisées à l'arrachée l'année précédente sur Revox. Sans un instant de répit, Alain et Michel revisitent leurs maquettes et développent sur bandes l'essentiel de ce qui doit fournir une base de titres pour les quarante-cinq tours à venir de Butterfly Records.

Dans le village, on apprécie ces musiciens de passage au studio Katy. Ils font le bonheur de l'Auberge des Trois Canards, leur cantine. Bashung et Bernard en ont fait leur QG. Ils y concluent leurs journées de travail jusqu'à plus d'heure, devant le bar, où l'on sert à des prix dérisoires des bières d'abbaye d'exception, dont certaines mûrissent savamment à la cave depuis presque trente ans. À l'heure de l'apéro, il fait foule, et il n'est pas rare que les artistes soient invités aux fêtes du samedi soir dans les maisons bourgeoises du coin. Leur première nuit blanche belge, Bashung et Bernard la passeront dans une grosse maison de maître près de la forêt de Soignes. Dans une paradoxale ambiance paella, nœud pap' et grosses berlines, ils jouent les saltimbanques en 2 CV et en jean qu'on invite à jouer du piano et prendre le micro en vol libre pour chauffer ces soirées entre gens trop bien élevés. Bonne pioche.

Les escapades belges (désormais en Mercedes de location) au studio du 9, rue du Moulin s'intensifient avec l'arrivée du printemps 1972. Un tout jeune chanteur les accompagne pour faire une version sur « Tears make memories », mais très rapidement, la voix de Richard Cocciante s'avère moins véloce que celle d'Alain. Plus tard, Gabriel Yared et les frères Costa les rejoindront pour donner de l'ampleur à l'orchestration et aux arrangements des chansons de Monkey Bizness. Enregistrée puis mixée sur le vif, « Tears make memories » sort de la console en un après-midi. Le son y est sidérant, chaud comme une sucrerie Motown avec un raffinement à la Marvin Gaye. Plus impressionnante encore, la chanson d'appoint « Hung on you, baby », est un hommage de Bashung à Sly Stone et aux Animals, mélange foudroyant de rock fiévreux et de soul crasseuse. Seule la production, trop courte sur pattes, aura manqué pour transformer ces chansons en grands succès. En studio, libéré du joug des directeurs artistiques et des arrangeurs officiels, Alain devient une sorte de mutant. Mi-lion, mi-caméléon. Il enregistre des kilomètres de musiques, immortalisant les idées qui annoncent les séances à venir : grilles de mélodies, ponts, harmonies, plans d'attaque (ou de sortie) de chansons. Le matériel, gravé à l'instinct, est considérable. Entre enthousiasme et migraine, Michel Bernard suffoque à l'idée du nombre de textes dont il faudra accoucher pour donner corps à toutes ces ébauches. Qu'importe. L'un et l'autre attendaient depuis six ans une telle opportunité.

Dans les bureaux Butterfly de la rue d'Aguesseau, on recrute. Il y a d'abord les intimes : Jacqueline Dulac, la petite sœur cosmique de Michel, qui entend relancer sa carrière un peu hésitante depuis ses succès des années 1960 avec une création Bashung/Bernard : « Y'a toujours quelqu'un » ; Jocelyne, égérie yé-yé fraîchement « libérée » de chez Polydor, qui choisit « Qui la nuit » comme B side d'une reprise bizarroïde de « My Way ». Et puis il y a les jeunes premiers : Dov Carmon, Les Sales Gosses, et un débutant dans la chanson, Alain Sireguy. Mi-Claude François mi-Ringo, Sireguy porte tous les espoirs de succès commercial dans son regard de beau gosse. Son planning est rempli jusqu'à la fin de l'année suivante : « Bandit » comme premier single, puis « Paris tout n'est pas fini », et enfin « On vit pour ça ou bien pour autre chose ». Il lui faut juste apprendre à chanter… Heureusement, le play-boy a la fibre musicale et fait des progrès de jour en jour. L'hystérie industrieuse du moment laisse un peu de répit à Alain, qui en profite pour recoller les morceaux de sa vie privée. Avec Chantal, il est temps.

Il fait beau, ces 11 et 12 mai 1972 à Ohain. Mais pour piquer une petite tête dans la piscine, il faudra repasser. Une fois de plus, l'agenda pour les quarante-huit heures à venir est élyséen. Romuald, la star des sixties récemment recalée au Grand Prix de l'Eurovision 69, peine à refaire surface et les compères ont concocté pour lui « Reparlez-moi encore des roses », qu'il faut boucler au plus tôt. Et puis Dick Rivers a repointé le bout de sa banane chez Butterfly Records, où on lui a déroulé le tapis rouge. Profitant d'une situation qui lui est favorable, il a créé une division rien que pour lui, Shotgun Records, et a déjà échafaudé les plans d'un nouveau disque qu'il souhaite mettre en œuvre avec son Bashung préféré (à qui il a donné le doux surnom de Pifou) dès la fin juin, après cet Olympia qui doit clôturer sa tournée. Dick veut tout faire en anglais. Il a déjà trouvé le titre, *Rockin' along the River's Countryside*, et une exigence quant au lieu d'enregistrement : celui où les Rolling Stones ont ourdi « Let it bleed », « Their Satanic majesty's request » et « Sticky fingers » : l'Olympic Sound Studios à Londres.

L'équipée sauvage arrive à Victoria Station début juillet. Les Forneri (le véritable nom de Dick Rivers) sont en famille, le nouveau groupe de Dick, Les Labyrinthes, au complet. Michel Bernard en super-intendant supervise le rébarbatif et Bashung porte la double casquette de producteur délégué et de compositeur.

Michel Bernard : « *On bossait quinze heures par jour. Dick nous emmenait manger des hamburgers. Il ne mangeait quasiment que ça. Parfois, il nous sortait dans un grand hôtel pour manger thaï, la seule autre cuisine qui trouvait grâce à ses yeux. C'était un type d'une gentillesse extrême. Et puis, on passait en douce des bouteilles d'alcool, whisky et gin, pour pouvoir continuer à picoler à l'hôtel sans se ruiner au bar. On était branchés sur la même longueur d'onde. Sa femme Mouche était là, Pierre Billon faisait agent d'ambiance et filait de sacrés coups de main à tous les instruments.* »

Alain Bashung : « *On a vu défiler de super-guitaristes : Ray Fenwick et BJ Cole avec qui j'ai retravaillé au milieu des années 1980. Pour un artiste français, ça ressemblait à un rêve. On pouvait prendre son temps, contrairement aux séances de studio parisiennes de l'époque où on avait deux heures clés en main pour faire les prises, après quoi on se faisait virer. On a eu aussi des choses inimaginables en France, comme ces pépés anglais qui faisaient les cuivres. Ils avaient un tel background... À soixante-dix ans, ils étaient plus rock'n'roll que certains types de vingt-cinq ans. À neuf heures du matin, ils déboulaient prêts à attaquer. Ils avaient déjà répété la veille et ils te mettaient ça en boîte en deux prises. On buvait du petit-lait.* »

Le clan Rivers n'est pas la seule équipe française à avoir pris ses quartiers ici. Dans une pièce voisine, la jeune chanteuse Esther Galil prépare, selon son directeur artistique, le futur « gros coup » de l'automne 1972 : « Delta Queen », une cover du classique américain écrit par Terry Tassenberg, qui va connaître une foultitude d'adaptations dans toutes les langues du monde. Sitôt rentrés à Paris, Bashung et Bernard mettent eux aussi en route une version personnelle du titre pour en faire le deuxième single de Monkey Bizness. Aussitôt dit, aussitôt fait aux studios Acousti, avec le guitariste David Woods-Hill. Au verso du single, « Take me to the water » sonne comme un tube américain venu du bayou dans un mélange inédit en France entre la soul d'Aretha Franklin, des guitares country galopantes et un harmonica dylanesque surmonté d'un chant à mi-chemin entre Eric Burdon, le leader des Animals, et les Righteous Brothers.

À peine *Rockin' along the river's countryside* est-il pressé qu'il pose un problème : le Canada, très gros marché pour Dick, refuse de le distribuer en version anglaise et réclame une majorité de titres en langue de Voltaire. Dans l'urgence, Michel Bernard doit se remettre au pupitre pour pondre huit adaptations : « On n'en parlait pas dans les journaux », « Je n'arrivais pas à joindre les deux bouts », « Oublie l'âme l'âme », « Je ne veux pas que tu pleures », « Quand je te regarde », « La fortune est une femme », « Mais je ne dis rien », « C'est la vie ». Elles seront testées, répétées et mises en boîte sur-le-champ, avec une réalisation Bashung fin août. À ces huit chansons, Dick ajoute une refonte du « Reparlez-moi des roses » de Romuald, ensevelie sous une montagne de cordes. La carrière de l'album est sauvée et, simultanément, le single de Monkey Bizness est vendu chez Polydor : la division Espiègle a rempli ses objectifs commerciaux, et le stock de morceaux en attente de production est faramineux. Bashung entrevoit alors la possibilité de réaliser son fantasme de toujours : en piochant dans tout ce matériel, n'y a-t-il pas de quoi construire un premier album ?

Mises bout à bout, toutes les chansons élaborées depuis deux ans avec Bernard représentent, en effet, une sacrée matière. Il y a là une quinzaine de sujets inexploités qu'il aurait légitimement le droit de sculpter à sa manière pour en faire une œuvre personnelle. Quelques-unes exigent un lifting – « Le second chagrin », « Il est question d'aimer », « Merci Mammy merci Daddy », « Quel bel été on a eu cet hiver », « Le hasard » –, mais il y a aussi une foultitude d'expérimentations abouties auxquelles il ne manque qu'une production et un texte : « Hoochee Coochee », « Give me a sugar », « Lavabo »..., et surtout « By loving you », une tournerie psychédélique de six minutes entre Queen et David Bowie, où Bashung démontre l'étendue de son registre vocal. Pour compléter la palette, il donne forme à deux douceurs compotées par deux amis, Jean-Pierre Lang et Patrick Lemaître : « Bois de santal » et « Un océan de bonheur ». Mais si l'affaire paraît parfaitement engagée en termes de contenu, elle se présente moins bien du point de vue de la faisabilité. Le format trente-trois tours « Longue Période » est d'habitude réservé aux artistes confirmés et, malgré tous ses états de service, Bashung ne l'est toujours pas aux yeux de ses employeurs...

Dans l'attente d'un signe fort de leur part, Alain rattrape son retard sur l'actualité musicale et passe ses journées chez les disquaires où il écoute tout ce qui sort (surtout les imports) pour y picorer des idées, des humeurs, des trouvailles de sons, des postures pour l'avenir.

« *Je voyais bien qu'il y avait un problème dans tout ce que je composais. Je produisais beaucoup mais, au niveau de l'identité, c'était encore très flou. J'étais heureux de pouvoir faire des chansons, mais elles n'avaient jamais vraiment la forme que j'entrevoyais dans ma tête. Elles étaient toujours des tentatives "à la manière de", sans affirmer réellement une personnalité. En fait, je ne trouvais pas cette voie où j'aurais navigué en m'exprimant pleinement. Donc, il fallait que je clarifie, que j'aille chercher chez les autres des chemins nouveaux. A commencé alors une longue période de quatre ans où je me suis concentré sur un style de musique différent tous les trois mois. Trois mois de jazz, trois mois de musique planante, trois mois de groupes californiens, etc. J'attaquais chaque lignée de la même manière : d'abord par les artistes les plus connus, les étalons-or du genre, puis je fouillais jusqu'aux plus obscurs, des types à la marge qui faisaient des expériences un peu décalées. Des artistes qui devaient être taxés de bâtards par les puristes, mais qui entrouvraient des portes pour un type comme moi. D'un coup, je mettais le doigt sur des gens comme Randy Newman, Kris Kristofferson, Tim Buckley. J'aimais l'attitude de gens comme Scott Walker ou Harry Nilsson, qui pouvaient prendre tout le monde à contre-pied en faisant des disques en marge de la mode. Harry Nilsson changeait de style à chaque album : celui-ci était fait avec des cordes, le suivant avec des pianos… Scott Walker reprenait Brel et faisait des trucs de crooner au moment où ça bastonnait vraiment dans le rock. Dans mon entourage, personne ne comprenait pourquoi j'aimais ces disques, alors au bout d'un moment, j'ai décidé de les écouter tout seul. Leurs disques étaient comme des cartes postales que m'auraient envoyées des amis de l'autre côté du monde. Avec leurs essais de métissage des genres, ils me disaient qu'ils étaient un peu confrontés à la même énigme que moi. Sauf qu'eux avaient trouvé des clés pour avancer. Peut-être que si j'avais eu l'opportunité de sortir mon premier album à cette époque-là, je me serais noyé dans mes propres doutes avant de le finir, ou alors, à l'inverse, peut-être que j'aurais gagné du temps sur la suite.* »

Septembre 1972, dans le sillage de la mouture Esther Galil, le « Delta Queen » de Monkey Bizness perce au hit-parade de la très puissante Europe 1. Bashung en sourira longtemps. Lui qui rêvait de voir un jour une chanson « qui lui ressemble » atteindre les charts, il vient de réussir son coup… sous un pseudo.

Après deux années de production effrénée, les disques Espiègle ont décidé de faire une pause pour commercialiser les titres existants. Bashung met à profit cette petite plage de liberté pour passer des auditions en vue d'un projet d'opéra-rock monté par Claude-Michel Schoenberg, avec des textes d'Alain Boublil et Jean-Max Rivière : *La Révolution française*. Bingo. Le voilà retenu pour interpréter trois textes dans la peau de Robespierre : « Français, Français » et « Que j'aie tort ou raison », soutenu par des chœurs et, en solo, « La fête de l'Être suprême ».

Se retrouver au cœur d'une comédie musicale, premier spécimen du genre en France, n'est pas pour lui déplaire. La majorité de la scène rock et variétés de l'époque est là, depuis les plus célèbres (Antoine, les Charlots, Martin Circus, Jean-François Michaël, Dani) jusqu'aux plus undergound (Système Crapoutchnik, Jean Schultheis). Le reste du casting rassemble quelques jeunes qui font leurs premiers pas dans le grand bain – les frères Balavoine, Hervé Cristiani, Gérard Layani, Noëlle Cordier, Jean-Pierre Savelli, etc. Bien sûr, tout cela a un côté bal des débutantes, camp scout de la nouvelle variété française. Mais Bashung a surtout le sentiment d'approcher le mythe de la comédie musicale façon Broadway, certes revisitée façon quais de Seine. Et puis, chanter *La Révolution française* en costume de Robespierre quand on en bave dans l'industrie du disque, le clin d'œil est plaisant.

Quoi qu'il en soit, il fonce tête baissée dans l'aventure et montre bien des facettes de son talent. « *On était quatre ans avant* Starmania, *c'était une vraie première dans le style ! Tout était extrêmement cadré, mais il y avait de la place pour développer une expression personnelle. C'était un exercice très enrichissant, avec une chef de chœurs, une chef d'orchestre, soixante musiciens et chanteurs... Une grosse machine dans laquelle on ne pouvait jamais se croire en vacances, mais où il y avait beaucoup de sécurité. On était bordés ! Il fallait juste accepter les contraintes, oublier ses fantasmes musicaux, sa trajectoire personnelle. Pour ne pas avoir l'impression que je faisais un boulot, je m'inventais un autre Robespierre : le Robespierre secret, avec ses incertitudes, ce qu'il pouvait penser seul dans sa chambre ou dans son lit. Je l'imaginais débarrassé de sa pesanteur historique, de son statut d'homme politique. D'un coup, il pouvait me ressembler bien davantage et je projetais sur lui ma propre histoire : je me rappelais mes frustrations sur mes singles, mes années d'enfant de chœur et toutes les choses que j'avais vécues à cette époque – les chants de messe ratés, ma première torgnole donnée par le curé du village quand j'avais joué avec l'encensoir une fois dans l'église... Tout ça tournait dans ma tête et me renforçait dans l'idée qu'il fallait que je chante comme on me l'avait tout le temps interdit dans le passé, en mettant tout ça dans la bouche de Robespierre. C'est peut-être pour ça qu'ils m'ont pris pour le disque et dans les représentations au Palais des Sports, où là, je ne jouais plus le personnage de Robespierre mais celui de Fouquier-Tinville, un orateur vraiment différent dans l'interprétation, et pour lequel j'ai exactement appliqué le même principe.* »

La réalisation du double album s'étend sur deux mois. À sa sortie, le 5 mars 1973, il reçoit un accueil triomphal et atteint rapidement l'incroyable score de 200 000 exemplaires vendus (double Disque d'or). Dans les juke-boxes, les programmations radio et télé, « Chouans, en avant ! » (interprété par Jean-François Michael) et « La fête de l'Être suprême » (par Bashung) constituent les deux faces du single-phare de la pièce. Devant un tel plébiscite, rendez-vous est pris pour une série de trente-cinq représentations au Palais des Sports, à la fin de l'année.

Chez Butterfly/Espiègle, avril 73 est le mois des premiers bilans. La majorité des simples édités n'ont pas généré le retour attendu sur les investissements artistiques des deux années passées. Alain Sireguy n'est pas un mauvais chanteur, loin de là. Mais, si ses chiffres de vente sont encourageants, ses quarante-cinq tours n'ont pas eu l'impact escompté. Pour faire de lui la machine à succès espérée, le boss américain veut tenter un coup insensé : pour son troisième vinyle, on imprimera la photo de Claude François sur la pochette, et le nom d'Alain Sireguy en tout petit en bas à gauche. Délirante, l'idée fait rire jaune dans les bureaux. Michel Bernard monte au créneau pour tenter de convaincre les pontes de son ridicule. Bashung, lui, se replie dans un silence narquois. Avec sa science aiguisée des conflits larvés et des situations faisandées, il entrevoit déjà la suite des événements. Il a compris que l'affaire sent le cramé et qu'il faut envisager un repli stratégique sous un autre label qu'Espiègle Music, sous peine de se voir très rapidement imposer d'autres stupidités du même genre.

D'autant qu'ailleurs Alain a déjà du pain sur la planche. Les disques Motors lancent une nouvelle future grande chanteuse : une Janis Joplin à la française, Linda Keel. Elle a la voix éraillée des *blues women* de l'époque, et une puissance assez rare. C'est rock, c'est âpre, mais Linda Keel manque de morceaux. Son guitariste David Woods-Hill, avec qui Bashung a déjà fait quelques chansons, demande à Alain deux titres pour les faces B des deux prochains quarante-cinq tours de la dame. Ce seront « I need you » et « Take me to the water » (la chanson de Monkey Bizness réadaptée pour le chant féminin).

Comme d'habitude, Dick Rivers va terminer ses concerts en France par une grand-messe à l'Olympia (le 12 mai 1973), et, comme d'habitude, il va immédiatement remettre le couvert et préparer le disque suivant. Dick et Bashung sont de la même étoffe. Les temps morts les angoissent. Rivers doit occuper le devant de la scène en permanence pour ne pas rester trop longtemps loin du cœur ; Bashung ne peut pas se permettre de lâcher la bride, sous peine d'être catalogué has-been précoce. Ils se retrouvent fin mai et tricotent fissa un pur boogie original, « Marilou », converti en tube par Europe 1 (seize semaines de rang dans le hit-parade), puis enchaînent avec un deuxième loukoum double face : « Sherry / Tu t'en fous moi aussi », qui pose les fondations du nouvel album planifié pour la fin janvier 1974.

Changement notable dans ses habitudes, Dick a demandé au jeune illustrateur qui vient de fourguer quelques dessins au magazine *Pop*, David Rocheline, de concevoir ses pochettes. Touche-à-tout fasciné par le glam-rock et Marc Bolan, Rocheline est devenu le protégé du « vieux » Chat sauvage. Et comme Rocheline veut chanter – il a une voix très proche de celle de Roger Daltrey des Who –, Dick lui met le pied à l'étrier en lui offrant sur un plateau son compositeur fétiche, Alain Bashung, pour favoriser son lancement dans le grand bain.

L'association s'avère vite fructueuse. Pour Rocheline, Bashung fait équipe avec un nouveau parolier, Henry Steimen, et ensemble ils fabriquent quatre chansons. Les deux premières, « La règle du jeu » et « Le danseur étoile », sortent chez Columbia le 2 septembre 1973 – au terme d'une quinzaine de jours de travail mémorables au studio d'Hérouville : « *Nous enregistrions là-bas avec Patrice ou Dominique Blanc-Francard. C'était au moment où Bowie y enregistrait l'album* Pin Ups. *Il y avait aussi le Grateful Dead. Bowie mangeait tous les jours à la cantine, dans le même habit de cosmonaute qu'il porte sur la pochette du disque.* » Petite cerise sur le gâteau, CBS délivre aussi à Bashung un bon de commande pour un quarante-cinq tours et sort ce bon vieux « Bois de santal » des oubliettes après un an d'hibernation dans les coffres d'Espiègle.

L'année se termine sur les chapeaux de roues. Au moment de la rentrée des classes, la troupe de *La Révolution française* se réunit pour un mois de répétitions. Dès le premier jour, Bashung apprend qu'il ne tiendra pas cette fois le rôle de Robespierre. Il est remplacé par Gérard Layani, tandis que lui revêtira le costume de Jean Shultheis, forfait pour jouer Fouquier-Tinville. Pas de quoi en faire un drame. Malgré une grosse ambiance de grève – les élections présidentielles de 1974 approchant –, *La Révolution française* va se jouer à guichets fermés du 2 octobre jusqu'à la veille des congés de Noël, avant d'être délogée des planches par le Cirque de Moscou. Un mois et demi de pure hystérie où le spectacle devient encore plus fou après le spectacle, au fil de longues soirées picole, fumette et ultra-déconnade qui effraieront plus d'une fois les directeurs artistiques de l'opéra-rock. Si l'on excepte quelques gadins inévitables sur une scène où le micro sans fil n'existait pas à l'époque, le bataillon jouera jusqu'à sa dernière représentation sans anicroche notable – salué chaque soir par un tonnerre d'applaudissements.

6

Daniel, Boris, Jean et les autres

La fin de l'hiver 1973/1974 est d'une douceur exceptionnelle, mais il souffle une tempête de grêle dans le cerveau de Jean-Guy Ruff. Il a donné rendez-vous à Alain dans ce café en début d'après-midi. Une histoire avec une fille, un cataclysme, un cœur cassé, écrabouillé.

La première fois qu'Alain et lui se sont rencontrés, c'était l'été dernier au château d'Hérouville, par l'entremise d'Henri Steimen, tandis que David Rocheline chantait ses deux chansons derrière les paravents du studio d'enregistrement. Ruff revenait d'Italie, où il avait fait un bout de cinéma, dans *Quell'amore particolare* de Carlo Martinelli. Il avait quelques chansons en chantier et cherchait les bons interlocuteurs pour les concrétiser. Depuis, Ruff et Bashung s'étaient rapprochés, traînaient ensemble avec les Martin Circus, Hervé Cristiani et toute la bande de *La Révolution française*.

« *Il y avait aussi Alain Waïs, le journaliste rock,* raconte Jean-Guy Ruff. *Il débutait. Il était traumatisé parce qu'il avait raté son interview de Bowie qui venait d'enregistrer en France. Il avait essuyé les plâtres en conférence de presse, Bowie l'avait mouché dès sa première question et toute la presse avait relaté l'affaire. Il imaginait que ça allait le poursuivre toute sa vie… On était une bande de types de vingt-cinq ans. On s'éclatait au jour le jour. On passait des nuits à traverser Paris, à disserter sur le premier film de Scorsese,* Boxcar Bertha, *ou à discuter du nouvel album de Lou Reed,* Berlin, *le genre de disque qui te fait comprendre immédiatement le chemin qui te reste à faire. Alain avait un nouveau plan avec les éditions Essex : la boîte qui détenait 95 % des droits éditoriaux sur les disques des Rolling Stones et qui voulait tenter une petite aventure de production avec des artistes français. Alain travaillait pour eux comme apporteur d'affaires et réalisateur musical indépendant. Il pensait pouvoir me faire produire chez eux.* »

Pour Ruff, qui a croisé des quantités incroyables de petits biquets de maisons de disques, Alain a le profil qui rassure : le look résolument rock, pantalon slim-bottes, et la culture qui va avec. La classe. Grâce à sa technique vocale, il sait chanter le blues dans l'esprit ou caresser de la voix comme un crooner, et il sort de derrière les consoles de Dick Rivers : un gage de sérieux. Et puis, ils ont en commun la même référence de l'horreur musicale à la française : André Claveau et John Williams, « le seul Noir qui swingue comme un Blanc ».

Le projet avec Essex s'est vite matérialisé. Le budget a été fixé, et ils doivent enregistrer sous peu les deux premières chansons sous la vigilance du boss artistique, Jacques Poisson. Alain ne peut pas laisser Jean-Guy comme ça, dans sa détresse. Il va donc l'héberger quelques jours, ou plus, le temps qu'il faudra pour que la douleur s'apaise. Chantal est d'accord. « *Lui et Chantal formaient un couple assez drôle : lui l'artiste et elle l'employée de banque. C'était très touchant. Il y avait entre eux un respect mutuel : chacun savait qu'il serait incapable de mener la vie de l'autre.* »

Quand ils finissent la séance d'enregistrement au studio Aquarium de l'ingénieur du son Dominique

Blanc-Francard, Bashung, Poisson et l'arrangeur Christian Chevalier ont le sentiment de la mission accomplie. Non seulement ils ont finalisé les deux faces du premier single : « La légende de Julia » et « La nouvelle humanité », mais ils ont aussi échafaudé les deux suivantes : « Crac sous la porte » et « Les musiciens ». Ces quatre petites variations folk tiennent solidement la route, et les responsables de chez Pathé Marconi vont en avoir la primeur. La signature chez EMI est immédiate. La première galette sort avant l'été, la seconde est programmée pour la rentrée. Pourtant, Alain est vert de rage : son nom ne figure pas sur la pochette. Il aura fait le boulot, mais au dernier moment, c'est le seul Christian Chevalier qu'on a décidé de créditer de la réalisation artistique. Sans doute au nom du droit d'aînesse et de la loi du microcosme artistique parisien en vigueur depuis toujours : les grands noms d'abord.

Avec l'atout Essex Éditions dans sa manche, Bashung vient de sauver financièrement son début de saison 1974. Parce qu'une fois de plus, il s'est libéré de tous ses autres engagements pour faire table rase et retenter sa chance sur d'autres tapis de jeu. Fatigué de jouer les figurants dans *La Révolution française*, il a décliné poliment l'invitation qui lui était faite de remettre le couvert pour de nouvelles représentations à Mogador. Il pensait alors faire un petit galop supplémentaire avec Dick Rivers, poursuivre la collaboration sur le disque en préparation ; mais le matou sauvage a pris des habitudes de chef de bande et Alain a préféré jeter l'éponge : « *Il n'y a pas eu de fâcherie entre nous, mais on avait vraiment fait le tour de tout ce qui était possible avec Dick... Au début, c'était très instructif, j'apprenais énormément de choses, mais au bout d'un moment j'ai compris qu'il lui était impossible de sortir de son créneau. Dick, c'était le cliché du rock'n'roll de carte postale, depuis la panoplie jusque dans la manière de manger ses hamburgers. Un jour, je lui ai fait écouter* Ziggy Stardust *pour lui indiquer une des directions vers lesquelles on pourrait envisager des choses au niveau du son, des accords, des guitares... Il trouvait ça extrêmement bizarre et décalé pour lui. J'ai aussi craqué à cause de sa manie du téléphone. Je crois qu'avant même de se réveiller le matin, il téléphonait déjà. Il appelait dès qu'il avait une idée, il pouvait te sonner à quatre heures du matin pour te dire qu'il avait trouvé un super-truc et qu'il fallait que tu viennes vite le voir. Au bout d'un moment, ce n'était plus très drôle.* »

Dick va donc faire le reste de la route, pour cet album, avec son vieil ami Serge Koolenn, du groupe Il était une fois. Et pour la première fois depuis 1966, Alain, lui, repart de zéro ou presque.

Bizarrement, la situation lui convient. Tout ce cirque, ces espoirs déçus et ce sort qui semble s'acharner sur lui depuis de longues années l'ont usé. À vingt-six ans tassés, son bilan personnel est maigre en réjouissances artistiques et son nom évoque invariablement le bide annoncé dans chaque maison de disques de la place de Paris. Les fantasmes d'album se sont évanouis avec la mort d'Espiègle, et la fin des aventures avec Rivers lui a bien fait comprendre qu'il lui fallait changer radicalement son fusil d'épaule s'il ne voulait pas finir en homme de l'ombre cantonné à la réalisation musicale.

Ils sont nombreux, les recalés du succès dans le milieu musical parisien underground. Des types obnubilés par l'Amérique, le blues, ce rock qui pète le feu dans le monde entier et qui n'arrive pas à s'imposer en France. Naturellement, ils se retrouvent dans les repaires rock de Paris, jusque tard dans la nuit, pour se serrer les coudes devant un godet et jouer, histoire de tuer l'ennui. Milo Malagouën est de ceux-là. Révélé par la comédie musicale *Hair*, créée « off-

Broadway » en 1967, il a juste eu le droit de faire un quarante-cinq tours chez RCA avant d'être mis au placard. Mais de son passage dans *Hair* il connaît Alain Rivey, un chanteur soul-blues membre de la troupe de Bruxelles reconverti en éditeur, qui officie aux éditions Le Minotaure de Michel Fugain. Rivey a vu Bashung dans *La Révolution française* ; il l'y a trouvé convaincant et puis il a aimé les premiers simples d'Alain dans les années 1960.

Alain Rivey : « *Le rendez-vous a été fixé à 14 heures dans son appartement de Saint-Cloud. Quand on est arrivés, Bashung était encore dans la salle de bains. Il en est sorti tiré à quatre épingles. Le look, ça ne plaisantait pas pour lui. On a discuté de Roy Orbison, on a regardé si on pouvait s'entendre. Lorsque j'ai proposé qu'on le prenne aux éditions, ma patronne Rolande Bismuth a été radicale :* "Bashung, c'est fini pour lui. Ça ne donnera jamais rien. C'est hors de question." *Quelques mois plus tard, je lui ai proposé Laurent Voulzy, elle n'en a pas voulu non plus… Avec Alain et Voulzy, nous sommes quand même restés en contact.* »

Alain Rivey garde Bashung dans sa ligne de mire. L'instinct lui dicte de lui faire confiance, de le faire travailler à l'occasion, de miser avec lui sur le long terme. Et il va sans le savoir provoquer un premier petit miracle dans la vie d'Alain Bashung. Un vrai jeu de billard à plusieurs bandes, qui s'avérera déterminant pour les trente-cinq ans à venir.

Chez EMI, on s'est bien payé la tête de Jean-Guy Ruff et de Bashung. En fait, on pensait que la petite gueule de Jean-Guy et ses airs de jeune premier – façon Mike Brandt – allaient faire chavirer les cœurs, mais on est très loin du résultat escompté. Chez Essex on a vite trouvé un plan de rechange, c'est donc désormais pour Barclay que Ruff enregistrera ses deux prochains quarante-cinq tours. Et l'affaire prend vite d'autres proportions. C'est la grande patronne de la maison, Mme Hélène Nathan, qui, du haut de ses quatre-vingts ans, aurait négocié directement avec Monsieur Eddie : « *Barclay nous a envoyé une Mercedes 600 aux vitres noires nous chercher tous les trois, le jour du rendez-vous*, témoigne Ruff. *On s'est retrouvés au bas de l'immeuble, moi avec ma coupe à la Roger Daltrey et Alain fringué en rocker impeccable, encadrant la mamie avec sa canne comme deux fils pour signer le contrat chez Barclay. Sur le perron, Alain m'a fait remarquer que, heureusement, il n'y avait pas de photographes.* »

Une heure plus tard, voilà la doublette reconduite pour deux singles à paraître l'année suivante et rétribués d'avance. De quoi voir venir sereinement les premiers jours d'automne. Et l'euphorie est bonne conseillère. C'est qu'Alain et Jean-Guy ont de sérieuses réserves, qu'ils mettent à profit durant les deux mois d'été. Les quatre chansons sont là, à portée de main, prêtes à passer leur grand oral en studio. Il ne leur manque plus qu'une belle tenue au niveau des textes ou une livrée d'arrangements pour parader sur vinyle. La séance d'enregistrement de « Hey m'sieur Dupont » et de « La terre est ta vie » fixe le premier quarante-cinq tours dès décembre 74. Puis le parolier Henri Steimen, déjà commis sur les disques de David Rocheline, et Claude Arini (qu'Alain a détourné du chenil du Chat sauvage) prennent leur quart au chevet des chansons de Jean-Guy en février 1975, afin d'immortaliser les deux dernières pièces, « Petite fille » et « Le loup Garock ». L'affaire est dans le sac. Plus qu'à attendre les ventes et les royalties qui vont avec. Mais le pétard va faire long feu.

Le pécule avancé par les éditions Essex après le paraphe des parchemins contractuels chez Barclay s'est envolé depuis une paye, et Bashung n'y voit pas plus loin que le bout du mois prochain. Chantal, toujours aussi solidaire, tient fermement la barre : son salaire assure le quotidien, laissant à Alain les coudées franches pour mettre en œuvre de nouvelles collaborations – ou encore l'un de ces quarante-cinq tours qui assurent une bonne petite rallonge en fin de mois.

À vingt-sept ans à peine, il se sent très vieux. Coincé dans un tunnel dont il n'aperçoit pas la sortie, contraint de se débattre dans des opérations de survie artistique, il se cogne contre la fatalité comme une mouche s'épuise sur les carreaux d'une vitre. La dernière proposition qu'on lui a faite ? Un petit microsillon deux titres pour le compte de la Fnac, qui s'est entichée de production et prétend promouvoir les nouveaux espoirs de la chanson française. L'enseigne a bien fait les choses. Elle a demandé à tous les compositeurs de musique française renommés de sélectionner des interprètes et de les piloter jusqu'en haut des hit-parades. Et tout est prévu : plan promo, passages télé, exposition massive en magasin, label d'édition maison (les disques sortiront sous la marque Festival), etc.

« *À la direction de la Fnac, on pensait dur comme fer qu'avec des pointures de la composition derrière et des gueules de stars avec des superbes voix devant, le succès était obligatoire* », se souvient Jack Arel. Jack est un grand manitou de la musique hexagonale depuis quatre ans. Contemporain des fers de lance de la musique instrumentale, Jean-Jacques Perrey et André Popp, il a signé aux États-Unis chez le tutélaire label Atlantic. Sous son propre nom, il a vendu ses musiques très easy listening par caisses pleines dans le monde entier et il affole les compteurs quand il écrit pour Sheila. Alors, la Fnac lui a signé un chèque en blanc artistique pour lancer son « Opération Tonnerre ». Comme chanteur, il a choisi Bashung : « *Un vrai pur-sang ! Je l'avais vu dans La Révolution française, je connaissais sa voix depuis ses premiers EP [quarante-cinq tours de quatre chansons] et je savais qu'il ne manquait pas grand-chose pour que ça explose. Et puis on s'est plantés. Il y avait toujours cette idée de rentrer dans le format Mike Brandt, de donner dans le truc sentimental pour faire un succès avec une chanson langoureuse... Alain n'a pas voulu apparaître sous son nom et il a choisi le pseudonyme de David Bergen. Le ratage a été total. Je ne comprends toujours pas pourquoi aujourd'hui on a pu se tromper à ce point. Tout le monde était malheureux du résultat. Alain ne s'y retrouvait pas, je ne pouvais pas être fier de cette initiative et l'échec commercial a été retentissant... Nous ne nous sommes plus revus.* »

Bashung se soigne comme il peut. La solitude est pesante, artistiquement parlant. Alors, pour calmer la douleur, on picole, on rigole avec ses potes d'impasse, histoire de ne pas être tout seul à l'ombre, acculé contre un mur. On se dorlote au cynisme, on joue aux fléchettes sur des posters de stars de la variété française, on passe des heures à débattre du dernier T Rex et du *Diamond Dogs* de Bowie, à décortiquer le *On The Beach* de Neil Young, à savoir lequel de *Highway 61* ou de *Blonde on blonde* est le meilleur disque de Bob Dylan, à ne pas être d'accord sur Led Zeppelin, à tripper sur Johnny Cash, George Jones, Bob Luman...

Bashung n'est pas du genre à donner son avis sur tout. Mais dès qu'il s'agit de Dylan, il fait autorité dans le cercle. Non seulement parce qu'il connaît l'œuvre jusqu'au bout des ongles, mais aussi parce qu'il surveille avec une vigilance d'espion tout ce qui vient de la scène folk américaine depuis plus de deux ans maintenant. Il en fait même son bain quotidien, et, en secret, il travaille son futur proche dans cette nouvelle optique, comme s'il s'agissait de sa dernière carte. « *Cette solitude nous était très pénible. On était tous là, coincés entre une forme de conformisme et une attitude terriblement snob qui ne menait à rien. Le petit espace où chacun aurait pu se réaliser lui-même n'existait pas. Nous formions un club de solitaires, où nous nous complaisions dans le mal-être. Il y avait beaucoup de types qui géraient leur désillusion comme ça. Au fond, cette situation m'était encore plus insupportable que l'échec lui-même. Je n'arrivais pas à me féliciter d'avoir perdu et de me réconforter en adhérant au club des losers ! Je ne pouvais pas accepter la lâcheté jusqu'à ce point. C'est peut-être à ce moment précis que j'ai compris ce que pouvait être la force du désespoir et qu'on pouvait la canaliser comme une énergie. Je ne voulais plus avoir mal et je savais pertinemment que rester là équivalait à me condamner moi-même. Je me suis dit qu'il fallait quand même que je tente de m'exprimer comme je le voulais, ne serait-ce qu'une fois. Et tout s'est éclairé.* »

Alain Rivey a envoyé un nouveau signal de fumée : il vient de signer un contrat d'artiste chez RCA et travaille à son premier album. Pour ses propres chansons, il vient de faire la connaissance de Daniel Tardieu, un prof de français parolier par nonchalance quand la sonnerie du collège marque la fin de la journée. Adoubé par le célèbre Pierre Grosz, Tardieu a tout juste à son crédit quelques chansons pour le chanteur Bernard Sauvat, dont un tube, « Le professeur est un rêveur ». Pas de quoi meubler un curriculum vitae, mais quand même. Rivey pense qu'il peut se passer quelque chose entre Tardieu et Bashung.

Daniel est en avance au rendez-vous, qui a été fixé à 19 heures au restaurant situé juste à côté du mythique cinéma Mac-Mahon, à l'Étoile. « *Alain est arrivé très "jeune fille" : séducteur, aimable et à l'écoute. J'ai été très surpris au début de la discussion, parce qu'il s'est présenté comme un petit directeur artistique ; il voulait placer des chansons pour d'autres. Il avait une vraie délicatesse. On a évalué nos sensibilités respectives, nos possibles accroches. Lui, il baignait dans la culture américaine, alors que moi, à part Presley, Dylan et les Beatles, je ne connaissais que des trucs de chanson française et de variété. Au fur et à mesure de la discussion, je me suis aperçu que nous n'avions pas grand-chose en commun. Il aurait pu s'arrêter là ! Mais il a voulu qu'on essaie. Il m'a invité chez lui, à Saint-Cloud, un après-midi, et je suis resté dîner. Il m'a fait écouter tous les trucs américains qu'il aimait, mais on n'a pas parlé d'écriture. Il est resté très évasif, très timide. Il m'a prêté quelques disques – un JJ Cale, un Lou Reed, un Neil Young je crois –, et puis il y a eu le Born to Run de Springsteen : un vrai choc pour nous tous.* » Si la piste Tardieu lui paraît intéressante à suivre, Alain ne peut pas se permettre de fermer la porte aux autres propositions. Et elles arrivent par grappes. Lui qui a semé des graines depuis si longtemps sait que la valeur des récoltes s'estime avec l'air du temps. Et la saison semble lui être profitable.

18 mars 1975. Une chemise rouge en velours à boutons nacrés, un perfecto de motard, un jean, des bottes, une coiffure sculptée dans le rock'n'roll : Alain Bashung entre dans la salle du Jean-Bart, le bar-PMU de la rue Jean-Mermoz, dans le VIIIe arrondissement de Paris. Il doit y retrouver un jeune auteur, Jean Fauque. Il ne l'a jamais vu. Et pourtant, il connaît ses textes. Il en a même mis un en musique, un mois auparavant, sur un petit bout d'essai. Cette tentative de chanson exceptée, Jean ne sait rien de Bashung. C'est Alain Rivey qui a fait la jonction entre eux. D'un côté, Bashung et sa quête effrénée d'une nouvelle destinée, de l'autre, cet auteur qui lui avait été recommandé par Daniel Popp, le fils d'André Popp. « *Et là, j'ai eu comme un choc*, rapporte Jean Fauque. *Alain, j'ai eu la sensation de le connaître depuis toujours. Une sorte de connivence s'est tout de suite installée. Et son look, incroyable pour l'époque, me fascinait. J'ai tout de suite eu l'intuition que cette rencontre allait être*

déterminante dans ma vie. Le plus surprenant, c'est qu'on s'est découverts voisins à Saint-Cloud, à 100 mètres l'un de l'autre ! Je ne percevais pas vraiment la direction qu'il voulait prendre pour lui, mais il se passait quelque chose de fort entre nous. Parfois, il m'appelait à 3 heures du mat', timidement, en s'excusant de me déranger, pour voir si je voulais passer écouter un nouveau morceau. J'arrivais chez lui tout endormi, et là, ça partait jusqu'à 7 heures, avec entre-temps une omelette au lard et aux oignons… »

Avec Daniel Tardieu, le travail va commencer par une petite mise en jambes pour celui qui les a fait se rencontrer, Alain Rivey, pour lequel ils vont confectionner une chanson dans la grisaille du début d'été pour son premier LP chez RCA, *Mais qu'est-ce qui va m'arriver aujourd'hui ?* La chanson est intitulée « Le rôle de ta vie ». Bashung signe la musique, Tardieu et Rivey les textes. Mais il faut du temps à Tardieu, une phase d'acclimatation avec la culture rock-folk américaine dans laquelle Bashung lui a demandé de se plonger, pour façonner un langage français lové dans les rondeurs de l'intonation anglo-saxonne. Or, son emploi du temps à l'école ne lui laisse que quelques soirs par semaine et le week-end pour se consacrer à sa carrière parallèle. Bashung connaît la contrainte. En semaine il travaille donc avec Fauque, et le week-end, il va malaxer les mots de Daniel sur sa guitare.

Juin 1975. Daniel Tardieu se morfond un peu. Écrire pour les autres… Mais Alain vient encore de lui porter une cassette avec des musiques provisoires, des petits départs de mélodies et des esquisses de chansons. Il lui faut des textes, plongés dans telle ou telle ambiance, un peu poétiques. Du grain pour Essex. Tardieu ne sait pas écrire à distance, de même qu'il déteste gratter des textes quand il n'en connaît pas le destinataire. Il aime le contact, la chaleur humaine. Et depuis le début, il n'a qu'une seule idée en tête : écrire pour Alain. D'ailleurs, s'il ingurgite des plages entières de Lou Reed ou de JJ Cale, c'est bien pour en extraire cette essence américaine qui devrait parvenir à faire voyager les Français au pays de Dylan une fois insufflée dans la voix d'Alain. « *Un jour, je lui ai dit que tout ça ne m'emballait pas trop, que je voulais bien faire des choses pour Alain Rivey et puis pour lui. Je ne sais écrire que pour des gens que j'aime. Le reste m'ennuie, c'est du travail. Ce n'est qu'à ce moment-là qu'il s'est dévoilé. Il m'a expliqué qu'il avait chanté un peu avant et qu'il aimerait bien retenter sa chance, qu'il n'avait pas osé m'en parler, etc. Rien de plus. On s'est sauté dessus, et puis c'est parti. Je n'ai appris que bien plus tard l'existence de tous ses quarante-cinq tours dans les années 1960 ! Pour lui, tout ça appartenait à la famille des dossiers à oublier et il avait complètement passé sous silence cette période. L'été, je l'ai invité quinze jours à Saint-Jacut-de-la-Mer, en Bretagne, où je passais mes vacances en famille. Il avait emmené sa guitare, mais on n'a rien foutu. Début août, j'ai laissé ma femme et ma fille au bord de la mer et je suis rentré à Paris pour bosser avec lui. À partir de ce jour-là, on s'est vus toutes les après-midi.* »

Heureusement, il y a une terrasse à l'appartement du 76, rue des Martyrs. Parce qu'au cinquième étage, les 35° ambiants transforment vite le trois-pièces en un gigantesque sauna. Comme un rituel, vers 17 heures, Alain sort sa gratte et met les mots de Daniel en mélodie. « *J'étais dans l'incapacité d'écrire par rapport à une musique. Il fallait que ça vienne de moi. Alain avait accepté de procéder à l'envers. Je faisais une structure couplet/refrain, dont il me virait la moitié la plupart du temps, puis il se branchait sur les phrases qui lui plaisaient et je retournais au boulot. On avançait pas à pas, de façon un peu empirique.* »

La méthode va rapidement porter ses fruits et proposer un vrai départ pour une œuvre personnelle. En quelques mois, la plume de Tardieu s'est étoffée de nouvelles nuances. Elle semble maintenant en phase avec les envies de Bashung. Tardieu a été piqué par Dylan, c'est évident. Il y a de la distanciation, de la pudeur, de l'impact. Tardieu n'écrit pas, il parfume. En petits flashes métaphoriques, il imprime des images furtives et défriche des chemins de traverse pour tenter de relier à sa façon la substance de Mallarmé aux pulsations de Faulkner. Loin de cette chanson française obnubilée par Baudelaire, Alain a trouvé une partie de son futur répertoire dans « La pianiste de l'Éden », « Te revoir » et surtout « Roman-photos », une excroissance frenchy du célèbre « Love Story (You and me) » de Randy Newman.

Pendant toute cette période, Bashung entretient parallèlement une belle relation de travail avec Jean Fauque. Mais les textes de ce dernier ne boxent pas dans la même catégorie *« On a écrit une dizaine de titres : "La petite fille de Bali", "La symphonie pathétique", "La croisière sur l'étang", "De jardins en souvenir", "Adieu mage..." Ils étaient peut-être un peu trop conformistes. À l'époque, nous n'étions pas sur la même longueur d'onde. Je n'avais pas la maturité qu'il réclamait. Il s'orientait vers des climats nettement plus sombres et graves que ceux que je pouvais lui proposer et j'avais de mon côté une forme d'écriture un peu dilettante. Je n'étais pas vraiment un assidu, je faisais trop le guignol.* » Alors, Alain cadre Jean dans la catégorie des auteurs de secours, de ceux qu'il pourra toujours appeler quand il s'agit de livrer clés en main de petites pièces pour artistes en panne d'inspiration ou de simples interprètes.

Parallèlement à ses plans personnels, Alain a deux commandes à honorer. La première pour une actrice, Marie Turquoise, qui vient de jouer avec Betty Mars dans *Émilienne*, et qui entame une double vie de comédienne et chanteuse. Mais il s'est surtout engagé, et depuis longtemps, auprès de Marie Casanova *via* les éditions du Minotaure (toujours la filière Alain Rivey).

Marie tente un nouveau départ. De son vrai prénom elle a retranché le Josée qui l'identifie, depuis 1967, elle, la chanteuse repérée par le totémique Jacques Canetti, comme l'interprète de Boris Vian et l'une des égéries de la confrérie soixante-huitarde. Pour son retour, Marie vise un registre folk, cousin de celui de Joni Mitchell. Alain lui a concocté six délicieuses cartes postales musicales venues du grand Ouest, à paraître sur son album *Mais qui es-tu toi ?*, inscrit au planning d'enregistrement des Studios Davout pour la fin de l'année. C'est la première fois qu'Alain compose aussi étroitement avec des femmes. La collaboration avec Marie Casanova ne ressemble pas du tout à ses travaux de commande précédents. Il est là dans une configuration beaucoup plus intime, une relation compositeur-interprète très étroite, où son rôle relève presque de la haute couture. Son expérience de réalisateur musical lui a donné toutes les clés pour tailler sur mesure ces petites mélodies fragiles qui vont envelopper les textes de Marie (« Poupée poupée », « Quelle heure est-il en Californie », « Les mots fauves », « Le voisin », « Il viendra d'une autre planète », « Le dernier épisode »). La séance d'enregistrement lui apporte également son lot d'enseignements. Il y découvre l'arrangeur Jean-Claude Déquéant, dont l'élégance de coloriste sonore va lui rester dans l'oreille.

En septembre 1975, Alain téléphone à l'ingénieur du son Andy Scott. Il veut recueillir son avis sur ses maquettes. Une seule écoute suffit à Scott pour être conquis. Bien qu'il n'y ait que trois textes structurés (les autres chansons sont encore provisoires), Andy va mettre son carnet d'adresses à profit pour tenter de lui dégotter des rendez-vous dans les maisons de disques. Dans la majorité d'entre elles, ce sont encore les vieux cadres des années 1960 qui trônent dans les fauteuils de décisionnaires. Et Bashung, cela fait longtemps qu'ils n'y croient plus. Ils l'ont suivi depuis ses débuts et ont remisé depuis longtemps son cas dans les cartons des affaires classées. Et puis il va avoir trente ans : ce n'est pas un âge pour débuter une carrière.

Pendant six mois, Alain court les bureaux. CBS, Polydor, WEA n'en veulent pas. Mais chez Barclay, on prête une oreille plus attentive à son cas. Pour trois raisons. D'abord, parce qu'il connaît un peu la maison pour y avoir vendu quelques compositions. Ensuite, Andy Scott est très apprécié là-bas en tant qu'ingénieur du son. Et chez Barclay, on aime bien travailler avec des gens qu'on connaît. Enfin, en raison des circonstances. Dans la maison du vieil Eddie, les choses changent un peu plus vite qu'ailleurs et on a compris qu'il fallait dépoussiérer le système, réformer sa façon de lancer les artistes, se nourrir du sang neuf venu du rock ou de la chanson. À dessein, Barclay vient juste de réactiver le label défricheur EGG (en sommeil depuis 1972), qui affiche clairement son ambition : « Pour voir naître la musique autrement ». Pilotée par Jacqueline Herrendtschmitt, cette division expérimentale a déjà recueilli quelques évaporés de la musique progressive française (Patrick Vian, Christian Vander, Alain Markusfeld), des grands inspirateurs de la musique de film (Michel Magne) et puis Vangelis Papathanassiou, le fameux compositeur grec, membre à ses débuts du fameux trio Aphrodite's Child. Au milieu de tous ceux-là, Bashung fait figure de jeune communiant, avec ses petites bluettes country-folk ; mais s'il y a une place pour lui, elle est ici et nulle part ailleurs. Rendez-vous est fixé le 26 novembre 1976 pour envisager une signature.

Il y a urgence. Il faut absolument se présenter chez Barclay avec une solution pour les textes. Or, le délai est trop court pour Daniel Tardieu. Andy Scott a une idée : « *Mon ex-femme, Marie-France, était devenue l'assistante de Boris Bergman. Elle a organisé un rendez-vous dans un restaurant chinois.* » Le dîner du 19 novembre 76 sera décisif. Alain a déjà chanté un texte de Boris Bergman, « La paille aux cheveux » quatre ans plus tôt, sans jamais l'avoir croisé. Quand ils se serrent la main, le contact est immédiat. « *On avait des points communs, on aimait tous les deux les chansons de JJ Cale, et on avait le même livre de chevet,* La Dimension des miracles, *de Robert Sheckley.* » Bergman revient d'un an de remise en question totale à l'île Maurice après l'échec de son premier album en tant qu'auteur-interprète, *Le Tzigane et la Fourmi*. Auteur archi-reconnu depuis son texte « Rain and Tears » pour Aphrodite's Child, au temps des barricades de 68, mais aussi pour ses adaptations chantées par Nicoletta notamment (« Fio maravilla »), Boris Bergman traque une nouvelle langue française : épousant la prosodie anglaise, sachant marier ses infinies possibilités toniques et syntaxiques avec la musique rock comme elle avait su le faire avec le swing chez Trenet. « *Un petit bonhomme à l'intérieur de moi avait décidé qu'il était temps d'arrêter toute schizophrénie et de travailler en VO sous-titrée* », dit-il lui-même. La nuit, il rêve sans doute de textes en français quasiment phonétiques mais n'a pas encore trouvé de compositeur partageant sa vision des choses. Il vient de terminer un projet démentiel avec le chanteur Christophe (l'album *Samouraï*), mais n'a rien de bien concret pour la suite. Or, le courant est passé tout de suite avec Bashung…

Ces deux-là se sont trouvés. Avec Boris, il n'est pas question pour Bashung de jouer la carte de la petite entreprise de composition à l'usage d'autres interprètes, mais de penser à soi sans musarder. Il faut être en mesure de proposer un véritable album dès la fin de l'année. Boris n'habite pas loin de chez Tardieu : de l'autre côté de la butte Montmartre, au 9, rue Paul-Féval, une petite rue située juste en haut des escaliers casse-pattes de la station de métro Lamarck-Caulaincourt. Un peu de sport avant les brainstormings. La tête et les jambes, en quelque sorte. « *On travaillait chez moi. Il amenait sa petite boîte à rythmes et un Revox ; moi, j'avais mon cahier avec mes phrases, et Alain repérait celles qui l'inspiraient. Il avait un départ de musique et on avançait progressivement. Quelquefois, on a presque fait des cadavres exquis par prolongements successifs mots-musiques. Tout se faisait en même temps, en direct. Le phrasé de Joni Mitchell convenait parfaitement à ce que désirait Alain.* »

Boris Bergman appartient à une autre planète. Celle des auteurs de chansons, les vrais. Ceux qui perçoivent instinctivement les forces et les faiblesses de l'interprète qui se tient en face d'eux. Ceux qui débusquent les mots que celui-ci sera capable de chanter ou non, qui s'infiltrent comme un passe muraille dans le for intérieur du chanteur pour y glisser des histoires et des univers idoines. Un félin sous une peau de lutin. La métrique, les renvois, la rime, il s'en joue malicieusement de son petit stylo acrobate. Et comme Bashung peut charrier par sa voix une langue moderne, Boris est en situation d'explorer ses nouvelles envies d'écriture à loisir. Ils mèneront de front leur révolution intime. En trois ou quatre semaines de cuisine, Boris a façonné une bonne dizaine de saynètes dans un vocabulaire désinhibé, cousin (moins gouailleur) de celui de Jacques Higelin : « La fille de la maison des dunes, « C'est la faute à Dylan, « L'amour c'est pas confortable », « Blablas », « Y'a des jours », puis deux types de haïkus : « La cendrillon de Chinatown » et

« Kimono », dans lesquels Boris a infusé toute sa passion pour le Japon.

Bergman a une autre qualité : en vertu de ses états de service, nettement plus fournis que ceux d'Alain, il rassure les directeurs artistiques. Avec lui, Bashung dispose donc d'une carte maîtresse pour faire le chemin qui sépare l'esquisse de l'enregistrement final. En deux mois à peine, le matériel nécessaire à un premier disque est enfin en état d'affronter l'épreuve du feu.

1977 est à marquer d'une pierre blanche. Dix ans d'obstination, de cauchemars et de rage se sont évanouis en une signature au bas du contrat qui le lie désormais à EGG ; avec pour objectif un premier album à concrétiser dès la rentrée – et un deuxième en cas de réussite. Plus qu'un simple artiste, Bashung est un objectif personnel de Jacqueline Herrendtschmitt. Question de stratégie. Car il manque au label de référence une figure plus grand public. Un type qui puisse à la fois incarner les valeurs décalées de l'établissement et avoir suffisamment de potentiel pop pour s'inviter dans les programmes télé et radio.

Autour de lui, on a donc réuni la grande famille dans les studios IP. Jacqueline Herrendtschmitt elle-même est à la direction artistique. Andy Scott est derrière la table de mixage. Côté musiciens, le dessus du panier a été convoqué : on note, parmi eux, la présence d'Alain Labacci, Jean-Jacques Milteau, Claude Arini, Jean-Pierre Pouret, dit « le Chinois », et Ian Jelfs, le petit ami d'une certaine Valérie Lagrange, elle-même conviée à former un duo sur la chanson-titre de l'album *Roman-photos*.

Valérie Lagrange vient, elle aussi, d'intégrer la famille EGG. Interprète de Gainsbourg (« La guérilla ») et véritable icône des sixties, elle avait largué les amarres depuis 1970 pour tourner avec Barbet Shroeder (*Beatnik*) et vivre dans les îles du Pacifique. Elle vient de jouer dans les trois derniers films de

Claude Lelouch et tente un come-back musical avec un genre nouveau : du reggae chanté en français. C'est là, dans les couloirs de chez EGG, qu'Alain l'a croisée pour la première fois et qu'est née l'idée d'une chanson à deux voix qui deviendra « Roman-photos ». D'autant que le sujet (terriblement ironique) semble taillé sur mesure :

Et toi et moi
On vivra la vie qu'on voudra
On s'endormira
les bras dans les bras
Et toi et moi
Pas besoin de chercher
le bonheur plus loin
Il est là
Bien à l'abri
des rideaux vichy.

Alain a choisi de poser son chant après que les orchestrations auront été figées sur bande. Au calme, dans les pièces prévues à cet effet des studios Barclay, au sous-sol de la grosse maison, délivré de son essaim de musiciens, en toute fin de parcours, seulement entouré des chœurs (dans lesquels Daniel Balavoine fait une apparition) et de ses paroliers pour rectifier deux ou trois choses. Étrangement, Daniel Tardieu et Boris Bergman ne se sont jamais rencontrés auparavant, et c'est dans cette petite semaine de prises de voix qu'ils vont se saluer pour la première fois. « *Notre approche a été un peu étrange, raconte Tardieu. Boris était malade. Une fois là, j'ai tout de suite vu le fossé qu'il y avait entre nous. Lui avait une réactivité immédiate et pouvait donner une solution à Alain dès qu'il fallait rallonger le texte de quelques mots, tandis que moi, j'angoissais à l'idée qu'on me demande de pondre ou de modifier quelque chose en direct. Quand Alain m'a suggéré de rajouter une ligne dans "Te revoir", ç'a été la panique. Dans l'affolement, j'ai trouvé "Ça va m'faire pousser des ailes et des nageoires". Heureusement, ça lui a plu...* »

Annoncé par quelques chroniques encourageantes dans la presse spécialisée, *Roman-photos* prend place dans les échoppes le 23 septembre 1977 – en tout anonymat. On y voit Bashung en couverture, guitare à la main détalant à travers une route de campagne, pris dans les phares d'une berline et capturé par le photographe Jean-Baptiste Mondino qui signe là sa première pochette de disque.

Cette collection de chansons, il l'a dédiée à Rockwill du Patisseau, son cocker adoré, disparu pendant l'enregistrement. Il aurait aussi voulu l'intituler « Maquettes », mais l'idée a un peu effrayé les responsables d'EGG, alors Alain n'a pas insisté. Bousiller la récompense de dix ans d'attente pour un caprice... D'autant que *Roman-photos* résume bien le contenu du disque : une mosaïque de sentiments, de doutes et de petites réussites. Neuf vignettes tournant autour d'un genre, d'une énigme musicale encore à élucider. Neuf tâtonnements au niveau des textes, où une véritable identité commence à se profiler. Neuf promesses pour l'avenir. Neuf raisons pour Bashung d'être fier de porter son album et de le défendre.

Dans le Paris branché, les chansons de Bashung bénéficient d'un élan de sympathie spontané. Le jeune couturier Jean-Paul Gautier a craqué pour « Kimono », une chanson qu'il voudrait bien utiliser à l'occasion de son prochain défilé. Sans tambour ni trompette, l'album se fait sa petite niche dans les radios et le duo avec Valérie Lagrange tire gentiment son épingle du jeu pendant neuf semaines au hit-parade. Moins d'un mois après sa sortie, Bashung est invité par les télévisions à interpréter en play-back son duo. On le voit notamment dans l'un des fameux *Ren-*

dez-vous du dimanche de Michel Drucker, qui marquera à vie la mémoire de Valérie Lagrange : « *Alain avait décidé de faire profil bas. Il n'était pas encore le personnage qu'il est devenu sur l'album suivant. Il n'avait pas encore cette image de chanteur ténébreux, sombre, racontant des trucs assez glauques du quotidien. Il était encore très rieur. Comme certainement un peu tous les gens qui attendent depuis longtemps le droit de faire leur premier album, il affichait une sorte de malléabilité. Il est arrivé en blouson en cuir et en jean. Jacqueline Herrendtschmitt, qui était de la vieille école, le voit et lui dit :* “Alain, ce n'est pas possible, tu ne peux pas passer à la télé comme ça ! Je t'ai apporté une tenue...” *Et elle lui sort une veste Renoma en velours jaune canari. Un truc atroce. Pendant quelques minutes, j'ai bien cru qu'il allait la mettre tellement il n'osait pas dire non.* »

La télévision, Bashung va y goûter autrement qu'en simple convive. Antenne 2 prépare un gros coup pour le 10 janvier 1978 : la chaîne va diffuser en exclusivité la série américaine *Racines*. La saga en huit épisodes vient de renverser l'Amérique entière en grattant le douloureux passé de l'esclavage des Afro-Américains : travail forcé, viols, ségrégation, vente et séparation des membres d'une même famille. Pour la version française, comme le veut la coutume, il faut un générique en langue « locale ». Bashung hérite du bébé. Mais plutôt qu'une vulgaire adaptation de la chanson existante, il entreprend de composer une vraie chanson originale avec une face B inédite, « Jamaïque ». Les paroles sont l'affaire de Boris. Le titre est un vrai tube et Alain espère bien le chanter. Mais au dernier moment, c'est l'acteur Saïd Amadis qui sera choisi...

Avec le succès d'estime de *Roman-photos* et les records d'audience obtenus par la série *Racines*, Bashung s'autorise un petit raid au grand raout annuel de la musique française, le Midem, qui se tient traditionnellement fin janvier à Cannes. Pas question de partir avec le gros de la troupe, il décide de s'y rendre par ses propres moyens : avec son copain Jean Fauque (qui, à défaut d'écrire des chansons pour lui, s'est transformé en véritable frangin), par l'autoroute, en Simca 1 500. À 110 km/h de moyenne, pauses comprises, le trajet durera bien dix heures. Mais la récompense est au bout du chemin, trois jours de nouba ininterrompue aux frais de la princesse.

Mercredi 25 janvier, la gueule de bois est sévère. Jean et Alain reprennent la route dans leur dragster de VRP après le déjeuner. Les premiers kilomètres sont durs. L'euphorie aidant, on dépasse Lyon dans un grand éclat de rire, puis c'est la halte restauration. Vite fait, bien fait. Il faudrait être à Paris sur le coup de minuit, histoire d'avoir le temps de se jeter un dernier gorgeon une fois le poteau d'arrivée franchi. La Simca n'a pas le coffre pour tenir un tel délai, et à hauteur d'Auxerre, elle couine tellement que l'arrêt au stand est inéluctable. La dynamo rend l'âme... Il fait un froid de canard. Les derniers kilomètres se font au démarreur, puis sans lumière, puis sans moteur, en roue libre totale, par la grâce d'une longue descente à la bretelle d'Auxerre-Sud, qui mène aux premiers faubourgs... Le bar-restaurant situé juste derrière la sortie est une bénédiction, à en croire le dernier crachotement du moteur. À cette heure, il n'y aura pas un garagiste pour ausculter les entrailles de la voiture. Il faut dormir sur place. Par chance, le bar fait gîte. Alain passe un coup de fil à la maison. Pour prévenir. Depuis presque sept ans qu'il vit avec Chantal, elle s'est lassée de ne pas savoir où il se trouvait, de ne pas l'entendre prévenir qu'il rentrerait à pas d'heure ce soir. Alors, il a décidé de faire un geste. Le coup de fil n'aura pas l'effet escompté. Blême, Alain raccroche : sa mère Geneviève, sérieusement malade depuis deux ans, vient de décéder le jour même d'une cirrhose du foie… emportant avec elle le secret de famille qu'il aurait tant aimé entendre de sa propre bouche : l'identité de son père biologique et les conditions de sa naissance. Elle avait cinquante-trois ans.

La Simca est très mal en point. Le mécano est catégorique : il lui faut trois jours. Signe du destin, Andrée, la « marraine », habite à quelques kilomètres de là, avec son mari, Jean, et sa fille adoptive, Nadine. Le « filleul » et son copain sont les bienvenus, surtout dans ces circonstances. La voiture une fois réparée, le retour sur Paris se fera sur le ton de la confidence entrecoupée de longs silences. Le jour de l'inhumation de sa mère, Alain n'aura pas la force de franchir les portes du cimetière. Trop de questions, trop de poids… Chantal le représentera. « *Les enterrements ont toujours été de véritables épreuves que je n'ai jamais su gérer. On peut pleurer seul, ressentir le manque très profondément ; mais je ne crois pas à cette illusion qu'une famille puisse se retrouver en partageant le chagrin et la douleur. L'absence de l'un, le manque qu'il crée, ne rétablit pas le lien entre les autres. On vient seul et on repart seul, sans être soulagé d'aucun poids. On pense traditionnellement qu'un enterrement va pouvoir effacer un peu du passé, peut-être aider à oublier certaines choses, les enterrer, justement ; mais on oublie trop souvent qu'un enterrement peut aussi rouvrir très fortement des plaies qu'on croyait cicatrisées.* »

Geneviève disparue, Alain vient de perdre sa dernière chance de parvenir à faire la lumière sur ses origines et d'éventuellement partir en quête de cette moitié de lui-même dont il ne connaît réellement ni le nom, ni la généalogie. Il aurait aussi voulu savoir pourquoi il n'avait pas eu de frère ni de sœur, pourquoi sa mère s'est laissé emporter si tôt, d'où lui venait ce mal-être insurmontable qu'elle noyait dans la boisson. Comment aurait-elle pu lui expliquer tout cela, lui dire qu'elle n'avait pas désiré sa naissance ? Comment aurait-elle pu lui révéler l'outrage, l'extrême violence du soir où il avait été conçu, son déni d'abord, et la douleur des aiguilles dans le bas-ventre quand elle avait voulu interrompre – en vain – cette grossesse insupportable ? Comment aurait-elle pu lui donner le nom de ce géniteur qu'elle voulait chasser de sa mémoire ? Comment aurait-elle pu lui avouer son incapacité à aimer son propre fils, et sa souffrance pendant toutes ces années partagées dans le même appartement ? Elle n'en a jamais trouvé le courage. Les tantes d'Alain savaient la situation et l'histoire, mais le devoir de réserve l'avait emporté sur le devoir de vérité.

Geneviève n'est plus là, mais muré dans le silence et le non-dit depuis plus de trente ans, le reste de la famille ne desserrera pas les dents pour autant. Alors, Alain a pris sa décision : puisqu'il faut faire le deuil en gardant ses questions sans réponses, il va couper définitivement les ponts.

Au domicile conjugal, tout a également déraillé. Comme si la disparition de Geneviève avait provoqué une réaction en chaîne, comme s'il fallait effacer toute trace de vie antérieure, Alain a décidé de mettre un terme à sept ans de vie commune avec Chantal. Il a fait part de son projet à Daniel Tardieu au concert de JJ Cale. « *Il m'a dit* "J'en peux plus, il faut que je parte. Tu ne connaîtrais pas un point de chute pour quelque temps ?" *Il se trouve qu'un copain, le comédien Olivier Pic, se trouvait dans une situation similaire et qu'il vivait très mal sa solitude. Ils se sont bien trouvés. Alain est resté plusieurs mois chez lui, rue de Charenton. Olivier avait toute l'œuvre de Wagner chez lui, et Alain s'est envoyé la Tétralogie pendant son séjour là-bas. Ce qui, pour un rocker, est un exploit considérable !* »

Roman-photos vivote. Un deuxième quarante-cinq tours, *C'est la faute à Dylan*, a été lancé en catimini. Trois petits tours à la télé dans les programmes de l'après-midi et puis s'en va. Chez EGG, c'est l'amertume. On estime que Bashung n'a pas fait les concerts qu'il aurait dû faire pour mettre toutes les chances de son côté. « *Alain avait un mode de vie et un comportement qui effrayaient sa maison de disques. Les gens ne savaient pas s'il fallait continuer l'aventure avec lui. On a dérivé pendant un an* », se souvient Boris Bergman.

La clause de non-renouvellement du contrat vient d'être actionnée. Alain ne fera pas son prochain disque ici. Mais si EGG n'a pas jugé bon de persévérer, l'éditeur Max Amphoux (Allô Music), lui, croit dur comme fer au potentiel d'Alain et a décidé de continuer à miser sur lui. Les conditions du contrat sont simples : Alain sera rémunéré 5 000 francs par mois pour une durée de trois ans. Et les sommes avancées seront intégralement remboursées sur les ventes du prochain album. Cette assurance financière, doublée de l'engagement pris par Amphoux de trouver une maison d'accueil pour son nouvel album, va contribuer à détendre l'atmosphère. Amphoux a le bras très long, et Bashung une bonne douzaine de nouvelles chansons dans sa besace.

Chez Philips, le nouveau directeur artistique, Gérard Baquet (un fan de Buddy Holly et de Johnny Kidd qui arrive avec la ferme intention de privilégier le talent et la pérennité plutôt que les coups et les naseries à la mode) va très vite montrer son intérêt pour la chose. Avec l'échec commercial de l'album précédent, la prudence est de mise. Le contrat qu'on propose à Alain est très mauvais : budget riquiqui, délais d'enregistrement raccourcis, sortie rapide... Mais c'est aussi la certitude de ne pas perdre de temps.

L'enregistrement du disque est programmé pour janvier prochain. Il reste un peu plus de six mois pour trouver les bons musiciens et étoffer les chansons prévues. Cependant déjà, Alain a des doutes sur les textes de Boris et Daniel. Quelques semaines de vacances vont l'installer dans sa conviction. Daniel Tardieu : « *Il nous a appelés, Boris et moi, à son retour. Il nous a tout envoyé à la gueule et nous a dit qu'il fallait tout recommencer. Ça ne lui convenait plus, il voulait raconter autre chose, etc. Avec Boris, on s'est vraiment demandé quelle mouche l'avait piqué. On était surtout complètement pris au dépourvu et on n'avait pas vraiment d'indications précises sur la direction à prendre. Alain voulait quelque chose de plus grave, de plus dur, plus en prise avec les choses du quotidien. On a bossé comme des chiens.* » Les nouvelles pistes de chansons sont conformes à l'humeur qu'il voulait voir émerger.

Alain est ravi. Avec sa paire de paroliers, il a vraiment construit une escouade, un trio qui a trouvé une belle cohérence. Il tient une unité, un climat. Boris a passé la vitesse supérieure (sur « Je fume pour oublier que tu bois notamment », ou « Guru tu es mon Führer de vivre… ») et Daniel commence à domestiquer ses élans poétiques dans le format chanson (« Les petits enfants »).

Avec son petit matelas financier mensuel, Alain a pu emménager seul, rue Croix-des-Petits-Champs. Pas un palace, mais un petit bout de parquet tout en longueur qui lui permet d'entreposer son petit barda. Daniel, en plein divorce, s'est installé à deux cents mètres de là, rue Vauvilliers, et c'est chez lui que le texte de « Pas question que j'perde le feeling » va être finalisé juste ce qu'il faut pour pouvoir figurer sur l'album.

Le nouveau disque a déjà un titre, *Roulette russe*, et une sacrée équipe d'instrumentistes autour de lui. Ils ont tous été recrutés par un seul homme, Claude Alvarez-Pereyre, dont Alain a apprécié le travail sur la BO de *Racines* et à qui il a délégué la gestion de l'orchestration. Claude Arini est le seul rescapé de *Roman-photos*. Depuis six ans, il est l'homme de confiance d'Alain. Joe Hammer (batteur), Guy Delacroix (un ancien bassiste de chez Magma) et Patrick Tison (le guitariste-fétiche de Lavilliers) sont aux avant-postes.

Il fait très froid au fin fond de la campagne mayennaise, au bord de l'étang où le Studio 20 est installé. L'ambiance est plus à une opération survie façon commando qu'à l'enregistrement d'un disque rock. Quand Boris et Daniel arrivent, dix jours après le début des manœuvres instrumentales, la colonie doit loger à huit dans quatre chambres. « *C'était sinistre. Si vous aimiez votre chez-vous, votre petit crayon et vos affaires personnelles, il ne fallait surtout pas aller là-bas. C'était l'exil ! On dormait dans un baraquement, les uns contre les autres dans des espèces de lits jumeaux, ça caillait et il y avait tellement peu d'argent qu'on devait finir ça à toute vitesse. On avait le sentiment d'être en pension* », en bredouille encore Daniel Tardieu.

C'est le moment crucial des prises de voix, quand un texte passe ou casse. Et plus que quatre ou cinq jours avant de rendre la copie. Une chanson est passée à la trappe : « Max Amphibie », elle était redondante avec « Pas question que j'perde le feeling », qui va devoir elle-même être revue. Alain a tranché. « Les petits enfants » va être amputé de son dernier couplet. Quant à « Bijou, bijou », on peine à lui trouver sa deuxième moitié. Le briefing est radical. Boris se frotte les mains, il adore ce genre de défi. Daniel Tardieu est bien moins rassuré. On est en pleine année scolaire, il ne pourra jamais rester jusqu'à la fin : « *J'avais commencé "Bijou, Bijou" et je n'arrivais pas à la finir parce que, progressivement, j'installais des images de plus en plus éthérées alors que j'étais bien parti dans la direction de l'époque : les cheveux dans le lavabo, etc. Mais impossible de finir. Alors, au dernier moment, en studio, j'ai paniqué. J'ai appelé Boris à l'aide, qui a amené tous ces trucs de gynéco, les drôles de joujoux, etc. Des fois, il s'arrêtait et il me disait : "À toi maintenant !" Il sait entrer dans les textes des autres pour les poursuivre sans rompre l'esprit. D'où le grand nombre de textes cosignés sur l'album.* »

Le disque qui est livré chez Philips est un furieux disque de rock, cousin parisien du downtown new-yorkais raconté par Mink De Ville, l'auteur de *Cabretta* et *Return to Magenta*. C'est ouvertement l'album le plus autobiographique de Bashung. Il s'y livre, à peine dissimulé derrière des héros anonymes et leurs histoires de divorce, de suicides dans les chiottes, de coups foireux, de boulots minables, de sectes, de lits quittés trop tôt au petit matin... Sans qu'il en ait averti ses paroliers, chaque chanson y est un épisode de la vie qu'il vient d'enterrer : « Elsass Blues », « Je fume pour oublier que tu bois », « Station-service », « Bijou, bijou », « Les petits enfants », « Milliards de nuits dans le frigo... »

Si à l'avenir, il ne devait plus jamais faire d'album, Bashung aura au moins déposé celui-là. Le plus important à ses yeux. Deux regrets lui gâchent un peu la fête. D'abord, celui de n'avoir pu disposer de plus de temps et de moyens, pu acheter les synthétiseurs dont il entrevoit le pouvoir chromatique, quand son rock sonne un peu « vieille école ». Mais les succès de Ian Dury en Angleterre et de Moon Martin aux États-Unis, deux rescapés des années 1970 qui cartonnent avec un matériel musical similaire, atténuent un peu son dépit. Ensuite, il sent bien que son système d'écriture à plusieurs auteurs a pris du plomb dans l'aile avec le refus de Daniel Tardieu de s'investir totalement. Bashung aimerait l'avoir constamment auprès de lui, pour pouvoir poursuivre le jeu de ping-pong entre son option poétique et les figures libres de Boris. Mais le tandem n'est plus viable. Même le principal intéressé ne semble pas convaincu de sa capacité à pouvoir trouver, à court terme, la clé du texte bashunguien idéal : « *Je n'ai pas insisté parce que je sentais que ma poésie ne pouvait pas l'amener vers ce qu'il cherchait. Je pensais que la chanson devait être populaire et je bloquais sur cette opposition entre la chanson et la poésie, même si j'imaginais que les deux disciplines allaient forcément se rejoindre un jour. Mais c'était prématuré pour tout le monde. Alain voulait trouver quelque chose de littérairement fort, qui ne s'était jamais fait et qui pourrait procurer une charge émotionnelle très forte. Boris a trouvé la clé en lui proposant une ouverture vers une écriture très contemporaine, très marquée par l'argot, par les jeux de mots et par le cut up de Burroughs, qui l'a séduit.* »

7

L'affranchi

Deux cent cinquante mille francs. Ni plus ni moins. Chez Philips, en mars 1979, on se réjouit à la présentation du bilan comptable. Bashung n'a pas dépassé l'enveloppe qui lui avait été allouée pour réaliser son *Roulette russe*. Une nouvelle fois, l'équipe du Studio de l'Air a fait la pochette et Jean-Baptiste Mondino a trouvé la photo idéale pour résumer la ligne de force du disque. Une scène banale de départ furtif au petit matin, après une nuit de feu au dixième étage d'une des tours de la banlieue sud de Paris. Le décor est planté. « Bijou, bijou, je peux pas rester surtout »... Bien sûr. La Cendrillon qui sert de modèle sur la photo se le rappelle encore.

À sa sortie, *Roulette russe* entretient tous les espoirs des bashungophiles. Dans son propre label, ceux qui l'ont défendu coûte que coûte se mobilisent pour transformer l'essai. Son directeur artistique, Gérard Baquet, et Michelle Dalle, son attachée de presse attitrée, développent une stratégie de porte-à-porte pour convaincre le monde tout-puissant de la radio que « Je fume pour oublier que tu bois » ou « Bijou, bijou » sont autant de tubes en puissance. Peine perdue. Seuls les mordus de la première heure – Jean-Bernard Hebey sur RTL et Patrice Blanc-Francard sur France Inter – matraquent le disque dans les programmes de nuit de leurs ondes périphériques. Véritable power-play des émissions nocturnes hexagonales, Bashung ne percera jamais dans les play-lists de jour, sauf au Canada, où le quarante-cinq tours contenant les deux titres se fait une belle place dans les rotations journalières des radios francophones. Dans la presse, seul le quotidien *Libération* a pris fait et cause pour *Roulette russe* et ne tarit pas d'éloges pour ce disque crépusculaire et urbain. Pour amorcer le bouche-à-oreille, Bashung s'expose et se lance dans une tournée d'été tous azimuts : « *Mon tourneur [Jean-Pierre Lebrun] me plaçait partout où c'était possible. Je jouais la plupart du temps dans des conditions épouvantables. Je remplaçais au pied levé des groupes qui se désistaient ou en début de soirée, dans des festivals qui se déroulaient en plein air, des fêtes votives, voire des galas de comités d'entreprise où j'étais considéré comme l'orchestre du dimanche. C'était un peu la loterie. Parfois, on arrivait et il n'y avait même pas d'électricité, alors on tirait des fils sous la haute surveillance des gendarmes pour pouvoir jouer le soir. C'était un vrai parcours de galérien. Les groupes anglais disposaient de conditions techniques qui faisaient rêver. Chez les artistes français, il n'y avait de moyens que pour les gros groupes de rock comme Téléphone ou les artistes en vogue comme Jacques Higelin et Daniel Balavoine. Mais moi, j'appartenais encore à la catégorie de ceux qui faisaient le lever de torchon. Je tournais avec la sono de retour de Dave qui menaçait d'exploser à chaque instant, et plus d'une fois j'ai cru que mon guitariste allait mourir électrocuté.* »

Après six mois d'efforts, *Roulette russe* plafonne bien au-dessous des 10 000 exemplaires qui auraient valu à Bashung une reconduction de bail sans condition. Qui plus est, chez Philips, on dégraisse. Logiquement, Bashung fait partie de ceux à qui il va falloir rendre son contrat d'artiste à la fin de l'année.

« *Ma contribution a été d'ouvrir un espace de liberté dans l'artiste lui-même* », disait poétiquement le grand manitou des studios Sun, Sam Philipps, à propos de sa part d'œuvre dans l'émergence des pionniers du rock'n'roll en 1954 (Carl Perkins, Elvis, etc.). Trente-cinq ans plus tard, fin 1979, la phrase aurait pu sortir de la bouche de Gérard Baquet, s'il avait dû expliquer le fabuleux retournement de situation qu'il a autorisé à Bashung en lui donnant une ultime chance d'enregistrer un single deux titres, quand tout le monde voulait le pousser vers la sortie. Gérard Baquet n'a pas pu décrocher davantage et, qui plus est, il s'est mouillé personnellement. Bashung n'en mène pas large mais encaisse : un petit vinyle double face, pas plus... Et il va falloir faire un truc qui marche.

Il convient de boucler l'affaire sans délai. Avant fin janvier 1980, en tout état de cause. La situation est cocasse et sordide à la fois : pendant douze ans, Bashung a réclamé le droit de s'exprimer sur la durée d'un album et le voilà, après seulement deux trente-trois tours, contraint de faire ses preuves sur un quarante-cinq tours-couperet, comme à ses débuts en 1967 : « *Il fallait éviter de se faire sortir sans pour autant baisser notre pantalon. Baquet était un type formidable. Il était en lutte contre le système. Il se trouvait dans une position difficile : celle du directeur artistique proche des artistes mais dépendant des budgets qu'on voulait bien lui donner pour mener à bien ses options de production. Il avait des comptes à rendre à l'étage du dessus, à la case comptabilité. C'était une période d'immense cynisme et de négociation permanente. C'était assez désespérant. Humainement, le courant passait vraiment bien entre Baquet et moi. Je me souviens de soirées passées avec lui et Mort Shuman, où il se mettait en cuisine et où nous goûtions de grands vins. Nous étions ivres au bout de trois verres tant les breuvages étaient bons.* »

Au pied du mur, Bashung se remet à l'ouvrage et replonge ses oreilles dans les petits bouts de musiques non abouties durant les sessions de travail de *Roulette russe*. Il y déniche très vite les bases d'une bonne vieille ritournelle, une ligne mélodique façon Kinks qu'il envisage d'abord de reprendre sous une forme détournée et syncopée à la manière növö américaine (Devo, Talking Heads, B 52's). Mais de ce côté-ci de l'Atlantique, la chose paraît difficilement réalisable. Bashung se rabat sur une tournure plus conventionnelle avec des guitares très sixties et un orgue farfisa. Boris Bergman rebondit et structure dans la foulée un texte inspiré de son tout récent voyage au Japon, « Elle s'fait rougir toute seule ». Une variation autour du thème de la masturbation déguisée en une vague histoire d'estampes et de porcelaine. La chanson a une belle allure de tube, et sera à coup sûr la face A.

Pour la face B, en revanche, c'est l'impasse. « *Alain a alors envisagé un remake d'une chanson qui avait été écartée du track-listing final de Roulette russe* : *"L'après-midi d'un Max Amphibie". C'était une sorte de chanson gag, ouvertement dédiée à l'éditeur d'Alain – Max Amphoux –, qui avait l'air de ne s'étonner de rien en toute circonstance. Elle racontait l'histoire d'un type qui se balade dans un univers à la Flash Gordon, qui fait son footing sous la mer au milieu des hippocampes, comme si c'était parfaitement normal* », se rappelle Boris Bergman. « *Alain avait rectifié toute l'instrumentation. Il avait modifié pas mal de choses dans les refrains et m'avait demandé de revoir une bonne partie du texte tout en conservant l'esprit. On s'est mis au boulot.* »

Dans le couloir où habite Bashung, rue Croix-des-Petits-Champs, Boris coupe, recoupe, recolle, distille les mots, les cassures et les paraboles dans une langue archinovatrice, structurée en phrases à tiroirs. Un labyrinthe syntaxique où le phrasé compte plus que le sens, qui mélange vieil argot français, barbarismes, jeux de mots, *private jokes* et personnages fictifs. Revox et guitare en main, Bashung adapte et propulse le tout dans une autre dimension musicale. En un temps record, « L'après-midi d'un Max Amphibie » est devenu « Gaby Oh Gaby ! ». « *Mondino employait tout le temps cette expression pour désigner les homosexuels. Quand on était de virée, il nous disait tout le temps : "Allez on va faire un tour chez les Gaby ?" C'était un titre de chanson parfait.* »

La dream team qui entre dans la pièce B du studio Ferber au tout début janvier 1980 réunit les principaux protagonistes de *Roulette russe*. Seul Claude Arini manque à l'appel. Le pianiste-clavier avec lequel Bashung a fait l'essentiel de son parcours depuis 1973 s'est engagé comme musicien dans la tournée d'un des grands de la variété française et ne pourra donc pas honorer l'invitation. Avec Dominique Blanc-Francard derrière le pupitre d'ingénieur du son, « Elle s'fait rougir tout' seule » est enregistrée et finalisée en une petite semaine.

Si Claude Alvarez-Pereyre a su pallier l'absence de Claude Arini sur ce titre, l'orientation très moderne décidée pour le remake de « Max Amphibie » nécessite la présence d'un autre musicien, un type aguerri aux synthétiseurs nouvelle génération susceptible d'insuffler une véritable fraîcheur. Alain Bashung : « *Je voyais bien qu'en moins d'un an, on avait changé d'ère. Ce que je pressentais déjà au moment où on faisait* Roulette russe *était devenu flagrant. Avec ses sons de synthétiseurs, la new wave avait métamorphosé la forme de la pop music. Je ne pouvais jouer ma dernière carte sur un ultime single sans essayer quelque chose avec ces instruments-là. Je voulais tenter un truc qui soit assez proche des tendances anglaises du moment, sans perdre de vue les choses que j'aimais : les guitares et le son qui m'avaient construit. On allait dans le par-*

fait inconnu, et c'est ça qui m'intéressait. Il y avait à la fois quelque chose de définitif dans cette situation et une liberté d'action totale puisque, de toute façon, j'allais me faire virer si j'échouais. »

C'est François Bréant – un extralucide du son électronique, responsable du groupe expérimental Nemo au début des années 1970, puis devenu distilleur d'atmosphère sur les disques de Bernard Lavilliers – qui hérite du rôle. Dans le dispositif de Claude Alvarez-Pereyre, Bréant va devenir une carte maîtresse. D'abord parce que Bashung le connaît, pour l'avoir côtoyé à distance chez EGG, où ils ont sorti leurs premiers albums respectifs trois ans plus tôt. Et puis parce que Bréant est un avant-gardiste sur la place de Paris : « *J'étais parmi les très rares claviers de Paris à avoir acheté l'un des tout premiers modèles de synthétiseur polyphonique à mémoire : le Prophet 5. C'étaient des machines incroyables qui révolutionnaient complètement la gamme de sons de l'époque et qui pouvaient amener très rapidement à de nouvelles formes de jeu et d'orchestration.* » Avec lui, Bashung va enfin pouvoir tester les textures synthétiques qu'il lui avait été impossible d'expérimenter un an plus tôt.

Quand, un soir, il arrive dans le studio pour une première séance de travail, François Bréant se greffe sur un collectif qui malaxe déjà depuis quelques jours la refonte du vieux « Max Amphibie ». Les rythmiques présentent déjà une nouvelle tonicité par rapport à la version originale. Mais il a beau connaître les paroles de la chanson « nouvelle formule », Bashung les occulte et se contente d'une ligne de chant-témoin en yaourt qui fixe l'intention et les moments majeurs. Toujours cette sacro-sainte horreur de la chanson française et cette peur de voir ses musiciens perdre de leur créativité par respect pour les paroles. François Bréant : « *Je n'avais jamais procédé comme ça. On jouait tous ensemble, on créait une chanson sur des indications assez précises, mais sans pouvoir s'appuyer sur un texte. J'étais un peu perdu au départ parce que c'était totalement atypique. Je me rappelle Boris Bergman dans un fauteuil en train de peaufiner les paroles de la chanson pendant que nous élaborions le playback. Bashung voulait générer une dynamique de groupe, une mayonnaise dans laquelle chaque musicien trouverait sa place et infuserait son humeur. C'est extrêmement rare dans la variété. C'était très gratifiant pour un musicien de faire de la musique comme ça. J'avais la sensation de participer à un édifice, pas de faire un job. Quelque part, je faisais de la musique comme je l'avais rêvé quand j'avais quatorze ans. Il n'y avait rien de balisé, même si Bashung et Claude Alvarez-Pereyre savaient parfaitement où ils nous menaient.* »

En une nuit, Bréant va coucher une foultitude d'accompagnements de piano (dont il ne restera rien au mixage final) et de synthés, dans lesquels il recycle et transcende une quantité incroyable de choses qu'il avait imaginées pour lui-même. Avec son Prophet, il invente là cette séquence inédite de bruitages voisins des percussions sonores qui contribuera grandement à l'identité de « Gaby Oh Gaby ! ». L'autre coup de génie de la chanson va intervenir dans les dernières heures d'orchestration. Depuis le début des opérations, Bashung avait une idée fixe : il fallait un sax dans cette affaire, une accroche, quelque chose qui donnerait une sorte de riff à la « Reminiscing » de Buddy Holly. Lorsqu'il entre dans la pièce capitonnée du studio, les consignes sont données au saxophoniste Alain Hatot. Il lui faudra seulement quelques prises pour débusquer ce gimmick d'intro qui deviendra le cri d'appel de « Gaby » et l'armure cuivrique de l'instrumentation.

Après cinq jours d'élucubrations et de recherches, « Max Amphibie » est méconnaissable. Reprofilée, accélérée, réarrangée, la chanson n'attend plus que son chant définitif pour affronter les grands vents. C'est en nocturne et en cercle restreint que Bashung compte effectuer les prises de voix au très pointu studio Family Sound, dépositaire d'une des meilleures technologies de Paris. Boris Bergman est évidemment là, Dominique Blanc-Francard est à la baguette, des milliards de bières dans le frigo. Tout va très vite. Une paire de prises pour chauffer la voix, une autre pour mettre « Gaby » en boîte. Puis, le doute. « *Ça fait un peu court. Je pense qu'il manque un couplet...* », lance Bashung à Boris. Il reste peu de temps pour ficeler une fin à cette histoire sans queue ni tête. Alors on puise dans l'imaginaire commun, dans les vannes de fin de soirée et les formules chères à Alain : « Alors à quoi ça sert la frite, si t'as pas les moules », aussitôt suivi par « Ça sert à quoi l'cochonnet si t'as pas les boules. » « *Je pensais qu'il allait me demander de trouver autre chose. Mais non, il a enquillé toute la chanson sans sourciller. Ça sonnait comme un clin d'œil au duo Tammy Wynette-George Jones qu'on écoutait beaucoup à l'époque. Et puis, c'était une moquerie de l'alexandrin, dans la veine de* "Pour un pélican, combien de frangipanes". *En disant ce genre de réplique, on imaginait immédiatement Edwige Feuillère sur scène, et ça devenait très drôle.* » Derrière la vitre de sa cabine de son, Dominique Blanc-Francard hurle au tube. À la dernière minute, il va même y mettre une touche très personnelle en incluant un « Stop ! » en onomatopée vocodée au milieu de la chanson. Nous sommes fin janvier 80, et les bandes vont pouvoir être présentées chez Philips pour une sortie imminente.

Gérard Baquet ne cache pas sa satisfaction. Bashung s'est montré à la hauteur de la confiance qu'il avait placée en lui. Néanmoins, il plane une incertitude sur l'ordre d'importance des chansons. À la première écoute collective, les avis sont partagés. « Ell' s'fait rougir toute seule » n'est pas forcément la chanson-phare annoncée. Une majorité silencieuse pense même que « Gaby Oh Gaby ! » est nettement mieux carrossée et qu'elle présente bien plus d'atouts pour convaincre les programmateurs radio. Le destin d'une chanson tient toujours à peu de chose au début des années 1980. Une petite coterie de décideurs : directeurs artistiques, attaché(e)s de presse, responsables des play-lists radio et télé ont droit de vie ou de mort sur un titre avant même que son auteur puisse le défendre sur scène. Bashung n'est pas en position de force pour dicter sa volonté. La légende a longtemps voulu que ce soit une erreur de pressage du disque-master qui ait inversé la face A et la face B du quarante-cinq tours. La réalité est bien plus cruelle. « Gaby Oh Gaby ! » est désignée chanson numéro 1 de la galette sur un critère de pure efficacité commerciale.

Le Bashung qui se présente à la séance photo devant l'objectif de son ami Jean-Baptiste Mondino est une tête fatiguée. Manifestement très éprouvé par les semaines qu'il vient de passer à essayer de sauver sa peau, il a la caboche des jours sans. Maquillé, relooké façon rocker new wave, il arbore une magnifique veste bleu pétrole tout droit sortie des ateliers de couture du New York underground. (En fait, elle appartient à Jean Fauque, dont la sœur Maripol baigne dans le bouillon culturel de Manhattan et sera un peu plus tard la styliste de Madonna, sur *Like a Virgin* notamment.) Sur la pochette du disque, il prend la pose comme un Ian Dury à la française. Pour les photos de presse, il a chaussé des lunettes de soleil, la clope au bec et les cheveux en pétard. Le nouveau Bashung a un look plus glamour et branchouille que celui de *Roulette russe* (plutôt blouson en cuir et jean moule-burnes), mais la sauce ne prend pas pour autant. Dans les studios des trois radios périphériques majeures, pas grand-monde pour parier, ne serait-ce qu'un penny, sur le succès de cette chanson. « *Je me faisais jeter de partout*, se rappelle Michelle Dalle, l'attachée de presse quasi attitrée de Bashung. *Tout le monde me disait :* “Nous ne la passerons jamais en journée, ce n'est pas un tube.” *Notre chance a été que les radios du Sud, RMC et Sud Radio, aient immédiatement accroché.* »

Premier symptôme d'une guéguerre médiatique qui explosera plus tard, les radios mineures jouent la carte de la contre-programmation pour se démarquer. Sur RTL, Jean-Bernard Hebey et Georges Lang font tout de même de l'intox Bashung à longueur de week-ends, Patrice Blanc-Francard sur Inter appuie sur l'accélérateur la nuit et les fins de semaine pour booster la chanson.

Côté télé, l'accueil est encore plus glacial. La dégaine de Bashung ne colle pas vraiment à l'image du gendre idéal que le petit écran aime proposer aux heures de grande écoute. « *On me répondait toujours la même chose* : “Oh, Bashung ? Non ! Il est sale, et en plus il est vulgaire.” *C'était déprimant* », se souvient encore Michelle Dalle. Ambiance... Comme elle a censuré Higelin pendant longtemps, la télévision, toujours mal à l'aise avec les zébulons type Gainsbourg, fait l'impasse sur Bashung.

C'est dans ce contexte que « Gaby Oh Gaby ! » fait son apparition dans les rayons des supermarchés, dans la deuxième semaine de février 1980.

Pas question de se laisser abattre. *Alea jacta est*. Jean-Pierre Lebrun, le manager d'Alain, veut fêter ça coûte que coûte. Et comme Alain dort provisoirement chez lui, il a organisé un dîner très privé le samedi 13 février avec des amis. Alain s'est mis en tenue de soirée : blouson de cuir sans manches et pantalon en cuir peau de serpent. Il tient déjà une copieuse gaieté quand les invités arrivent. Lebrun l'a présenté comme la grande star à venir, les convives l'ont poliment salué, alors il a continué à boire tout au long du repas et à dire des âneries. Au moment de raccompagner les invités au bas de l'immeuble, il a embrassé une nouvelle Chantal, avec la promesse de la revoir après son retour de vacances en Guadeloupe. Ils ne se quitteront plus.

Bashung est parfaitement conscient du risque d'échec de « Gaby ». Il a même anticipé une solution pour prolonger un peu cette histoire, au cas où les choses tourneraient mal, et dissuader sa maison mère de cesser prématurément ses efforts de promotion de la chanson. Il est prêt à partir en tournée jusqu'à l'été pour soutenir « Gaby ». Jean-Pierre Lebrun a déjà fixé l'itinéraire et désigné les villes-clés du plan de campagne. Autour de lui, Alain a réuni une bande de copains, des musiciens prêts à embarquer pour l'aventure avec le plus grand sérieux du monde. Et du sérieux, il en faut : le premier concert programmé pour cet escadron improvisé sera un lever de rideau de la fête annuelle d'Europe 1, au pavillon Baltard, à Nogent-sur-Marne... À l'affiche, que du lourd : les mythiques anglais The Only Ones, les deux légendaires gangs français à qui l'on doit le renouveau du rock hexagonal : les Dogs et Little Bob Story, puis, pour finir, la valeur montante du hard-rock français, Trust. Le 15 mars 1980, en fin d'après-midi, Bashung ouvre pour tout ce petit monde et ça se passe mal. Pas sur scène, mais dans le public. Les groupies de Trust sont déjà chauffés à la picole depuis un bon moment et ont décidé de faire leur fête à tous les seconds couteaux invités à jouer avant eux. Et Bashung a une belle gueule d'apéritif avec ses chansons demi-sel. Quand il entame « Bijou, bijou », il est déjà la cible de tous les jets de canettes depuis un bon quart d'heure. « *Pour les emmerder encore plus, je me suis mis à ralentir le tempo au maximum. À partir d'un certain moment, ça n'était plus tenable, on a fini la chanson et on a quitté la scène* », relativise un Bashung amusé. « *Je ne le connaissais absolument pas, mais il a eu du cran de rester. Le public de Trust comptait dans ses rangs de sacrés connards qui pourrissaient l'atmosphère. Moi, j'ai refusé de jouer avant eux...* », renchérit Little Bob, aux premières loges ce soir-là.

L'ambiance est à la castagne. Partout en France. Sans doute sous l'effet des prochaines échéances présidentielles qui vont désigner le successeur de Valéry Giscard d'Estaing, la société française a décidé de montrer les dents, et pour la première fois, le rock et les fortes gueules de la chanson se font entendre eux aussi. À chacun sa manière. François Mitterrand est leur candidat de cœur.

C'est ainsi que le vieux pote de Bashung, Daniel Balavoine (celui avec qui il avait chanté dans l'opéra-rock *La Révolution française* en 1973 et qui avait assuré des chœurs sur son premier album *Roman-photos*), crève l'écran en interpellant Mitterrand au journal de 20 heures d'Antenne 2 à propos de la rupture des jeunes avec les politiques et la médiocrité des médias. Promu chanteur de premier rang depuis « Le chanteur » et « Mon fils ma bataille », Balavoine se fait en quelque sorte le porte-parole des artistes qui tentent de promouvoir un nouveau souffle mais peinent à y parvenir tant les résistances sont fortes. Et Bashung en sait quelque chose, depuis le temps qu'il se heurte à la surdité de la majorité des programmateurs radio comme une poule à un grillage. « *C'est peut-être à partir de cette confrontation que s'est engagé un rapport de séduction entre les artistes et la gauche française. Avant, le chanteur de gauche, c'était un mec engagé, type Yves Montand, ou des gars qui faisaient des chansons antimilitaristes comme Boris Vian avec "Le déserteur", que De Gaulle avait interdite de diffusion radio, ou, peut-être de façon plus soft, Maxime Le Forestier, quand il chantait "Parachutiste". Mais dès*

1980, une autre relation s'est dessinée : la gauche montrait un peu de considération pour les artistes, et les artistes pensaient que la gauche était le parti des artistes. Avec la droite, le problème était simple : tu étais star ou tu n'étais rien. Dans l'espoir de voir la gauche arriver au pouvoir, il se disait l'aspiration à quelque chose de plus humain : enfin, pensait-on, tout le monde aurait sa chance. Une utopie, quoi ! Même si, plus tard, les politiques ont confirmé l'intérêt réel que prêtait la gauche aux problématiques artistiques en France. »

C'est le 1er mai. De même qu'il a pris part à la kermesse d'Europe 1, Bashung s'apprête à participer au podium annuel de la chanson RTL, en plein air, à La Défense. C'est Jean-Bernard Hebey qui les a sélectionnés, lui et Charlélie Couture. Il les présente sur scène comme « les deux artistes les plus porteurs d'espoir de la musique française d'aujourd'hui ». « *C'était vraiment le fruit d'un long travail puisque je m'étais branché sur Bashung au moment de son premier trente-centimètres. Mon copain photographe Jean-Baptiste Mondino venait de monter son Studio de l'Air, et comme il avait fait la photo de la pochette, il m'avait fait écouter l'album. J'avais trouvé ça profondément original et très français en même temps. Moi qui m'étais battu comme un diable pour défendre Higelin, ça me motivait de promouvoir Bashung. Avec* Roulette russe, *j'ai senti que j'avais raison et qu'il ne fallait pas lâcher le morceau. Alors, quand "Gaby" est arrivée, même sans connaître le contexte, je me suis dit qu'on tenait là une chance unique. C'était le moment ou jamais. Ça se sentait.* » En sous-main, au sein de la radio luxembourgeoise, Hebey fait le forcing et son lobbying commence à porter ses fruits ; « Gaby Oh Gaby » a gagné quelques passages quotidiens dans les tranches horaires de fin de journée et les résultats d'écoute sont surprenants.

Dix semaines ont passé depuis la mise en vente de ses deux dernières chansons et, malgré quelques signes encourageants, ça ne plane pas vraiment. Ni dans les charts, où « Gaby » se traîne mollement en milieu de classement des cinquante meilleures chansons du moment, ni sur scène, où la fatigue menace, à force de courir les galas du samedi soir et les fêtes de village. Bashung est convaincu qu'il lui faut passer la vitesse supérieure.

Il entreprend alors de modifier le profil de son groupe en faisant un petit tour d'horizon des musiciens susceptibles de transcender le répertoire, au cours d'une tournée de deux ou trois mois, pour valoriser le temps qu'il lui reste à passer sur la route. Son lieutenant orchestral de studio, Claude Alvarez-Pereyre, l'a assuré de son soutien, mais Alain cherche ailleurs. Adepte du renouvellement perpétuel, il a plusieurs pistes en vue pour dénicher un providentiel « gang de musiciens déjà constitué en recherche d'interprète ». On croirait lire une petite annonce de rencontre idéale, ou l'un de ces entrefilets proprement surréalistes qu'on déniche dans les hebdomadaires musicaux anglais, *NME* ou *Melody Maker*. Mais ça marche. Dans une de ses traditionnelles virées tardives au restaurant de nuit des Halles Chez Ali, le repaire des oiseaux de nuit du tout-Paris musical (Higelin, Sapho et Lavilliers y ont aussi leurs habitudes), il a rendez-vous avec un collectif d'Aix-en-Provence formé de longue date et monté à Paris sur la proposition de Jacques Higelin. Mais Higelin, entretemps, s'est ravisé et le quatuor a trouvé refuge chez Mama Béa. Il y a là un guitariste (Olivier Guindon), un bassiste (François Delage), un clavier (Robert Benzhrien) et un batteur (Philippe Draï), bref, un quatuor de musiciens venus du Sud et soudés par une amitié indéfectible.

Après un premier dîner de courtoisie, la rencontre musicale se déroule un dimanche en fin d'après-midi dans une salle de Sannois, en banlieue parisienne, avec pour objectif de faire un petit galop d'essai sur quelques chansons d'Alain, essentiellement piochées dans *Roulette russe*, mais aussi « Gaby Oh Gaby ! » « *En quelques heures, j'ai ressenti une chose que je n'avais jamais rencontrée jusque-là* », se souvient Alain Bashung. « *Avec ces quatre-là, j'avais enfin trouvé un vrai groupe à côté de moi, des gens à qui je n'avais pas besoin d'expliquer où je voulais aller. En quelques indications, ils comprenaient instinctivement ce que je voulais faire. Ça en devenait presque intimidant.* »

Alain a la banane. Il vient de changer de braquet. Finies les équipes provisoires d'hier. Non pas qu'elles aient démérité, mais Bashung a vu son avenir : ce groupe, il l'attend depuis quinze ans. Depuis les Dunces. Et l'enthousiasme efface tout. Philippe Draï, Olivier Guindon, François Delage et Robert Benzrhien vont passer le printemps 1980 en compagnie de Bashung, à défendre ses chances. De ses anciens compagnons, il ne reste plus que son ami Jean Fauque, embauché comme homme à tout faire (taxi, sonorisateur assistant, régisseur, habilleur, nounou... en attendant mieux). À la mi-mai, la première du band a lieu à Feyzin, sous un chapiteau. Toujours avec la sono approximative de Dave et la vieille camionnette utilitaire avec laquelle il a déjà écumé les villes de France l'année précédente. L'ambiance un peu terne qui entoure ces spectacles révèle pourtant quelques changements. Dans les travées, les spectateurs sont de plus en nombreux ; on demande « Gaby... » et on l'obtient.

L'effet boule de neige est en marche. En juin, « Gaby » figure dans les vingt premiers de tous les hit-parades et les radios du Sud ont décidé d'en faire leur tube de l'été. Les grandes manœuvres se mettent en branle : rotation frénétique sur les ondes, matraquage publicitaire et remise en avant chez les disquaires. Alain Bashung : « *Je sentais qu'il se passait quelque chose de positif et d'évident. "Gaby" devenait un truc assez incontrôlable. Au bout de six mois, on en avait vendu 50 000 exemplaires. Ça plaisait aux gamins, à leurs parents, aux gens qui avaient une sensibilité plus rock, à ceux qui avaient vécu un petit peu. Et puis chacun avait son interprétation des paroles, s'inventait sa petite histoire. Ça me plaisait beaucoup de savoir qu'un texte en français pouvait enfin ne plus parler au premier degré mais avoir autant de sens différents qu'il y avait de gens pour l'écouter.* »

Dans sa maison de disques, Gérard Baquet – le seul à avoir renouvelé son contrat de confiance à Alain et Boris – boit du petit-lait. Avec « Gaby » sur la voie royale, Bashung va passer haut la main les objectifs prévus. S'approche l'heure d'entamer les négociations pour une révision de contrat et planifier les trois années à venir.

Bashung en bave toujours dans les villages de France quand on commence à évoquer son cas dans les étages. Chez Philips, on est obsédé par les bilans... comptables surtout. Et avec tout l'argent qu'on a mis sur Bashung depuis deux ans, on pense fermement que ses ventes – même les plus optimistes – sur « Gaby » ne suffiront jamais à justifier l'investissement. Bref, s'il veut continuer, le miraculé va devoir se contenter de l'hostie qu'on voudra bien lui donner pour réaliser un nouvel album.

Un nouvel album... Lorsque Alain et Boris apprennent la nouvelle, ils en oublient qu'on leur demande de le réaliser avec presque moitié moins de moyens. Cent soixante-quinze mille francs grosso modo... Non négociables. Et puis, il va falloir faire un truc qui marche. Toujours la même rengaine... « *Il m'était interdit de penser que j'allais devenir milliardaire avec les ventes de "Gaby". Quel que soit le chiffre de ventes définitif, car Allô Music, avec qui j'étais contractuellement lié, venait de m'alimenter pendant trois ans sans jamais voir de retour sur investissement. Une fois toutes les avances remboursées, il ne me resterait absolument rien.* » Voilà pour l'aspect financier. « *Mais c'est surtout artistiquement que je voulais embrayer au plus vite. Après être passé aussi près de la catastrophe, je voulais convertir l'enthousiasme général en musique et profiter de ce petit changement de statut pour écrire la suite et construire un étage de plus.* »

Il faut s'organiser. D'abord honorer les derniers engagements d'été puis adopter une stratégie de repli en douceur pour mettre à plat de futures chansons et les enregistrer. Parce que, chez Philips, on aimerait surfer sur la vague naissante de « Gaby » au plus vite. Bref, il est coincé entre des engagements non annulables en raison du buzz, mais aussi du montant des cachets (les plus élevés qu'il a jamais obtenus), et l'appel du studio. Tocard hier, on le traite aujourd'hui avec les égards réservés aux vainqueurs. Et bien sûr, il déguste à juste titre ce changement de statut. D'autant qu'il dispose désormais de solides compagnons pour relever le défi. Un gang à la Sergio Leone : Draï, Guindon, Delage, Benzrhien.

Depuis deux mois, avec ceux-là, c'est l'Amérique. À tous points de vue. Sitôt les concerts terminés ou dans les temps morts, ils travaillent ensemble des embryons de mélodies avortées sur *Roulette russe* et élucubrent sur des tempos et des idées d'arrangements en vue de prochaines compositions. Ensemble ils assumeront ces satanés concerts d'été, qui doivent les accaparer jusqu'à la fin août.

Mais un coup de tonnerre va en décider autrement, début juillet 1980. Au festival rock en plein air, qui se tient dans l'amphithéâtre de la vieille citadelle romaine de Châteauvallon, leur spectacle gîte depuis une heure devant une assistance en pâmoison, quand le guitariste Olivier Guindon commence à éprouver de drôles de sensations dans ses retours. Ça craque, mini-décharges électriques à l'appui, et ni Jean Fauque (sonorisateur à l'époque) ni son assistant ne trouvent ce qui grince. Ils coupent tout avant la bascule. Verdict : sono fumée. Bashung prend l'air désolé, mais intérieurement, il jubile. Il tient le parfait prétexte pour mettre un terme à son chemin de croix *live* et va enfin pouvoir se consacrer pleinement à la suite des événements.

Si l'aventure s'est parfaitement déroulée sur scène avec sa nouvelle cordée, Bashung ne sait toujours pas si les sensations éprouvées sur la route vont trouver leur prolongement une fois qu'ils seront engagés sur les compositions du nouvel album. Quoi qu'il en soit, on profite de l'accalmie pour s'enfermer dans un studio parisien, avec pour objectif de maquetter l'intégralité du prochain disque. La vingtaine des mélodies et rythmiques qu'ils ont posées entre deux dates offrent déjà de belles bases. « *Il y a eu une deuxième rencontre entre Alain et nous,* se souvient Philippe Draï, le batteur du groupe. *Lui, l'Alsacien, toujours réservé, parlant souvent par ellipses, se retrouvait d'un coup enfermé avec quatre mecs du Sud qui causaient haut et fort et qui s'"otichaient" [se provoquaient] en permanence. C'était un drôle de truc. Mais tout allait extrêmement vite. Les ébauches des nouveaux titres ont été emmagasinées en une grosse semaine à Paris.* »

C'est ici, début août 1980, que sont nées les prémices de « Rebel », « Ça cache quekchose », « L'araignée », « Fan » et autres « Vertige de l'amour ». Alain n'a aucun texte vraiment ficelé mais, fidèle aux habitudes qu'il a prises avec Boris, il distille un franglais tout en cadences et en intonations qui donnera la structure tonale à appliquer aux futures paroles des chansons : un « lavabo ». Philippe Draï : « *Nous avons élaboré toute la matrice de "Vertige de l'amour" sous un titre provisoire et une grille de chant qui étaient "Down to the valley". C'était très excitant de jouer sans texte. On avait une liberté absolue, sans craindre de faire des trucs contradictoires ou décalés par rapport au sens de la chanson, puisqu'il n'y en avait pas. On était vraiment dans l'humeur, dans des chansons qui n'avaient aucune connotation.* »

En marge de ces préparatifs, « Gaby Oh Gaby ! » est devenu un véritable phénomène de foire. Les ventes se sont accélérées de façon fulgurante sous l'impulsion des diffusions radio et des télés – si réticentes quelques mois plus tôt. Et les demandes pour telle apparition en play-back, telle participation aux plus grandes émissions de variétés de l'époque se multiplient. Bashung est partout. Avec ou sans son groupe. À *Midi Première* chez Danièle Gilbert sur TF1, où il déboule tout en cuir dans un décor de studio photo avec des inserts « Gaby Oh Gaby ! » élaborés avec les techniques naissantes de la palette graphique au moment du refrain. Dans le *Collaro Show*, où il chante avec un pommeau de douche à la main, habillé d'un costume incroyable, dans une mise en scène absurde. Il est également bombardé dans les innombrables prime times du petit écran version 1980 : Le *Top Club* de Guy Lux, les après-midi de Michel Drucker le dimanche, et l'incontournable *Numéro 1* de Maritie et Gilbert Carpentier, auquel Bashung et ses compères sont conviés pour un spécial Michel Berger.

Alain Bashung : « *C'était un renversement de situation assez paradoxal. La frontière entre le rock et la chanson était très marquée à l'époque. Moi, même si c'était assez flou artistiquement, j'étais plutôt du côté rock. Et passer chez Drucker ou chez Guy Lux, c'était la trahison suprême pour quelqu'un qui venait de "l'underground". La réussite et l'argent étaient encore très mal vécus dans le milieu de la musique en 1980.*

On a souvent parlé de la parano des chanteurs, mais quand on vit ce genre de chose, on finit par trouver qu'elle est totalement fondée. J'ai pris le succès de "Gaby" en pleine poire sans rien comprendre. J'ai trouvé la parade dans l'autodérision. À partir de ce moment-là, je me suis créé un personnage de music-hall, totalement loufoque, spécialement destiné aux émissions de télé, qui me permettait de détourner l'attention. Je me suis mis à me déguiser en Lucky Luke, à porter des grosses lunettes jaunes ou d'énormes lunettes roses avec des essuie-glaces, à jouer le petit prof quand je passais chez Jacques Martin... »

« Gaby » fonce vers le million d'exemplaires vendus lorsque Bashung prépare ses bagages en vue des sessions d'enregistrement de son prochain trente-trois tours. Avec Boris Bergman, ils ont brossé l'essentiel des thèmes qui vont habiter les couplets et les refrains à venir. À Boris de jouer, de son côté, avec les mots. Les deux compères filent au pays de Galles en compagnie du peloton de musiciens pour mettre à plat toutes les rythmiques et les grilles de guitare des nouvelles compositions. Le clavier Robert Benzhrien n'est pas du voyage. Il a préféré céder à d'autres tentations musicales. Mais Bashung s'est adjoint les services d'un producteur anglais pour l'accompagner dans ses aventures au pays de Shakespeare : Ken Burgess.

Ingénieur du son expatrié en France, Burgess est l'homme de la situation. Rencontré en septembre par l'entremise de Bergman, et spontanément séduit par le côté « rocker à l'anglaise » de Bashung, il a le profil requis pour diriger les opérations dans les studios de Rockfield. « *On avait choisi d'aller en Grande-Bretagne pour des raisons de coûts et de son. À Paris, tout était déjà trop cher : les murs, les charges, les taxes, les moyens... et tout ça pour un résultat forcément frustrant en termes de son. En France, jusqu'à il y a peu encore, on n'a jamais su faire sonner le rock. C'est culturel. Tandis qu'en Angleterre, le son rock est presque inscrit dans les gènes ! Le Royaume-Uni, c'était la meilleure solution qualité/prix. Mais je voulais arriver là-bas avec quelqu'un qui connaisse un peu l'histoire. Pour les Anglais, on était des rigolos. Avec Ken Burgess, on était déjà plus crédibles. Il connaissait bien son affaire. J'avais une idée très précise de ce que nous allions faire. Mais le budget réduit nous obligeait à opter pour un disque de feeling. Et puis je ne parlais pas vraiment anglais, et pour transmettre des choses en termes de couleurs ou de sensations, il valait mieux que je m'entoure de gens qui pourraient traduire au plus juste ce que je voulais* », précise Alain. Culture britannique oblige, Burgess n'est pas un dirigiste. Avec science, il écoute, oriente, laisse les musiciens s'installer dans leur expression et sculpte le son du groupe comme un producteur à l'ancienne.

Les tarifs pratiqués à Rockfield ont beau être très avantageux (1 500 francs par jour), tout le monde est un peu impressionné de se trouver là, dans les appartements et le laboratoire d'un des maîtres du rock anglais, Dave Edmunds. Mais les royalties allouées par Philips ne permettent ni les visites de tourisme, ni les atermoiements artistiques. Le temps est compté, et le gang va droit au but : « *On tournait quatre ou cinq rythmiques par jour, tout allait très vite. On était un peu sur un nuage. À cette époque, il y avait un gouffre entre le son qui sortait des studios français et celui qu'on obtenait en Angleterre. Là-bas, tout sonnait immédiatement. Les ingénieurs, le matériel, les gens qui s'occupaient de l'infrastructure technique avaient naturellement un son rock* », confirme Philippe Draï.

Très attentif aux guitaristes avec lesquels il travaille, Bashung a trouvé en Olivier Guindon le titulaire idéal à la six-cordes. Guindon lui offre tous les sons rock dont il dispose dans sa valise d'effets. Avec Bashung, il a ce point commun d'aimer les bons vieux plans rock'n'roll, ces coquetteries sixties chères aux Tornados ou aux Aiglons, deux groupes-cultes d'alors : des guitares dans l'écho, des fins d'accords qui traînent dans l'espace et des riffs un peu courts. Considérées comme franchement désuètes il y a quelques années encore, ce genre de minauderies est revenu à la pointe de la mode musicale grâce aux zinzins du post-punk américain : The B 52's, Alan Vega ou Devo. Et Bashung va en faire sa marque de fabrique. Débarqué outre-Manche sans préposés aux claviers et au saxophone, il déniche sur place les musiciens additionnels qui sauront apporter les deux couleurs nécessaires à sa palette musicale depuis « Gaby ». Tommy Eyre et Mel Collins, des proches de Dave Edmunds, seront ceux-là, et ce sont eux qui parachèveront l'orchestration. En sortant du studio, après dix jours de labeur acharné, chacun a la certitude que l'affaire est dans le sac.

C'est un groupe réduit à sa plus simple expression, Bashung-Bergman-Burgess, qui migre en septembre depuis la campagne galloise vers le studio Maison Rouge à Fulham, dans la banlieue de Londres, pour y enregistrer les voix définitives et peaufiner le mixage final de l'album intitulé *Pizza*.

« *C'était un titre totalement adapté à la situation, se souviendra Bashung. Par rapport à l'objet déjà : il y a quelques similitudes de forme entre une galette de 30 cm en vinyle et une pizza, non ? Les deux sont livrées sous un emballage un peu spécial... Musicalement, le disque était composé d'ingrédients assez simples, nobles et parfaitement identifiables, comme une pizza. Et puis, on avait tellement peu de ronds pour faire cet album qu'on a quasiment été au régime pizza pendant toute l'élaboration. Alors...* »

L'ambiance à Londres est bien moins familiale qu'à Rockfield. Logé dans un hôtel bon marché à quelques encablures du studio, le trio s'est installé dans un des quartiers les plus craignos de la capitale britannique. La racaille qui hante les lieux compose l'ossature des ultras du FC Chelsea, mais cotise aussi au National Front, le parti d'extrême droite anglais, héritier du British National Party, très actif dans la rue depuis qu'il est en net repli politique en ce début de règne de Margaret Thatcher. Son jeu favori ? Latter du Pakistanais à coups de batte de base-ball sitôt que l'occasion s'en présente. Et depuis qu'ils sont arrivés, nos trois protagonistes ont une gueule de passe-temps idéale lorsque aucun basané ne se présente côté rue. À plusieurs reprises, le bilinguisme de Boris Bergman (il a passé l'essentiel de sa jeunesse à Londres) les sauvera du cassage de gueule, mais le subterfuge a ses limites. Bashung a une vraie binette de *Frenchy* et, faute de curry, les hooligans de Chelsea se feraient bien de la grenouille : « *Un soir, c'était le délire, les mecs cherchaient quelque chose à se mettre sous la dent. Alain et le staff technique étaient dans un resto, et tout le monde leur disait : "Restez là tranquillement, c'est un peu dangereux de sortir maintenant. Il faut attendre que ça passe." Moi, j'étais en studio, c'est le moment où j'ai trouvé le texte de "Vertige de l'amour"*. » Boris Bergman finira seul le texte de la dernière chanson de l'album.

Et il est franchement dans la mouise, Boris. Car « Vertige de l'amour », il peine à la mettre au point. Tout simplement parce qu'il l'avait imaginée autrement. Au départ, elle devait s'appeler « Attention fragile ! » Sauf que Bernard Lavilliers venait de déposer le même titre à la Sacem pour un disque à venir. Patatras. Boris cravache alors pour transformer la chanson : « *Je savais les mots qu'Alain pouvait chanter et ceux qui ne sonnaient pas dans sa bouche. Depuis trois ans, on travaillait en osmose complète et je voulais imaginer quelque chose qui lui conviendrait totalement. Le temps était compté en plus ! J'ai trouvé ce truc du*

“Vertige de l’amour” et toutes les modifications qui allaient avec pendant qu’Alain était enfermé dans son resto en attendant que les fous furieux s’éloignent. De toute façon, sur l’ensemble de ce disque, il y avait une sorte de signe indien. Déjà, avant “Vertige de l’amour”, certains textes avaient surgi de nulle part, comme celui de “Rebel”, qui est né sur la route du Printemps de Bourges 80. Lui avait fini la chanson et mes refrains ne lui convenaient pas. On s’est pris la tête sur ce titre pendant tout le trajet quand, complètement crevé, je lui ai dit : “Yé n’en pé plou”, *et il m’a répondu :* “Tu vois, quand tu veux...” »

L’avant-veille du retour définitif en France, l’escadrille recluse dans les studios de Maison Rouge voit arriver une délégation venue de Paris dans les locaux, champagne à la main. La stupéfaction est totale. Et pourtant, le motif est parfaitement sérieux : « Gaby » vient de décrocher la timbale à Europe 1. Numéro 1 au hit-parade ! Bashung et Bergman acquiescent gentiment, flairant une pauvre stratégie d’encouragement made in maison de disques. Mais tout est vrai. « Gaby » a crevé l’oreiller, fort, très fort, et les ventes tutoient le million et demi d’exemplaires. Chez Philips, on va même relancer *Roulette russe*, avec « Gaby Oh Gaby ! » et « Elle s’fait rougir toute seule » en remplacement de deux titres jugés « mineurs » sur le disque : « Les petits enfants » et « Milliards de nuit dans le frigo ». Seule contrepartie, Alain devra faire un peu de promo çà et là pour enclencher la chose. Délicat exercice que de défendre un titre vieux de neuf mois alors qu’on en est déjà à l’étape suivante.

Le 10 octobre, le *Roulette russe* deuxième édition voit le jour, et Bashung est devenu le souffre-douleur désigné des ligues féministes. Tant que « Gaby » n’était qu’une chanson mineure, elle ne suscitait aucune réaction. Mais numéro 1, elle est devenue un sujet de controverse. Il y a les pro-Gaby… et les anti-Gaby, comme ces ligues féministes qui la prennent pour cible, en raison d'abord de la fameuse phrase : « *T'es belle comme un pétard qu'attend plus qu'une allumette.* » Allez comprendre…

La relance commerciale de l'ancien album décale tous les autres projets. *Pizza* terminé, contrat emballé… Mais il faut attendre la fin de l'année, autrement dit capitaliser sur le succès, avant de révéler le nouveau matériel. D'autant que, dans les magasins, *Roulette russe* enrichi de « Gaby » fait un caramel et approche les 50 000 exemplaires.

Néanmoins, on prépare la suite. La photo de la pochette est envisagée comme une suite aux deux premiers trente-trois tours, *Roman-photos* et *Roulette russe*, mais sans Mondino derrière l'objectif. On veut un Bashung en situation, fringues seventies de rigueur. Français, mais pas trop. Le photographe André Santoni, qui a été impressionné par la jaquette du *Broken English* de Mariane Faithfull, joue la carte de la distance et capture un Bashung au pied du micro, clope rougissante entre les doigts, bien campé sur scène. Pari gagnant. La pochette de *Pizza* sera la plus identifiable dans les rayons des disquaires.

Miraculé après quinze ans d'une impossible carrière slalomée entre l'impitoyable loi des sixties et les incertitudes des années 1970, Bashung vient de fêter son trente-troisième anniversaire depuis un mois à peine quand, le 2 janvier 1981, « Vertige de l'amour » est lancé dans le grand bain. Sur les antennes, le signal est unanime. Finie « Gaby », dont on organise doucement le retrait au bénéfice du nouvel hymne. Et tourne « Vertige de l'amour », tourne façon grand huit à dix rotations par jour. Bashung s'installe sur une orbite royale trois semaines plus tard, lauréat indiscuté de toutes les radios de la bande AM. « Gaby » est oubliée, après cinquante et une semaines de présence ininterrompue dans les charts, à défendre son honneur au nez et à la barbe de toutes les chansons de l'époque, depuis les plus populeuses jusqu'aux plus branchées.

8

Les nuits de la pleine lune

« Vertige de l'amour » donne le tournis à toute la France depuis un bon mois déjà, quand Alain reçoit la demande la plus incongrue qui lui ait jamais été faite. Le réalisateur espagnol Fernando Arrabal, un des derniers membres actifs du surréalisme, devenu un auteur-culte depuis *¡Viva la muerte !* et *J'irai comme un cheval fou*, voudrait lui confier le premier rôle dans son prochain film, *Le Cimetière des voitures*, une adaptation de sa pièce de théâtre écrite en 1958.

Arrabal est fondu de Bashung. À chaque fois qu'il le voit à la télé, il l'imagine en Jésus des temps modernes, un messie post-2000. Et puis Bashung lui rappelle Jim Morrison. Pas le poète, mais le chanteur des Doors, l'icône. Morrison-Bashung, il n'y a vraiment qu'Arrabal pour mettre le trait d'union. « *Quand Arrabal m'a donné rendez-vous, j'ai pensé qu'il y avait erreur sur la personne. Il voulait un type un peu loubard mais pas trop. Devenir comédien, ce n'était pas une formalité à remplir. Je devais jouer avec des vrais : Juliet Berto, Bernard Fresson, Roland Amstutz, Denis Manuel... Fallait être à la hauteur. L'histoire ? Comme toujours avec Arrabal, c'était une histoire de crucifixion, mais une crucifixion façon années 1980, une crucifixion de l'ère industrielle* », se rappellera Bashung. La France est en pleine Bashungmania, c'est sa première crise de folie pour un artiste depuis Johnny Hallyday.

« *Je lui ai donné tous mes écrits sur Morrison pour qu'il s'imprègne de ma vision du personnage* », dit Arrabal, qui n'a pas comme projet unique de voir Bashung en acteur. Il a aussi visé le musicien, l'artiste capable de conceptuel. Dans son scénario, il a imaginé un Jésus troubadour postmoderne, alors Bashung doit logiquement chanter et jouer de la guitare... sur ses propres chansons. « *Arrabal avait été très clair dès le départ. Il n'avait pas un rond pour la musique du film, mais il avait quand même une envie de cohérence entre les images et le son. Logiquement, il a pensé que je devais la faire aussi. On avait quelques nuits de travail devant nous et 3 000 francs de budget.* »

À vrai dire, Alain n'a pas le temps de faire la BO du *Cimetière*. Son agenda est noirci de rendez-vous avec des journalistes de tout poil pour la promotion de *Pizza*, et il doit répéter le répertoire de la tournée à venir. Avec la pression qui monte dans tout le pays, il n'a pas droit à l'erreur. Mais le challenge est trop important pour qu'il le néglige. Alors, comme il n'a que quelques jours devant lui pour relever le défi, il va anticiper sur l'emploi du temps programmé et étaler les répétitions générales de la tournée *Pizza* pour empaqueter vite fait bien fait les musiques du film d'Arrabal. L'urgence, cela lui plaît. Elle agit sur lui comme une sorte de désinhibiteur, fait sauter les verrous de ses doutes artistiques et libère son instinct. Il y puise l'exigence, il y aiguise son intuition, sa clairvoyance...

Pendant quinze jours, chaque soir vers 21 heures, le scénario est immuable : le gang bashunguien se met en action. Chacun à sa place, enchaînant en un ballet millimétré la flopée de titres qui feront l'épine dorsale de la tournée. Alain ne chante pas tout de suite. Assis sur un ampli, il grille d'abord quelques cigarettes et boit ses Heineken en regardant sa formation s'échauffer. Quand il empoigne sa stratocaster, c'est une autre machine qui se met en route. On fait deux ou trois classiques du rock (« Slippin' and slidin', Shakin' all over, River deep mountain high... ») puis on entre dans le vif du sujet. « *C'est dans ces quelques nuits que tout s'est enclenché. Tout à coup, mes musiciens se sont transformés en un vrai groupe. Ils m'ont servi de psychanalystes ou de serruriers, ils ouvraient toutes les portes qui paraissaient fermées dans mon esprit. On composait comme si nous étions dans une sorte de machine volante. Dès qu'on essayait un rythme, une idée de guitare ou un son de synthétiseurs, il se passait immédiatement quelque chose ! Avec eux, je crois que j'ai découvert une nouvelle liberté, j'étais survolté et ma tête allait plus vite que ce que je pouvais faire concrètement. En deux semaines, on a mis en chantier l'équivalent de deux albums entiers. Et pourtant, au départ, ni nous ni personne ne savions ce qu'on allait sortir en si peu de temps. Mais on avait envie de jouer, de faire de la dissonance, de trouver des tempos un peu curieux. En plus, on avait mis la main sur un synthétiseur incroyable, le Prophet 10. Il n'y avait pas encore de synchronisation sur ces machines-là, mais il y avait du grain, de l'émotion lorsqu'on appuyait sur une touche. Le Prophet donnait des séquences un peu molles, et surtout il se déréglait sans arrêt. Ça donnait des accidents, des erreurs que j'embellissais au lieu de les cacher ou les corriger. Ça débouchait sur des trucs fantastiques. Là, j'ai compris que je n'avais plus peur d'oser, d'être moi-même : un compromis entre le chaos, le bordel et quelque chose de structuré.* »

François Delage : « *Alain nous avait prévenus qu'il était daltonien. Mais nous avions vite réalisé qu'il était aussi daltonien... des oreilles ! Chez lui ; les notions d'"aigu" ou de "grave" n'ont pas la même signification que pour les autres musiciens. Il a une conception de la musique qui est unique. Lors de cette séance, nous avions trouvé un langage commun, une communication intuitive qui a révélé la véritable force du groupe.* »

Le collectif regroupé le 2 mars 1981 dans cette petite pièce du Studio 92 à Boulogne sera la garde rapprochée de Bashung pour les trois années à venir. Le groupe, formé pour la tournée « Gaby » (Guindon, Draï, Delage, Panza) s'est enrichi de Manfred Kovacic (K), le claviériste, et de Michel Olivier, le jeune ingénieur du son qui saura recueillir la substantifique moelle de la nouvelle musique bashunguienne. Kovacic n'aurait pu rêver meilleure intronisation dans le dispositif orchestral d'Alain. Lui qui a été embauché quelques semaines plus tôt pour tenir sax et claviers au cours de la prochaine tournée Pizza, se retrouve emporté par une tornade qui va changer sa vie. Sorti du conservatoire d'Aix et du groupe d'avant-garde Barricades (qu'il formait avec Hector Zazou et Joseph Racaille), c'est lui qui pilote le fameux Prophet 10.

La pièce maîtresse de la musique du *Cimetière* est intitulée « Procession » : une divagation électro-concassée de presque quinze minutes, une hypnose machinique zébrée de guitare, sortie en droite ligne des expérimentations post-punk new-yorkaises de Suicide, des transes de Joy Division ou des errances harmoniques anglo-saxonnes de Public Image Limited. De l'antipop, de l'antichanson, juste une matière sonore qui serpente sur des sables mouvants rythmiques pour former cette espèce de marche funèbre déglinguée. Il y aura également quatre petites structures plus conventionnelles, mais à l'esthétique tout à fait toxique : « Prise femelle », « Strip Now », « Bistouri scalpel », « Junge Männer » (un véritable standard rock façon Presley, mais cabossé jusqu'à l'extrême limite dans un interminable rodéo électronique), et surtout « Imbécile », un aller simple vers la folie, un des plus gros défis musicaux lancés au rock français. Plus qu'une bande originale de film, c'est un véritable patrimoine qui vient d'être gravé dans la cire le lundi 16 mars 1981 : une matrice, des molécules fondamentales qui vont innerver la musique bashunguienne pour les vingt-quatre mois à venir. La BO en elle-même n'existe pas vraiment, mais l'enchaînement servira bien de fil conducteur au film.

Dans les maisons de disques, l'excitation est à son comble : dans moins de deux semaines, on va décerner le Bus d'Acier. Soit le Grand Prix du rock français, la première distinction digne de ce nom depuis 1971, qui récompense (sur le modèle anglo-saxon) le meilleur groupe pop ou rock de l'année. Naturellement, Bashung et son million et demi de « Vertige de Gaby » vendus figurent dans la liste des vingt-cinq prétendants à la breloque, et Jacky Jakubowitz (son attaché de presse, également le comparse d'Antoine de Caunes dans *Chorus*, l'émission rock d'Antenne 2) y croit dur comme fer.

Le 2 avril, les dix-huit représentants des médias qui composent le jury se retrouvent au restaurant La Tartine pour délibérer. Il est 20 heures, et ça chauffe déjà autour de la table ronde. À défaut d'unanimité ou de consensus, la décision se fera à main levée. Les purs et durs votent Téléphone et Marquis de Sade (6 voix chacun), Starshooter, Bijou et Jean-Patrick Capdevielle plafonnent à 5, tandis que Bashung sort en tête du premier chapeau avec 11 suffrages. Au deuxième tour, il gagne aux points (7-5) et devient le premier des seize Bus d'Acier qui seront décernés dans l'histoire de la musique pop française. Au Bus Palladium, l'un des trois clubs du Paris rock, le microcosme se rince à l'œil aux alcools forts depuis trois bonnes heures, en attendant la décision et la remise du prix, quand Bashung est officiellement intronisé. La salle, divisée en deux, oscille entre huées et bravos. « *Je me suis fait traiter de tout. J'ai passé une véritable soirée de chiottes. Mais ça me réjouissait de voir que je pouvais emmerder ceux qui croyaient encore au rock en uniforme* », se souvient Bashung. Il est minuit. Le carrosse de Monsieur est avancé.

Son prix, Bashung le savoure à double titre. Parce que ce trophée représente un immense pied de nez à tous ceux qui le regardaient comme un variéteux opportunistement rock, aux intégristes de la chose rock réduite à son propre catéchisme, mais aussi à cette cohorte d'imbéciles qui l'ont régulièrement enterré tout au long des années-débrouille. Et encore parce que cette récompense vient clore une période musicale qu'il considère déjà comme derrière lui. Avec la musique du *Cimetière des voitures*, Bashung s'est déjà projeté dans son futur en prévoyant qu'après la tournée Pizza, il changera radicalement de menu.

Et c'est intouchable depuis plusieurs semaines tout en haut des hit-parades, et auréolé des deux distinctions suprêmes (Disque d'Or et Bus d'Acier), que Bashung monte sur la scène de son premier Olympia, le 3 juin 1981. Guichets fermés. Un triomphe. Arrabal est en coulisses, Arrabal est aux anges : son Jésus est prêt à monter en croix.

Un mois plus tard jour pour jour, alors que *Rebel*, son deuxième single, roule à son tour en première classe sur les ondes radio, Bashung fait ses premiers pas d'acteur dans le décor apocalyptique du *Cimetière des voitures*, installé dans le gigantesque hall des Studios 2000 de Bry-sur-Marne. Sur ce terrain vague envahi d'épaves de bagnoles, Bashung est Emanou, une sorte d'illuminé qui a pour seule richesse sa guitare, et qui va se faire le guide des rescapés du cataclysme. Évidemment, Emanou finira crucifié… sur une moto. « *Ce film était une véritable auberge espagnole. C'était un condensé de tous les vices que la religion a pu légitimer dans nos sociétés. Comment elle a permis aux esprits les plus malsains d'assouvir leurs idées ou leurs fantasmes les plus horribles. C'était très chargé. Pendant tout le tournage, Arrabal me disait : "Mais tu n'es pas croyant, tu n'es pas croyant !"... Ça avait l'air tellement important pour lui que je sois engagé spirituellement, que j'aie une considération pour le divin... J'ai compris qu'on n'avait absolument pas la même vision de Dieu, ni de la religion. Il était dans la critique, le sarcasme, et moi je refusais intérieurement tous ces clichés parce qu'ils me ramenaient à la réalité des signes extérieurs du religieux, desquels je me suis échappé depuis mon adolescence : la souffrance, l'interdit, le costume, les godasses qui font mal aux pieds, la chasteté...* »

Toute la confrérie Bashung figure au casting du film. Boris Bergman au premier rang. Acteur (il est Topé... le Judas de circonstance), mais aussi scénariste, dialoguiste ; il est également le trait d'union entre Arrabal et Bashung. Grand connaisseur du cinéma de Mario Bava et Dario Argento, il adapte les concepts surréalistes d'Arrabal aux années 1980. Parmi les figurants, on retrouve aussi les musiciens d'Alain et Jean Fauque, son Jiminy Cricket. Raisons financières obligent, le film est tourné en un temps record et n'obtiendra qu'un succès d'estime.

Septembre 1981. La distribution imaginée par le réalisateur Jean-Luc Miesch a de quoi flanquer la trouille à un acteur débutant. Il a en effet convaincu Michel Serrault d'enfiler le costume de Nestor Burma (le détective privé créé par le romancier Léo Mallet), et Jane Birkin sera Hélène, sa secrétaire. Miesch a confié le second rôle à... Alain Bashung lui-même, qui se voit donc engagé dans son deuxième film en quatre mois. Boris Bergman est lui aussi de la partie, sous les traits d'une crapule un peu loufoque : le tueur vitaminé.

Pour Alain, la tâche s'annonce moins compliquée qu'avec Arrabal. Parce qu'il connaît déjà la mécanique du cinéma, bien sûr, mais aussi parce qu'il se retrouve là dans un rôle plus naturel que l'exercice de composition effectué pour le *Cimetière*. Dans *Nestor Burma, détective de choc*, il campe un chanteur en perte de vitesse, abandonné par le succès, qui se met à fréquenter d'un peu trop près les margoulins – au point d'en perdre les pédales. Et ça Bashung, il connaît. Bo Craddock, c'est un peu le Bashung qui aurait pu mal finir s'il n'y avait pas eu « Gaby ». Le tournage se déroule dans l'humeur qu'on peut imaginer quand Serrault joue les maîtres de cérémonie.

Pourtant, Léo Mallet est furieux. La mise en scène de Miesch le hérisse : son héros légendaire, sa création, Nestor Burma, est ridiculisé, dit-il, dévitalisé – et sur grand écran. « *C'était un vieux monsieur, mais qui savait exactement ce qu'il voulait. Il avait déjà connu une adaptation en film, il y avait très longtemps, avec René Darry, dans les années 1940, puis une de Bob Swaim avec Michel Galabru, La Nuit de Saint-Germain-des-Prés, qui l'avaient énormément déçu. Et maintenant celle-ci, qui ne lui inspirait rien qui vaille. Il se sentait trahi.* » Léo Mallet menace d'interdire le long-métrage, avant de se raviser.

Comme pour le film précédent, Bashung ne se contente pas de jouer. Jean-Luc Miesch l'a missionné pour composer la musique. Branle-bas de combat dans les rangs. La gourmandise gagne son duel avec la modération, et Alain replonge. Même punition : il faut échafauder une grosse dizaine de minutes de musique. Mais Bashung a encore moins de temps à consacrer à cet aspect des choses qu'à l'époque du *Cimetière*. Son manager s'arrache les cheveux. On annule les rendez-vous les moins importants, on repousse tout ce qui peut l'être pour dégager à la machette une dizaine de nuits de travail. On s'y prendra, pour enregistrer cette BO, un peu comme on s'y était pris pour la précédente. Et la providence se glisse, une fois encore, dans la cellule B du Studio 92.

Le miracle prend forme en quatre actes. Deux instrumentaux synthétiques (« La Coupole » et « Métamorphose ») et une antienne country chantée avec un chewing-gum dans la bouche (« Inside dope »), puis un moment de grâce, « Beaujolais növö », une tournerie pop robotique qui aurait mérité les faveurs des hit-parades. Elle circule sous le manteau dans le Paris rock, et Radio 7, en a même diffusé la maquette. « *Tout le monde me bassinait avec cette chanson. Il y a eu une telle pression pour que je l'édite en single... Je me sentais forcé, presque contraint de me plier à l'avis général. Je déteste ce genre de situation. Alors, j'ai carrément pris le contre-pied en occultant ce titre de mon répertoire. Pendant dix ans, il n'a existé que dans le film.* »

Depuis le 30 avril et la première date de la tournée « Vertige/Gaby/Pizza » à Strasbourg, où tous ses anciens copains d'enfance sont venus le voir pour la photo-souvenir d'usage, Bashung soutient un rythme de mineur de fond. Deux mois d'allers et retours incessants aux six coins de la France : on joue dans les salles les plus rock aussi bien que dans les fêtes de village, les soirées finissent au petit matin, en plus il faut boucler deux films et leurs bandes originales respectives et faire preuve d'une disponibilité totale auprès des médias qui se l'arrachent. Bref, Bashung est au bout du rouleau.

Noël est dans quelques jours, et il lui reste encore à honorer une prestation pour Antenne 2 – qui voudrait intégrer le portrait du nouveau phénomène de la pop française dans un programme de fin d'année. Bashung n'arrivera pas jusque-là. Lessivé par des mois de surmenage, d'excès en tout genre et par cette popularité qu'il n'assume pas, il jette l'éponge. Sa compagne Chantal a prévenu son manager, Jean-

Pierre Lebrun, qu'Alain ne pourrait plus répondre à aucune invitation. Officiellement, Bashung est dépressif. La réalité est bien plus noire. Le 1er décembre, pour son trente-quatrième anniversaire, on lui a offert un flipper, un Pinball Wizard, mais c'est lui qui a fait game-over. Dans la tête d'abord, dans le corps ensuite.

Voilà plusieurs jours qu'il fait les cent pas dans l'appartement du 88, boulevard Richard-Lenoir, un couteau à la main. Il veut tuer la terre entière. Chantal a senti qu'il fallait réagir immédiatement, elle entasse le strict nécessaire dans une valise et emmène Alain loin de Paris, dans la maison de campagne d'un ami, à Brevands, Normandie. Une journée au grand air pourtant ne change rien à la situation. L'intensité de la crise a même grimpé d'un cran. Jean Fauque aussi a pressenti l'appel au secours. Il s'est rapproché en allant passer le réveillon chez des amis, près de Rouen, a laissé le numéro à Chantal. Le 1er de l'an 1982, à 7 heures du matin, le téléphone sonne. C'est Chantal. Alain est au plus mal, il ne parle que de se foutre en l'air. Jean doit venir au plus vite. L'Austin Mini n'aura jamais autant craché son carburateur que ce jour-là. Il pleut fort sur les petites routes, la voiture prend l'eau dans les bougies, elle n'avance pas... À son arrivée, Alain est là. Zombie livide, le visage déformé par l'angoisse et l'alcool, perdu dans son propre labyrinthe. Il est en larmes, il montre un coutelas de cuisine : *« Tu vois ce que je suis devenu ? Si t'étais pas arrivé, je me foutais en l'air... »* Le téléphone n'arrête pas de sonner. Alain donne consigne à Jean de dire à Jean-Pierre Lebrun (son manager) qu'il ne fera pas l'émission et de ne plus rappeler. Boris et Jean-Pierre n'en croient pas leurs oreilles et demandent une explication. Comme si de rien n'était, son entourage professionnel n'a pas pris la mesure de son désarroi et s'est soucié beaucoup plus de son propre sort.

L'urgence n'est pas aux justifications, mais bien de savoir comment faire prendre l'air à Alain. Ce sera l'Afrique. Dakar, Sénégal. Vaccinations d'usage en express pour tout le monde. Le 2 janvier à 23 heures, le long-courrier Paris-Dakar se pose sur l'aéroport de Yoff. Ici, au moins, Alain a quelques chances de survivre.

Trois jours de farniente ne font qu'aggraver son état. Alain broie plus de noir encore qu'à son arrivée. Le médecin qui vient l'ausculter à son hôtel est formel : « *Le soleil est fortement déconseillé pour les sujets en dépression aiguë.* » Il doit immédiatement retourner sous un climat plus tempéré. Charles Talar, son nouvel éditeur et patron du Studio 92, a rejoint Dakar pour prêter main-forte et s'occuper du rapatriement. Mais Paris est alors sous la neige et le verglas. Le thermomètre affiche -10 °C. Aucun avion n'est autorisé à atterrir à Roissy à l'exception du Concorde, le seul appareil équipé de la technologie requise pour se poser par tous les temps. Ce sera donc le supersonique. Le grand oiseau de métal en provenance de Rio de Janeiro se pose sur la piste sénégalaise. Alain, Jean, Chantal et Charles Talar embarquent. Surprise... L'équipe de football du Brésil se trouve elle aussi dans l'avion, destination Paris puis Alger pour disputer un match de préparation en vue de la prochaine Coupe du Monde. Ils vont assurer l'ambiance... Ils se sont procuré du whisky en douce. Leur entraîneur est fou de rage. D'autant que l'escale à Dakar n'est pas une simple formalité : au décollage, l'avion a secoué comme un shaker et s'est reposé aussitôt. Jean se souvient : « *On a vraiment cru qu'on allait y passer. Alain était juste devant, il s'est retourné vers moi, l'air de dire, bon, on est cuits, mais restons calmes. En atterrissant, l'avion a continué sa course sur la piste, dans un bruit de freins infernal. On flippait, car au bout du tarmac il y avait des champs avec des chèvres. Il a fini par stop-*

per, un camion l'a remorqué jusqu'au hangar. On nous a interdit de descendre, la clim a été coupée. Il fait une chaleur infernale. Et là, on voit un technicien en blouse blanche arriver. Il a démonté un panneau au milieu de l'allée centrale, et pendant deux heures, il a bricolé des circuits électroniques avec des tournevis et un tas d'appareils de mesure, genre réparateur de télé. Heureusement, j'avais pris pas mal de coupes de champagne, ça donnait du recul… Et les Brésiliens continuaient de faire la fiesta ! C'était surréaliste. À l'arrivée à Roissy, tout était gelé, l'avion a fait une légère embardée sur la piste. »

À peine revenu, Alain doit préparer ses valises pour la Suisse. Cette fois, ce sera en train de nuit. Chantal y a dégotté un séjour d'une dizaine de jours dans une auberge au grand air, au fond d'une vallée en bordure du lac de Berne. Alain a pris une grande décision : pas une goutte d'alcool pendant toute la durée du séjour. Il s'y tiendra, refusant obstinément de goûter au Fendant local. Janot n'a pas quitté le couple Bashung d'une semelle. À Paris, son téléphone a sonné, dans le vide : l'entourage s'était rabattu sur lui pour avoir des infos et surtout pour savoir s'il était « viré » ou non. Pour l'heure, il est présent, tour à tour agent d'atmosphère, guide touristique, frangin spirituel, compagnon de galère. Son dévouement est total. « J'avais l'impression que c'était important. » En se baladant dans les rues enneigées, Alain lui lâche : « Tu vois à quoi ça mène le succès ? Le pire, c'est que je pourrai plus me faire de nouveaux amis, il n'y a que les potes d'avant avec qui je peux encore avoir des relations normales, désintéressées. » Et il ajoute : « Pareil avec les femmes, d'ailleurs. Avec tout le monde, en fait. »

De retour à Paris, Alain va pratiquer la politique de la table rase pour tenter de reprendre le contrôle sur soi-même et se réappartenir. Il décide d'envoyer un petit mot laconique à Boris pour lui expliquer qu'il met un terme à leur collaboration. Boris Bergman : « Notre relation était assez passionnelle, presque exclusive. On se parlait sans détour. On avait des torts respectifs. Il y avait eu ce papier de Bayon dans Libération titré : "L'homme auquel Bashung doit 50 % de son succès." Je ne sais pas qui de lui ou de son entourage a le moins bien digéré le truc. Ce titre était complètement exagéré parce qu'en réalité nous nous devions beaucoup mutuellement ; les chansons sont indivisibles. »

Fin février, retapé à neuf, Bashung a déjà écrit le nouveau plan de vol de son prochain raid sur la planète rock. Tout se déroulera, depuis fin mai jusqu'à début juillet, dans les studios Vénus de Longueville, à 50 km de Paris, loin des superficialités de la capitale, pour une sortie début septembre. Et il a surtout déjà trouvé celui qui tiendra la plume en remplacement de Boris : Henri Steimen, dit « Riquet ». Celui-là même avec qui il avait concocté une bonne demi-douzaine de chansons en 1973, et qui revient dans le circuit par le hasard d'une rencontre. Henri Steimen : « *En 1974, j'avais déserté le monde de la musique. J'avais accepté un poste de traducteur au Danemark, puis je suis revenu en France où j'ai commencé une carrière de journaliste à* Moto Journal. *C'est par le biais d'une interview d'Alain pour la revue que nous avons repris contact. Quand il m'a proposé de faire une tentative, j'ai tenté l'aventure.* »

Le planning prévu va devoir être légèrement desserré. Après quelques semaines de cogitations, Henri Steimen propose tout de même à Bashung le concept d'*Apocalypso* et lui livre une pleine valise de mots et de phrases-clés susceptibles de l'alimenter. L'équipe, installée dans le château de Longueville, a maintenant deux petites semaines devant elle. Une pour la musique, avec naturellement Michel Olivier aux manettes, puisque tout l'ADN de ce quatrième opus repose sur le ferment déposé sur la pellicule du *Cimetière des voitures*, une pour tester les textes en présence d'Henri Steimen.

Alain se sent bien à Longueville. Chantal l'a accompagné. La patronne n'est autre que Régine Denis, l'ex-directrice du Concert Mayol, pour laquelle Alain avait travaillé en 1971, et l'ambiance familiale qu'elle a su donner à son studio est le cadre idéal pour ces caractères difficiles que sont ceux d'Higelin ou de Bashung. Pourtant, très vite, quelque chose se détraque. Henri Steimen : « *On ne voyait presque jamais le jour. Rien ne commençait avant 17 heures. Moi, j'étais repassé en mode diurne depuis longtemps. J'étais complètement décalé avec la vie du groupe. Alain me demandait de travailler sur des phrasés, des choses qu'il sentait mieux dans les textes à des heures où je n'étais plus vraiment pertinent. Nous ne sommes arrivés à rien.* » Michel Olivier : « *On était sur un rythme très particulier. On petit-déjeunait en début d'après-midi, puis on faisait une petite course de natation dans la piscine, où on laissait gagner Alain, puis on attaquait.* »

Le joker Steimen une fois joué, Bashung n'a plus vraiment d'atouts en main et son album menace de rester à quai faute de textes. Il pourrait bien tenter la partie avec Fauque, mais l'amitié qui les lie n'autorise pas Alain à utiliser Jean comme une roue de secours. Et puis, cela prendrait sans doute trop de temps. Et du temps, Bashung n'en a pas. Cet album, il veut le poser sur le bureau de sa maison de disques le plus vite possible afin d'installer définitivement sa marque artistique. Son intuition lui dicte aussi qu'il lui faut frapper un grand coup, réaliser l'album irréprochable en termes de musique et de textes, mais aussi de casting : on ne remplace pas Bergman du jour au lendemain. Et dans son esprit, il n'y a qu'un homme en France susceptible de l'aider à réaliser tout ça : Gainsbourg !

« *Oui ? Pourquoi pas !* » lui répond-on à sa maison de disques. « *On va faire une demande.* » Gainsbourg a déjà écrit pour des artistes masculins. Pour Alain Chamfort, avec le succès qu'on sait (« Manureva »). Il vient de faire un test avec Julien Clerc, mais les deux hommes n'étaient pas vraiment sur la même vibration. Serge vient de recevoir son Disque d'Or pour *Mauvaises nouvelles des étoiles*, et depuis qu'il est revenu de ses rallyes jamaïcains, il carbure au nucléaire côté inspiration. Le reggae l'a reconstruit, et son triomphe au Palace puis dans toute la France où il a réhabilité sa « Javanaise » lui a donné des ailes. Le petit Bashung, il le connaît de réputation – de faciès aussi. Ils ont même failli faire une émission ensemble l'an passé consacrée aux artistes aux gueules pas possibles et à leurs ressemblances. Musicalement, Gainsbourg est en transition. Du jazz jusqu'au reggae, *via* la pop sixties et les œuvres conceptuelles, il a épuisé tous les formats de chanson possibles en langue française et il n'entrevoit pas encore ce que pourrait être son prochain terrain d'expression. Son nouvel album, en tout cas, n'est pas pour demain et il se prépare surtout au tournage de son prochain film, *Équateur*, qu'il voudrait tourner avec Patrick Dewaere. Mais deux jours après son dîner avec Serge, Dewaere a décidé de quitter ce monde et Gainsbourg devra encore patienter pour mettre en route son long-métrage... Au moins jusqu'à la fin octobre. La requête de Bashung vient donc à point nommé.

Quand il s'engage avec Alain, c'est la perspective d'une nouvelle aventure qui le séduit, la radicalité de cette cacophonie rigoureuse qui marie le beau, le cassé et le principe de survie artistique. Gainsbourg a deviné, chez Bashung, une sorte de petit frère spirituel doublé d'un sérieux compagnon de bringue de vingt ans son cadet. Une conjonction étonnante entre deux intuitions, un même sens du danger artistique et un même goût immodéré pour l'alcool qui va décider Gainsbourg à foncer physiquement. D'autant que le travail s'annonce plutôt sous un jour agréable. Bashung a déjà balisé les frontières de l'univers qu'il souhaite explorer, il a défini l'intention, l'intensité de la fièvre primale, la pulsation, et a mis de côté cette valise de mots qu'il aimerait voir tournoyer en orbite poétique. Il attend de Gainsbourg qu'il installe l'apesanteur, la vibration, l'élégance et la prosodie. La première rencontre aura lieu rue de Verneuil, début août.

Bashung : « *Je repense à sa table de salon avec tous ces petits objets précieux... Il y avait une dimension tellurique dans la façon dont il les avait organisés. Et lui trouvait son énergie au milieu de tous ces points de repère. Pour être créativement fou, il faut que tout soit clair autour. On ne peut pas courir un 100 mètres dans un marécage. Gainsbourg avait mélangé souvenirs, culture et trophées sentimentaux, et tout son appartement en était balisé. Son cerveau était impeccablement rangé.* »

« *Travailler avec Gainsbourg, c'était un désir de fan. Je venais de sortir des disques comme* Roulette russe, *où je parlais de mecs qui venaient de perdre leur boulot, de gars qui se suicident dans les chiottes, et je pensais qu'il pouvait m'apporter d'autres mots, plus choisis. Il me proposait parfois des choses qui ne me convenaient pas. Il avait l'habitude d'écrire pour les femmes, et souvent ses mots sonnaient mieux dans la bouche d'une fille. Donc, parfois, je lui disais : "Là, je préférerais un mot plus masculin, un truc que je puisse assumer." Mais il était plutôt content, ça ne le dérangeait pas du tout de se remettre à l'ouvrage et de s'adapter. Il n'était pas forcément performant dans tout et je ne suis pas sûr que ma musique était sa tasse de thé. S'il aimait un disque de rock, c'était à coup sûr un bon vieil Eddie Cochran. Son truc, c'était Ella Fitzgerald et tout cet univers de littérature et de poésie qu'il connaissait parfai-*

tement. Il avait du goût, un sens de l'esthétique... Et puis, surtout, je pensais qu'on pouvait bien se marrer ensemble. On allait assez vite en fait. On avait rendez-vous tous les jours, chez lui, à 15 heures. On commençait par une vodka-Ricard, puis on passait à la tequila rapido (tequila + champagne) : terrible. Puis on bossait, et à 20 heures on partait faire la foire dans Paris, dans des boîtes de strip-tease minables, on buvait du mousseux, on pissait dans les taxis... La vie, quoi ! »

Serge Gainsbourg : « *Moi j'me f'sais chier, alors on a commencé à s'allumer et j'ai commencé à y voir clair. ...On n'a rien amassé, on a dialogué. Jamais aucun des deux n'a monologué. Tout est explicite puisque tous les titres sont de lui. Donc, il avait tous ses créneaux visuels dans la tête : je n'en ai refusé aucun... Je pense que les gens qui se cherchent des créneaux sont ceux qui ont peur de passer à l'attaque : le château-fort, les créneaux, l'arbalète, etc. Faut pas se chercher des créneaux. Faut être soi-même et se sublimer par ses angoisses, ses joies et les rares plaisirs de notre vie. Et lui est dans le même trip que moi.* »

En quinze jours, Gainsbourg et Bashung auront encapsulé l'humeur et trouvé le titre de l'album. Ce sera *Play blessures*. Un disque physique. Une thérapie. Une résurrection. Quand les séances d'enregistrement débutent au Studio 92, Gainsbourg n'est pas là... physiquement. Mais le savoir présent par les textes a survolté chacune des têtes présentes. Le groupe enfile tous les canevas orchestraux de *Play blessures*, en un rien de temps. Pour ne pas déroger à la règle, Alain chante toujours en « lavabo », ce dialecte incompréhensible qui respecte les intentions, la métrique et les intonations sans proposer de véritable sens. Les voix avec les vraies paroles, il les fera plus tard, seul avec Serge et Michel Olivier, l'ingénieur du son attitré. D'autant qu'il reste encore beaucoup de choses à préciser.

Michel Olivier : « *Le premier jour où Serge est arrivé, on a tout de suite vu que leur affaire était bien réglée. Ils se retrouvaient à 14-15 heures dans un bar-tabac en face de la régie Renault, rue de Solférino. Gainsbourg commandait des gins-grenadine-pamplemousse et ils commençaient leur brainstorming. Ils étaient là au zinc avec les pochetrons du bar et tous les ouvriers de chez Renault qui, au début, n'en croyaient pas leurs yeux. Puis au bout d'un moment, c'est devenu ingérable pour le patron. Serge sortait ses thunes de ses chaussettes et payait des coups à tout le monde, puis avec l'habitude, certains ouvriers allaient même jusqu'à payer 50 balles pour jouer du tambour avec les deux. Alors, très vite, le propriétaire du bar les a installés en terrasse dans l'arrière-cour pour que ce soit un peu moins la foire au comptoir. Là, ils ont écrit toute la fin de l'album, en inventant des cocktails, des triples fraises des bois, etc. C'est au cours de ces après-midi-là qu'ils ont écrit la chanson "Lavabo", en observant juste ce qui se passait sous leurs yeux : la fille du patron, qui n'arrêtait pas de passer devant eux avec sa petite jupe d'été, la troisième porte à droite au fond du couloir... C'est une vraie chronique d'époque ! Le soir, Bambou arrivait au studio. Elle n'avait pas posé ses affaires que Serge la renvoyait illico chercher une bouteille de Bailey's au drugstore Saint-Germain. Quand elle revenait, ça décollait encore un coup. Chaque soir, Alain et Serge se lançaient des défis, ils faisaient la bringue jusqu'à l'aube. Mais le lendemain, les textes étaient là.* »

Rejoins ta base
Au bar tab'
Si on te cherche des noises
Fais comme d'hab'
La fille du patron
Faut lui donner
Pour la tirer de là

Tu sais où c'est
C'est lavabo

Fond du couloir troisième porte à droite
Lavabo
Tu cherches la lumière et c'est l'impasse
Tu voudrais que ça débouche sur quoi…

Michel Olivier : « *Ils étaient comme deux gamins. Serge avait pris en affection le gardien du studio, Gaston. C'était le maçon qui l'avait construit, il était resté sur place. Il avait un trousseau de cent clés dont chacune ouvrait une porte, et il les connaissait toutes par cœur. Il avait des lunettes avec des verres tellement épais qu'il donnait l'impression de voir le futur et il aimait par-dessus tout imiter les cris d'animaux. Serge le provoquait, ça durait des heures : il nous faisait toute la jungle et la basse-cour réunies.* »

En studio, Gainsbourg est déchaîné. Pendant que Bashung chante, il se tient derrière la console et l'imite, lunettes noires vissées sur le nez et perfecto sur les épaules. Tout le monde est plié en deux. Mais entre deux pitreries, le « vieux » est attentif à tout ce qui se passe et donne son avis sur deux ou trois bricoles musicales. Le dernier soir, il accuse le coup. Il lui faut quitter sa bande de gamins, mais Gainsbourg a du mal avec les adieux. Comme d'habitude, il emmènera donc toute sa petite colonie de vacances célébrer l'achèvement des travaux chez Castel, pour une sorte de jeux Olympiques de la déconnade qui finiront à sept heures du matin (taux d'alcoolémie inavouable).

Chez Philips, on savait que Bashung perchait très haut, mais la maison de disques n'avait pas envisagé un tel looping artistique. Dans les bureaux, où on réfléchit en termes de carrière, de dosage entre tubes populaires et chansons plus confidentielles, c'est la consternation. Car il n'y a rien dans ce disque qui puisse cajoler les oreilles ou s'offrir des passages radio. L'idée d'un suicide commercial est avancée. Un vrai casse-tête. Bashung s'en fout. Il revendique même dans « J'croise aux Hébrides » :

Je dédie cette angoisse à un chanteur disparu
mort de soif dans le désert de Gaby
Respectez une minute de silence
Faites comme si je n'étais pas arrivé...

Quand *Play blessures* est livré chez les disquaires, le 3 novembre 1982, sa dinguerie colorée est affichée sur la pochette de Jean-Baptiste Mondino. Pour des raisons toujours mystérieuses (peut-être ces deux doigts qui remontent vers la tempe), elle tranche dans le vif avec les illustrations des autres trente-trois tours français du moment. Froide, trash, destroy, avec ce halo verre cassé : un disque crash test, et cette question fondamentale d'entrée de jeu : « C'est comment qu'on freine ? » Premier single, premier casse-gueule. La chanson se pulvérise à la quarante-cinquième place des hit-parades. Loin, très loin des sommets atteints par le passé. La reconnaissance devra passer par ailleurs.

S'il a quitté la une des journaux et des ondes grand public, Bashung tourne en boucle sur le réseau FM, où les radios libres l'ont adopté sans sourciller. Privé de télé aux heures de grande écoute, il a rejoint les émissions de deuxième partie de soirée et bénéficie d'un soutien sans faille des *Enfants du rock* (une émission animée par Pierre Lescure et Alain de Greef sur Antenne 2) et de *L'Écho des bananes* (animée par l'ancien chanteur du groupe Au Bonheur des Dames, Lamy Vincent, sur FR3). Les journaux de rock, eux aussi, ont flairé le chef-d'œuvre ou, à tout le moins, le premier Ovni du rock hexagonal. C'est qu'avec *Play blessures*, Bashung joue dans la cour internationale.

Et Bayon le fait savoir dans le quotidien *Libération*. Avec ce disque, il vient même de décomplexer toute une génération de jeunes musiciens qui butaient sur le problème du rock en langue française, sur l'énigme de la modernité, de l'esthétique. Enfin, après des années de balbutiements, la France tient son étalon-or, celui grâce auquel il sera possible de filer à toute berzingue dans le brouillard cold wave, de faire tourner le rock en cyber-derviche de corridas électroniques, de faire grésiller les mots sur le caramel synthétique ou dans des chansons où sexe, drogue, suicide et politique sont convoqués au parloir de la poésie la plus crue. Dans le milieu rock, l'association avec Gainsbourg est pour beaucoup dans le pouvoir d'attraction qu'exerce le disque. Mais Serge se tient poliment à l'écart, laissant Bashung défendre seul une œuvre dont il a cosigné toutes les paroles, tant le travail était avancé quand la tête de chou est entrée dans la danse. Serge, à ce moment-là, prépare ses valises pour l'Afrique où il doit tourner son film *Équateur* et ne recroisera Bashung qu'une seule fois, à l'occasion d'une interview croisée pour le magazine *Rock*.

Serge Gainsbourg : « *Les textes, ce n'est pas un jeu de hasard. Il y a d'abord la folie qu'on jette, et ensuite il y a la structure de l'esprit. Il y a une schizophrénie chez l'artiste entre sa folie et la structuration de sa folie. C'est ça la définition de la poésie. Car on peut parler – sans forfanterie –, à propos de cet album, de poésie. De poésie dadaïste. Dadaïste et surréaliste… C'est du Tzara, mais du Tzara 2000. Ce n'est pas du rétro-dadaïsme, mais de l'après-dadaïsme. En fait, c'est un disque très viril ! Extrêmement viril en ce sens que c'est un disque volontaire. La virilité, c'est de cracher la réalité, aussi cruelle qu'elle soit, et de ne surtout pas pleurer… Il ne faut pas confondre cru et cruel : il n'y a rien de cru là-dedans. Il n'y a aucun cynisme non plus. Autant on a pu l'être parfois, autant on ne l'a pas été dans "Volon-*

taire". Bon, dans "Martine boude", il y en a peut-être un chouïa, et encore... ce n'est pas du cynisme, c'est de la lucidité. Il est évident que la lucidité frôle le cynisme parfois, mais du moins ce n'est pas faux cul comme position. La volonté musicale colle au mot de lucidité. On ne peut pas parler de musique parallèle entre sa musique et le reste, c'est d'une collure qu'il s'agit... J'ai pris mon pied. Il est plein d'étoiles, ce disque, les étoiles en bande dessinée, c'est une convention pour la douleur... Voilà, je crois que c'est ça. Ce disque est une version originale. Lui comme moi on n'a jamais pratiqué le sous-titrage. Il faut toujours tourner en VO. Ne jamais tomber dans le piège du sous-titrage comme on le fait trop souvent en France. » Rideau.

Play blessures : n'est pas le seul heureux événement dans la vie de Bashung. Chantal est enceinte. Quand elle le lui a annoncé, il était dans son bain. Stoïque, il lui a répondu : « Passe-moi le savon. » On imagine la tempête dans sa boîte crânienne. Lui, père ! Avec toutes les interrogations qu'il trimballe sur la notion même de famille...

Ce sera un garçon, et il devrait arriver au printemps. Alors, avant de goûter aux joies de la paternité, Bashung va tester son disque sur les scènes de France. L'accueil du public est à l'image du fossé creusé par le nouveau répertoire. Deux tendances s'affrontent. L'ancien public, familial, qui va voir Bashung pour ses deux chansons si populaires, et le nouveau, très rock, qui boirait du « Volontaire » et des « Scènes de manager » jusqu'à plus soif. « *Au début j'avais décidé de ne jouer ni "Gaby" ni "Vertige de l'amour". C'était la tournée Play blessures, après tout ! Je voulais placer ces chansons de côté pour mettre en lumière mes nouveaux trucs, essayer de montrer ce que je pouvais faire dans la pop à la française. J'avais franchi un cap musical et j'avais décidé de faire une sélection pour le public, de marquer la différence. J'avais un groupe, à l'époque, qui me permettait de tout faire, et je voulais vraiment continuer à expérimenter naïvement sur scène, à voir tout ce qui était possible. Il y a eu certaines soirées très très décalées. J'ai dû lâcher du lest et faire quelques concessions, surtout quand on passait dans des villes plutôt reculées. Là, je donnais au public ce qu'il voulait, mais on criait les morceaux à toute vitesse, à fond de train et en libérant une énergie digne des Stooges. Les gens ne devaient rien comprendre. Par contre, dès qu'on atterrissait dans des villes plus rock, j'en revenais à mon principe de départ, et j'écartais immédiatement les tubes du répertoire.* »

Christophe Miossec peut en témoigner : « *À Brest, il n'a joué ni "Gaby", ni "Vertige". Avec* Play blessures, *on a pris une claque monstrueuse. C'est pour moi le plus grand acte d'héroïsme du show-biz français. Après deux singles qui s'étaient vendus à des centaines de milliers d'exemplaires, passer au massacre et prendre tout un pays à rebrousse-poil, je trouve ça très impressionnant. C'est vraiment un acte de terrorisme, oui. Musicalement, c'est somptueux, c'est un des disques que j'ai le plus écoutés depuis que je suis gamin.* Play blessures *est une vraie révolution. Ça a ouvert des portes à tous ceux qui prétendaient vouloir faire de la musique autrement en France. Mais en même temps, ça fixait la barre tellement haut, il y avait un tel talent que tu pouvais difficilement te permettre de copier ce genre de chose, de t'accrocher à la remorque.* »

Les spectacles donnés au Casino de Paris, les 25, 26 et 27 janvier 1983, vont dissiper tous les doutes. Armé d'un son à couper le souffle, Bashung et sa télécaster bleu et blanche ferment le bec à tous leurs détracteurs. « *Ce soir-là, nous étions tous dans une sorte de lévitation. Le lendemain, j'étais persuadé que nous étions plus forts que les Doors. Ce concert a longtemps été la référence absolue, notre Everest. Je crois même que nous n'avons plus jamais atteint ce niveau.* »

Olivier Guindon : « *Je m'en rappelle comme d'un des plus grands moments de ma vie de guitariste. Alain et moi, nous ne jouions pas ensemble, nous dialoguions, nous construisions une conversation. Avec cet album puis cette tournée, nous redéfinissions le rôle de la guitare dans le rock en France. L'instrument dépassait les notes et les arpèges : il prenait vie, parlait, riait, pleurait, donnait de l'amour...* »

Chez Phonogram aussi, on a arrêté de hurler à la catastrophe. La télévision, le soir, est devenue très rock depuis l'avènement de la gauche. Et passé 22 heures, Bashung est devenu l'un des chouchous des tranches musicales, qui le programment deux à trois fois par trimestre. Peu importe le prétexte. Il est un des acteurs majeurs de la musique en France, et on le reçoit à ce titre pour de simples exercices promotionnels – ou bien à l'occasion d'émissions spéciales, en hommage à John Lennon par exemple, ou à l'occasion du 25 décembre, lorsqu'on lui demande de reprendre un chant de Noël de son enfance « *Stille Nacht* » version rock. Bientôt Bashung est certifié Disque d'or avec *Roulette russe*, il a vendu 500 000 *Pizza* et ce *Play blessures* envisagé comme cataclysmique vient de frapper à la porte des 65 000 exemplaires.

Bashung est toujours en tournée à quelques jours de la date fixée pour l'accouchement. Et le trouble est immense. Le 6 avril 1983, il erre au deuxième étage de l'hôpital. Le service obstétrique est au quatrième. Quand il arrive en haut des escaliers, Arthur est déjà venu au monde. Tout va bien. Jean-Baptiste Mondino sera son tonton préféré, Tonton Jambon. Jean Fauque son parrain. Le petit est bien entouré.

Bashung est passé du côté obscur de la force. De la chanson au rock, et du classicisme à l'avant-garde, définitivement. Il lui faut juste enfoncer le clou, en continuant de développer toutes ces pistes musicales amorcées avec la BO du *Cimetière des voitures* dans le disque qui succédera à *Play blessures*. Avec la naissance d'Arthur, son statut de père s'impose naturellement à lui. Les longues soirées arrosées jusqu'à 8 heures du mat' se raréfient et, tout doucement, Alain se recale (toutes proportions gardées) dans des créneaux horaires plus conventionnels. « *Après autant d'années à vivre la nuit, je redécouvrais l'énergie de la journée.* » Et c'est par ciel clair qu'il va engager le processus de recherche nécessaire à la réalisation du disque suivant. Comme au bon vieux temps, Jean Fauque débarque de plus en plus souvent chez lui l'après-midi, lorsque Bashung Junior fait la sieste. Avant d'être parolier, Jean est surtout musicien. À deux, ils travaillent sur du matériel léger (boîte à rythmes, synthétiseurs, guitare) des petites structures de chansons et des recherches de sons. Alain veut faire un disque solaire, un disque de jour : un yang, qui serait le complément de *Play blessures*, le yin.

Avec Janot, les choses vont bon train. Tous les deux se pratiquent depuis suffisamment longtemps pour éviter de se perdre en discussions inutiles. On travaille dans l'esprit du disque précédent : une longue séquence instrumentale qui donne la couleur sonore, dans laquelle on fait ensuite entrer des guitares et des grilles mélodiques jusqu'à définir une humeur et ouvrir des pistes d'idées. Une sorte de fil conducteur. Alain sait bien qu'il ne pourra pas rééditer le coup de *Play blessures* et mettre dans sa poche un parolier du calibre de Gainsbourg. D'ailleurs, qui oserait prendre la suite du Grand Serge ? Et il est hors de question de rappeler Boris : « *C'était le moment ou jamais d'essayer à nouveau quelque chose avec Jean. Mais, nous n'y sommes toujours pas arrivés.* » Fauque explique : « *Je voulais trop faire du Bashung. Peut-être qu'au lieu de le voir lui, je voyais l'image qu'il donnait. Et, soyons clairs, le dialogue n'était pas facile. Il buvait pas mal et je trouvais les maquettes pas très cohérentes. Il est quand même resté des choses de-ci de-là. Il m'a proposé de cosigner "Hi !" J'ai refusé, ça l'a un peu surpris.* » Et puis Janot va bientôt sortir son propre quarante-cinq tours *Béret basque et Bottes de cuir*.

Alors… Henri Steimen revient en tête de liste, mais, échaudé par l'expérience *Play blessures*, il décline la proposition. Tout le monde s'y met bientôt et cherche dans ses relations personnelles pour dénicher l'homme (ou la femme) de la situation. Après plusieurs semaines de convocation des candidats aux enregistrements des orchestrations et arrangements du futur album, tout indique que la place se jouera entre deux inconnus : Pascal Jacquemin, un inconditionnel de Bashung (qui a fait une portion de la tournée *Pizza* en tant que guitariste rythmique), et Didier Golemanas, un copain d'une copine de la femme du batteur Philippe Draï (Laurence Heller, du futur duo À cause des Garçons)… ou quelque chose de ce genre.

C'est finalement Pascal Jacquemin qui va obtenir le poste de responsable lexical. Originaire de Sainte-Marie-aux-Mines (Haut-Rhin), ils ont, avec Bashung, tout un patrimoine alsacien en commun. Auteur-compositeur-interprète, Jacquemin a une quantité invraisemblable de chansons dans sa besace, et il rêve secrètement de voir un jour Bashung lui donner un coup de main sur son propre album. Entre les deux, l'accord est tacite : Pascal Jacquemin officiera à la plume sur le futur *Figure imposée*, et Bashung lui renverra l'ascenseur, en l'aidant sur son propre album. Seule la première partie du contrat sera remplie. « *Il m'en a voulu un peu* », confessera Bashung quelque temps plus tard. S'il n'avait manifestement pas le souffle (ou l'expérience) pour tenir la distance sur un album entier, Jacquemin aux textes est une divine surprise… sur une triplette de chansons. Une écriture véloce, racée, très inspirée des acrobaties lexicales de

Bergman, mais sachant aussi chausser les ballerines de Gainsbourg.

L'accouchement de *Figure imposée* est une vraie césarienne. Le KGDD (Kovacic, Guindon, Draï, Delage) a pris le pouvoir sur le son général et fonctionne presque comme un groupe détaché de son chanteur. On est bien loin de la merveilleuse osmose qui avait enfanté *Play blessures*. Bashung leur a laissé le champ libre, dépossédant presque de la réalisation artistique Michel Olivier, qui occupait la fonction. Au moment de maquetter au studio Marcadet, l'air est devenu irrespirable. De conciliabules de couloirs en réunions de famille plus officielles, la raison va finalement l'emporter sur les ego. *Figure imposée* sera prêt dans les temps : il cristallisera à Longueville et sera mixé au Palais des Congrès. « *Sur cet album, je voulais utiliser le studio comme un élément de composition. Faire entrer la technologie pour influencer le son d'ensemble. Je pensais qu'elle pouvait me servir à altérer certains styles de musique très marqués pour les ramener le plus près possible de ce que j'étais, jusqu'à me les approprier. J'avais seulement peur de la froideur. Sur ce plan, "Élégance" a été une réussite : un funk totalement dévié, très européanisé. Je crois qu'on a été en fin de compte un peu débordés par les machines, et qu'elles ont peu à peu modifié ce que nous voulions faire au départ* », confiera plus tard Bashung, confirmé en cela par l'*Homo electronicus* du gang, Manfred Kovacic : « *Les samplers numériques et les boîtes à rythmes ont pris une place démesurée à cette époque. On s'en apercevait durant le processus, mais on ne pouvait plus reculer, ça a complètement bousculé nos manières de faire. Je me rappelle que Philippe Draï [*le batteur*] a dû passer plus de temps à gérer et à programmer des boîtes à rythmes qu'à jouer de la vraie batterie.* »

À quelques jours de la rentrée scolaire, c'est d'abord le quarante-cinq tours de « What's in a bird » qui tourbillonne sur la FM, comme un signe. Signe avant-coureur de l'imminente sortie de l'album. Dans les rayons des disquaires, impossible de se tromper. La trombine du Bashung y figure plein face, façon studio Harcourt, dans une livrée de rocker cuir-cravate impeccable. Tout est là : la classe rock'n'roll Dean Martin pour les racines, et le son technologique, digital, farci de rythmes machiniques. « Petit à petit, l'oiseau fait son nid / Les intempéries excitent sa frénésie. » Ça vous rentrait dans la tête comme une ritournelle de gamin, comme un couplet abracadabrant de « Gaby », mais avec le sucre glace électro en plus.

« *"What's in a bird", c'était une allusion aux gens qui posent des questions idiotes, c'était un peu comme si j'avais voulu donner une sorte de suite à la chanson de Trenet, "Qu'y a-t-il à l'intérieur d'une noix ?"* » Fin 1983, en plein boum new wave, Bashung tient une fois de plus la dragée haute aux Anglo-Saxons quand l'immense majorité des productions françaises se ratatinent toujours davantage dans des formes de rock archidatées, incapables de trouver le juste compromis entre le langage du Larousse et les inventions musicales venues d'outre-Manche. Seule, « Marcia baila », une chanson d'un duo encore inconnu – les Rita Mitsouko – parvient à percer les tympans avec la même ingéniosité. En face B, « Hi ! » confirme la sensation. Bashung a laissé entrer la lumière dans sa musique. Le chant est clair. C'est rock, profilé, bien speedé, mordant suffisamment sur les bordures pour intriguer. Une fois de plus, *L'Écho des bananes* saute au plafond et apporte son soutien indéfectible.

Pour trouver *Figure imposée* dans les rayons des magasins de disques, il faut s'y reprendre à deux fois. On cherche la binette du Bashung, mais l'oiseau n'est pas là. À sa place, comme une œuvre dans sa marie-louise, une peinture signée du jeune artiste Pierre Buffin. Figure imposée… évidemment. On trouve là la dernière fulgurance de sa collaboration avec Boris, avec cet « Imbécile » recyclé du *Cimetière des voitures* ; mais également un instrumental qu'on jurerait tout droit sorti d'un disque de Roxy Music ou des Psychedelic Furs (« Week-end doux »), et puis deux extravagances inconnues au registre bashunguien référencé : « Élégance » et « Horoscope ». « Élégance » tournera à fond dans toutes les boums de l'hiver 1983-84. Avec son souffle électro-funk, son ronron de basse biscornue, elle coule bien entre le « Rock it » de Herbie Hancock et la BO de *Flashdance.* Plus obscure et brinquebalante, « Horoscope » joue sur les mêmes ressorts. Ça tombe bien : elles figurent toutes les deux sur le même quarante-cinq tours.

Qu'importe la réussite commerciale du dernier disque, Bashung ne s'est jamais senti aussi contemporain de son époque. Depuis qu'il a cassé la spirale du succès et de l'échec, il n'écoute plus que son instinct artistique, jouant sa propre partition quand d'autres cherchent à plaire à tout prix. Comme dans son enfance, quand il achetait son droit à rêvasser ou à gratter de la guitare dans des orchestres en ayant les meilleures notes de la classe, il gère ses rapports avec l'industrie du disque en livrant un ou deux tubes tous les deux ans pour se ménager une longue plage de totale liberté artistique. Donnant donnant. Grâce à ce petit stratagème, Bashung a acquis un nouveau statut, installé une manière de faire, de vivre la musique qui convient bien aux années 1980.

Dans tous les médias, le rock n'est plus une affaire de mœurs mais une affaire culturelle. Un point de rencontre pour tous les arts, les influences, les classes sociales et les postures citoyennes, relayé en tant que tel par les radios, les émissions de télévision et l'ensemble de la presse écrite. Et le Bashung qui boudait les émissions de variétés confites, héritage de Jean Nohain et de Guy Lux, a pris une tout autre épaisseur et commence à livrer une autre partie de lui-même dans les journaux ou à l'occasion d'interviews pour la radio ou la télévision.

Invité des magazines littéraires comme *L'Impeccable*, il dit sa passion pour *La Dimension des miracles* de Robert Scheckley et les ouvrages de science-fiction, d'Isaac Asimov à Philippe K. Dick, raconte qu'il dévore ces livres depuis l'âge de dix ans et en savoure chaque virgule pour ne rien en perdre à chaque lecture. Plus attendu sur le terrain cinématographique, il révèle aussi son immense connaissance des films américains, tous genres confondus. Plus que l'érudition, c'est le rêveur qui fascine, sa capacité à s'émerveiller : un Bashung sorti des brumes de la chose rock, un Bashung derrière le miroir, déglacé de sa noirceur endémique. Un Bashung que l'on découvre citoyen, campant des positions politiques ou marquant des solidarités avec des causes pour lesquelles on n'aurait jamais juré qu'il eût un jour avancé une opinion. Comme lorsqu'il s'engage aux côtés d'Amnesty International et se mue en porte-parole du concert de soutien à l'organisation lors du journal télévisé *Midi 2*, le 18 mai 1984. « *La gauche avait quand même changé pas mal de choses. On avait la sensation d'un peu plus de liberté que dans les années 1970. On commençait à sortir de la préhistoire morale dans laquelle on était retourné après 68. On avait aussi digéré le punk et certaines choses pouvaient être dites plus ouvertement... Il y avait un peu plus de place pour exister autrement, pour marquer une différence. On pouvait s'exprimer sur certains sujets politiques ou sociaux sans craindre d'être montré du doigt ou être marginalisé. C'était nouveau, et ça faisait du bien. On en a profité.* »

Malgré tous les efforts des aficionados et une tournée soutenue, *Figure imposée* n'atteint pas les 30 000 exemplaires après huit mois d'existence, alors que le staff de Phonogram en espérait le double grâce à ses deux singles roulés comme des tubes. Mais aucun n'a décroché le pompon. Du coup, pour valoriser le capital Bashung, on a eu une autre idée : réaliser une version anglaise de « Vertige de l'amour ». Adaptée par Steve Stapley sous le titre de « Casualty of Love », la chanson doit permettre de relancer la carrière du plus grand chanteur français – Johnny Hallyday himself ! – en panne de véritable succès depuis quatre ans avec un album-« concept » : *En VO*. Bashung repris par Johnny, Alain s'en amusera longtemps. Malgré un lancement en fanfare en mars 1984, et un clip, « Casualty of Love » ne cassera jamais la baraque. Et dans les bureaux de la maison de disques, on commence sérieusement à réétudier le cas Bashung. D'autant que la renégociation du contrat est pour bientôt. Le verdict tombe un peu avant l'été : un quarante-cinq tours, et en cas de succès, une reconduction pour trois albums supplémentaires. Cinq ans après « Gaby », voilà la bonne vieille rengaine de la confiance au conditionnel qui repointe son museau. La situation est certes un peu différente, puisque Bashung doit encore livrer un album à Phonogram, mais sur le fond, c'est le même climat de défiance. D'autant qu'Alain a un autre sérieux problème à résoudre puisqu'il n'a plus de parolier fétiche pour relancer une opération commando à la « Gaby ». L'heure de Didier Golemanas, éconduit sur *Figure imposée*, vient donc de sonner. « *J'étais un très jeune auteur avec très peu d'heures de vol. J'avais vingt et un ans. Je me suis présenté chez lui au jour dit, boulevard Richard-Lenoir, avec quelques textes sous le bras. J'étais complètement largué, et un peu fébrile quand même. Il n'était pas prêt et on l'a tous attendu une bonne demi-heure. Il arrive avec ses lunettes noires sur le nez, il était 18 heures. On échange quelques mots, il lit mes textes, je m'attends à avoir un avis... et puis rien. Il me pose beaucoup de questions sur la musique, sur mon parcours, me demande si j'ai du temps à consacrer aux chansons en ce moment, et puis il me demande si je connais Dario Moreno ! J'ai cru que c'était une plaisanterie. En fait, il avait déjà son idée : il voulait partir sur la chanson "Eso es el amor, si señor", la détourner en "S.O.S. Amor" et prolonger dans cet univers-là...* »

Alain Bashung, fils spirituel de Dario Moreno... Il fallait y penser.

Les deux hommes vont tracer jusqu'à Brévands et s'installer là, chez un ami du couple Bashung. Histoire de débroussailler. Puis on se dirigera vers Longueville, chez Régine Denis, au studio où il a pris ses quartiers douillets.

Avec Golemanas, Bashung va vite. Didier est frais, vif, et Bashung tient avec lui une piste voisine de ce qu'il a pu écrire avec Bergman pour « Aficionado » ou « Rebel ». Pour Golemanas, c'est le baptême du feu et la découverte d'une façon de travailler qu'il n'aurait jamais imaginée : le ping-pong. « *Je mettais la machine en marche, j'écrivais et lui il lisait le journal. Je lui sortais des phrases, il levait les yeux et me disait : "Ah, ça non !" Ou alors : "Ça c'est bon, tu es en forme là !" Il rebondissait sur ce que j'avais trouvé, l'aménageait à sa sauce et on avançait comme ça. Moi, j'étais vierge de tout format d'écriture, je découvrais d'un coup qu'on pouvait progresser en déstructurant, en déconstruisant pour rebâtir une strophe plus loin.* »

L'orchestration sur laquelle Bashung a fait plancher son nouveau parolier n'était qu'une ébauche, un petit sprint de deux minutes enregistré avec le KGDD en juin sous le nom de code « Cadillac ». Mais à l'arrivée au studio ICP de Bruxelles, il a tout changé. Golemanas en aura des sueurs froides, d'autant que durant le trajet vers la Belgique, il a trouvé une fabuleuse accroche pour le texte de « S.O.S. Amor » : « Tu m'as conquis j't' adore. » (Dario Moreno, l'Espagne, conquistador... CQFD).

Si Bashung a choisi la structure d'enregistrement belge ICP, c'est parce qu'il n'y a aucun repère et qu'il mise sur la nouveauté du lieu pour débusquer des choses inédites, perturber un peu ses grilles d'inspiration, son instinct. Ici, même les ingénieurs du son (Djoum et Phil Délire) n'ont pas un gros bagage. Pourtant, après cinq jours de travail, « S.O.S. Amor » n'est encore qu'une grosse maquette qui ratatouille dans des formes hybrides. On a même arrêté d'y réfléchir pour attaquer la face B du quarante-cinq tours : « Les Européennes », où là, en revanche, tout avance le plus naturellement du monde. En deux jours, Didier Golemanas a brossé un petit scénario légèrement politique, rebiseauté par Bashung pour lui donner des contours un peu plus sensuels et des enluminures surréalistes. Le tout a trouvé sa place logiquement sur la musique du KGDD. « S.O.S. Amor » ne sortira des limbes que le dernier jour, quand Manfred Kovacic décidera de repasser toute l'orchestration dans les machines et transformer la chanson en un cocktail calypso-funk claudicant et synthétique.

Pour les radios, « S.O.S. Amor » est une vraie friandise. Avec son sax aguicheur, son tempo mongoloïde un peu clopin-clopant, ses petits riffs de guitare et ses jeux de mots bien dans la tradition bashunguienne, voilà un parfait berlingot new wave, qui rappelle un peu le « Cargo de nuit » d'Axel Bauer – encore en rotation maximale dans les programmations musicales. Le 2 décembre 1984, la chanson commence à chahuter les ondes radio de jour et de nuit. Elle grimpe à l'applaudimètre, s'installe dans les charts deux mois durant, et dans le grand public, le gimmick « Tu m'as conquis j't'adore » est devenu un signe de reconnaissance entre fans. Bashung a de nouveau retourné la situation à son avantage et est revenu en grâce populaire.

9

L'impossible Monsieur Bashung

Alain n'a rien dit à ses acolytes du KGDD, mais il a renoué avec Boris Bergman. Au festival du clip d'Antibes, l'an dernier. Il y était allé en représentation pour soutenir le mini-métrage de « What's in a bird ». Boris, lui, défendait les couleurs d'un clip qu'il venait de tourner. Dans la salle de réception, leur entrevue avait suscité un vif intérêt chez les amateurs de potins du show-biz. Ils avaient guetté l'altercation, le clash. Il n'en avait rien été. Boris portait sur lui la lettre adressée par Bashung un an et demi plus tôt et ils l'avaient déchirée ensemble, le plus gentiment du monde. Boris Bergman : « *Nous avons tous les deux obtenu un prix et au moment où le président du jury a été introduit par le présentateur : "Mesdames et messieurs, Jacques Demy", Alain et moi avons répondu en même temps "avec mousse". C'est sur ce genre de bêtise que tout a redémarré. On a recommencé à travailler sur "Spiele mich an die Wand", pour un film intitulé L'Argent du mur.* »

Ils avaient repris leur collaboration en toute discrétion au printemps passé, sur une musique robotique très raide de Manfred, qui végétait dans les chutes de *Figure imposée*. Boris avait troussé deux ou trois psalmodies en langue de Goethe, et le tour s'était joué en une nuit à peine. Depuis cette reprise de contact, ils avaient promis de refaire un coup ensemble... promesse jusqu'alors sans lendemain : Bashung avait été absorbé par une autre collaboration, avec le compositeur Thierry Matioszek notamment, qui lui avait offert une belle rencontre autour de deux chansons à destination du chanteur Jean Guidoni, « Tous des putains » et « Carnet de Grisélidis ».

Réussir un tube ne fait pas tout. Il faut concrétiser cette cote d'amour. Et, aux yeux de Philips, Bashung souffre d'un tel déficit sur ce plan qu'il lui faut redoubler d'efforts en exposition médiatique. « S.O.S. Amor... » L'intitulé doit être considéré sous tous ses aspects. Le tintamarre promotionnel est à son comble : pub radio, affichage massif, passages télé à une cadence infernale. Tout est prêt pour une prochaine tournée. Mais la perspective d'un mois et demi de vie commune dans un Tour bus avec spectacle obligatoire tous les soirs ne fait pas l'unanimité au sein du KGDD. Manfred Kovacic est fatigué de ce genre de bazar. Il annonce très vite au reste du groupe qu'il ne sera pas de l'expédition : « *Je me sentais beaucoup plus à l'aise en studio que sur scène. Je ne me voyais pas passer un an sur les routes. Comme je recevais à l'époque beaucoup de propositions de production, j'ai décidé de quitter le groupe. Je l'ai regretté par la suite. J'ai culpabilisé, je me suis senti un peu comme celui qui casse la bonne ambiance. Je n'ai jamais retrouvé ce genre d'atmosphère par la suite, une telle liberté musicale.* »

Sans rancune. C'est un proche de la bande qui va assurer l'intérim, Christian Taurines : un multi-instrumentiste au curriculum vitae identique, capable de jouer du saxophone et de gérer l'ensemble des claviers. Nul besoin de longs discours, ni de préparation studieuse. Taurines s'intègre immédiatement dans la brigade, tout comme le guitariste additionnel Richard Mortier, un proche de François Delage, le bassiste qui

« J'suis un cow-boy à Paname... Oui, mais c'est la faute à Dylan. »
Paris,1978.

Janvier 1982, repos en Suisse avec Jean Fauque.
Collection privée de Jean Fauque

Bashung maître du jeu, 1984.
© Jean-Pierre Leloir

À bout de souffle, Live tour 1985.
© Serge van Poucke

Séance photos pour la tournée Rio Grande. Paris,1986.

Chat... La Celle Saint-Cloud, 1989.

Sur les traces des pionniers. Graceland – Memphis, 1989.

Explication technique avec son fils Arthur, 1988.
Collection privée de Chantal Monterastelli

La bague au doigt avec Chantal Monterastelli. La Celle Saint-Cloud,15 juin 1991.
Collection privée de Chantal Monterastelli

Bashung et ses doubles...

Répétition de la tournée « Chatterton ».
Gard,1994

« Parfois, je peux passer une semaine sur un mot... Un mot ! C'est pas raisonnable. » Paris, 2005.

Avec Chloé Mons. Tournée des Grands Espaces. Bruxelles, octobre 2003.

L'Imprudence. Boulogne, septembre 2002.

Paris, Hôtel du Louvre, 2004.

l'a longtemps observé dans ses prestations avec Sapho.

Du 14 mars au 27 avril, dans les travées des salles visitées, le « S.O.S. Amor Tour » est un triomphe. Tout le monde se souvient de Bashung, surtout celui de « Vertige de l'amour » et de « Gaby », qui sont attendues à chaque fin de set comme un dessert. Bashung peut bien les interpréter comme bon lui semble, en valse même s'il le souhaite, le public se lève comme un seul homme dès les premières mesures et en redemande en rappel. Dans les campagnes, on ne se rappelle que ça. Ici, le Bashung de *Play blessures* n'est pas arrivé jusqu'au magasin de disques. Pour ne rien gâcher, la tournée se déroule dans un état d'esprit bon enfant.

L'auditoire est conquis, le parti pris artistique fonctionne, et certains soirs, l'incandescence est même au rendez-vous, en courts moments de magie. « *Il faudrait peut-être enregistrer tout ça* », soupire Bashung. « *Faire un disque en public pour s'extraire d'un contrat discographique ou pour rajouter un volume à ma discographie ne m'intéresse pas. Il faut qu'il y ait une raison pour commettre ce genre de forfait ! Et là, j'en tenais une... Plusieurs, même. Nous n'avons pas eu besoin de discuter longtemps pour réaliser qu'il y avait un intérêt artistique à livrer un témoignage sur cette tournée. Je pressentais déjà que mon groupe vivait ses dernières heures. En tout cas sous cette forme. Les problèmes s'amoncelaient. Nous venions de préparer les maquettes du disque suivant, mais plusieurs nuages planaient et me disaient que le bout de la route était proche. On ne pouvait pas partir comme cela.* »

La somme d'enregistrements collectée durant ces semaines de vadrouille sera confiée aux mains expertes de l'Anglais, Nick Patrick, qui sera chargé de produire un double disque *live* pour la rentrée. Après un rapide survol, Nick Patrick acquiert plusieurs certitudes sur ces enregistrements. Selon lui, certaines parties musicales enregistrées présentent de sérieuses lacunes pour être retranscrites telles quelles sur vinyle. Idéalement, il faudrait refaire toutes les pistes de synthétiseurs – et même rejouer quelques lignes de basses, car elles pêchent çà et là. Dans le clan Bashung, c'est l'effroi. Les conclusions de Patrick sont provocantes au regard du souvenir de quasi-perfection qu'on a gardé du concert capturé à Reims. Du coup, Christian Taurines ne veut pas entendre parler de changements et décline toute responsabilité. Et la réinterprétation des portions litigieuses va échoir à un clavier ami de Patrick, Vic Emerson, qui va faire là son entrée dans l'univers d'Alain. Le travail est délicat. Sa finesse toute *British* lui permettra de s'acquitter de la tâche avec le tact et le respect exigés dans ce type d'entreprise.

Alain n'a pas réellement eu le loisir de s'impliquer dans le suivi du projet. Il est appelé sous d'autres cieux. Pour une cause : SOS Racisme. L'association de lutte contre les discriminations, créée par Harlem Désir, va être lancée officiellement le 15 juin prochain et ses initiateurs se tournent vers le monde de l'art, en particulier, pour gagner ses premiers galons de crédibilité. La France a été secouée par la montée du Front national d'une élection à l'autre. Et un grondement s'est fait entendre en réaction à l'importance prise par le parti de Jean-Marie Le Pen, qui a réuni 11 % des suffrages exprimés autour de ses idées aux dernières élections européennes. SOS Racisme veut frapper un grand coup. Solliciter des artistes pour recueillir leur signature sur une liste d'adhérents n'a aucun intérêt. Il faut aller au-delà, les impliquer fortement en leur demandant une participation active. Chaque musicien, chanteur ou groupe est ainsi invité à réaliser une chanson originale, l'ensemble constituera la bande-son du mouvement qui sera jouée lors de la soirée inaugurale du 15 juin, place de la Concorde. Alain a signé des deux mains. Lui qui a pris position un an plus tôt pour Amnesty persiste dans sa posture citoyenne. Boris Bergman est naturellement solidaire. Il n'a pas oublié les déclarations de Le Pen sur les immigrés.

La gestation de la chanson pour la cause sera une quasi-formalité. Alain entrevoit une petite structure ensoleillée, une sorte de reggae décalé, étoilé de petites guitares africaines et bercé d'une chaloupe caribéenne. Les racines marseillaises de son groupe feront le reste : sur le Vieux Port, les origines du monde sont mélangées depuis longtemps. « Tu touches pas à mon pote. » Lancé sur les ondes trois semaines avant la manifestation de la Concorde, le morceau est déjà devenu un hymne au soir du 15 juin. Quand Bashung monte sur scène au pied de l'obélisque, il vit l'émotion de sa vie : « *C'était une mer de monde. Je n'en voyais pas la fin. Je distinguais l'horizon, et juste en dessous, encore des gens. C'était incroyable. Pendant une minute, j'ai ressenti un frisson unique. Je ne peux même pas parler de trac, juste d'un immense sentiment de perdition au milieu d'une telle foule. Moi qui suis à la limite de l'agoraphobie... Voir autant de monde réuni pour une même cause et savoir que sa chanson est déjà sur toutes les lèvres...* » Deux cent mille personnes ce soir-là ? Quoi qu'il en soit, le Bashung qui fait le bœuf avec les autres artistes ce soir-là (Paul Personne notamment) présente des signes de fatigue inquiétants. Son visage est bouffi et ses yeux peinent à s'imposer dans leurs orbites. Les deux derniers mois ont été particulièrement éprouvants physiquement et son foie a été mis à rude épreuve. Un break s'impose.

Le déluge d'applaudissements du 15 juin n'est pas tombé dans l'oreille d'un sourd chez Philips, où tout le staff voudrait voguer sur ce qu'il convient d'appeler désormais la déferlante Bashung. Le disque *live* n'est pas un double, mais un simple : pas question d'attendre. Il fait son arrivée sur les étagères des disquaires aux marches de l'été. La stratégie est payante. Mais Bashung n'entend pas se faire instrumentaliser de cette façon-là. Sur cette décision précipitée, il n'a pas eu son mot à dire. Et s'il est tout disposé à comprendre la logique industrielle, il ne saurait accepter que l'on réduise le contenu musical d'un disque à la portion congrue et compte bien obtenir réparation. Après d'âpres négociations, il va ainsi arracher le droit de ressortir ce *live* en deux volumes illustrés d'une autre image de lui que celle de ce double menton appuyé sur un manche de guitare, qu'il exècre au plus haut point. Pour justifier sa coquetterie, Alain a proposé une monnaie d'échange : un titre inédit. Édité en quarante-cinq tours, sa reprise de « Hey Joe » en français (jadis interprétée par Johnny Hallyday sur une adaptation de Gilles Thibaut) sort simultanément, à l'approche de Noël. Cadeau.

Le divorce entre Philips et lui est inéluctable depuis ce dernier avatar. Malgré les succès, ses directeurs artistiques sont usés par le bonhomme et l'éventualité de la prorogation de son contrat a été définitivement écartée des plans. Bashung va donc devoir trouver une autre structure d'accueil. Il n'aura pas à pousser trop loin. Derrière la porte d'à côté, chez Barclay (une filiale du groupe Polygram), un nouveau directeur artistique vient de prendre ses marques dans son bureau avec de fermes convictions. Son nom : Philippe Constantin. Un pur et dur du rock, un passionné de musique qui entend bien, au cours des prochains mois, entreprendre une petite révolution dans les mœurs discographiques françaises. En un tournemain, Bashung a changé de casaque et porte désormais les couleurs de Barclay. La même semaine,

Constantin vient de signer un autre espoir prometteur du rock en France : Noir Désir.

Table rase. Nouvelle équipe, nouvelle énergie, nouveau disque. Bashung présente de sérieuses garanties pour l'avenir. Les maquettes des nouvelles chansons sont bien avancées, et Philippe Constantin a entendu son désir de changer d'air. Il lui a réservé deux créneaux, au cours de cette année 1986, dans les Eastcote Studios du quartier de Marble Arch, à Londres. Le premier pour y réaliser la musique du prochain film de Bob Swaim, *Half Moon Street*, et le deuxième, plus long, pour mettre en œuvre le successeur du *Live Tour 85*, dernier disque officiel en date de sa discographie.

Le cinéma a le béguin pour Alain. Mais cette BO destinée au réalisateur de *La Balance* est un sacré sac de nœuds. L'an dernier, quand il avait accepté de donner un morceau de musique à Serge Leroy, Alain avait recyclé une improvisation au piano d'Olivier Guindon, un viennois baptisé « Voyage à Honfleur », mis sur bande comme un défi à six heures du matin. Là, il n'a plus de réserves et doit partir de zéro. Boris Bergman l'a accompagné dans l'épreuve, Vic Emerson (qui le suit désormais aux claviers dans toutes les phases de préparation musicale) aussi. Le projet va tourner court. Devant la difficulté, Bashung ne s'obstine pas. Il pensait pourvoir rééditer l'exploit du *Cimetière des voitures*, imposer un postulat sonore dans une musique de film pour en tirer ensuite la quintessence du disque à venir. Il s'est trompé. Un point c'est tout.

Avec Vic au clavier, Alain a filé bon train. Boris n'a rien perdu de son écriture électrique. Il a déjà trouvé le titre du disque, *Passé le Rio Grande*. Logique. Alain et lui écoutent Willie Nelson et Dean Martin en boucle, et lorsque la discussion dérive sur leurs films préférés, ce sont Robert Mitchum et les autres gueules de casseurs du grand Ouest qui hantent les conversations. Boris Bergman : « *Nous voulions un disque solaire, un disque de retrouvailles.* »

Ambiance quartier libre. Le jeu de mots se porte haut. Chaque lapsus, chaque idiotie est savamment notée dans le carnet à spirale de Boris, qui fait feu de tout bois. Le moment le plus prolifique en cocasseries reste le dîner. Vic Emerson : « *J'avais appris le français à l'école, mais j'avais tout oublié. J'étais rouillé. Nous logions dans cet appartement de Marble Arch tout au long de l'enregistrement, et comme Alain ne maîtrisait pas l'anglais, il m'avait imposé de parler en français. Un soir, à table, il sort une bouteille de vin : un nuit-saint-georges et je dis : "Oh ! Encore une nuit sans Georges !" Ils m'ont regardé avec Boris en me disant : "Tu sais ce que tu viens de dire ?" Et ça s'est retrouvé dans une chanson. Ils m'ont dit que j'étais le seul Anglais capable de faire de l'humour en français.* »

À vouloir célébrer une réconciliation dans une musique totalement débridée, Alain et Boris construisent peu à peu un disque humoristique. Mais ils n'ont mis personne dans la confidence. Même pas Vic, qui travaille dans le plus grand académisme aussitôt qu'il touche les touches noires et blanches de ses claviers. « *Alain fonctionne toujours comme ça. Il ne te dit jamais où il veut aller, il ne définit aucune direction à l'avance, et il énonce encore moins clairement l'esprit dans lequel il veut que tu travailles. J'ai fonctionné à vue tout au long de l'enregistrement en essayant de décoder son cerveau. Par exemple, s'il veut un certain type de bleu, il va attendre que tu aies trouvé parfaitement la couleur qu'il a visualisée ou l'atmosphère qu'il ressent mais qu'il est incapable de te décrire. Il est vraiment dans la démarche du réalisateur. C'est quelqu'un qui te force à te dépasser, à extraire de toi-même des choses auxquelles tu n'as pas forcément le temps de réfléchir ou de conceptualiser. Il arrive à ses fins en utilisant un matériel musical qui vient de toi, mais que tu n'aurais pas forcément retenu, toi, pour lui. Tu ne comprends vraiment l'ensemble de la musique qu'il a imaginée qu'une fois le disque achevé. Je n'ai compris que* Passé le Rio Grande *était un disque-pastiche qu'une fois terminé.* »

Seuls Olivier Guindon et Philippe Draï, les deux survivants du bateau KGDD disloqué au cours de l'hiver 1985-86, ont deviné ce qui se jouait : ils pratiquent l'oiseau depuis trop longtemps…

Olivier Guindon : « *Au départ, je n'entrais pas dans les plans. C'est Nick Patrick qui, à l'écoute de l'interprétation à la guitare de "Hey Joe", a demandé à Alain de me faire venir à Londres dans les quarante-huit heures. Je me suis amusé comme jamais en studio. Les guitares LAG m'avaient fait un instrument sur mesure.* »

Sous couvert de pantalonnade, Bashung n'en réussit pas moins un tour de force musical : il a repoussé les limites de son mélange électro-rock. Derrière la console, Nick Patrick, désormais associé aux disques de Bashung, boit du petit-lait. Il excelle dans ce domaine, au croisement de la new wave et du rock. Sa touche anglaise produit les résultats escomptés, d'autant que les musiciens anglo-saxons présents sont les meilleurs du genre. Parmi eux, Alain a retrouvé une vieille connaissance, le *pedal steel* BJ Cole, qu'il n'avait pas revu depuis plus de dix ans.

Pour accompagner esthétiquement le délire futuristico-pop potache du *Rio Grande*, la charte graphique de l'album a été confiée au dessinateur Beb Deum et au vidéaste Kiki Picasso. Sous le crayon de Beb, Bashung se présente sous les traits d'un cow-boy de l'espace. Même traitement sous les effets de palette graphique de Kiki Picasso, où on le voit déambuler dans une forêt néonisée de traits de couleur en chantant « L'arrivée du Tour » : un vrai condensé des années 1980.

Le choix de « L'arrivée du Tour » comme single n'est pas forcément la meilleure idée qui soit pour lancer le disque. Naturellement, la chanson fait un tabac à l'approche du Tour de France. Mais « Malédiction » était la préférée d'Alain et de Boris. Elle sera éditée en second extrait, une fois que le public l'aura entendue dans le film d'Yves Amoureux *Le Beauf*, où Alain tient son propre rôle. Pour la télévision, ce Bashung badin et ouvertement disposé à l'autodérision est un formidable sujet. *Les Enfants du rock* révèlent un Bashung intime, en compagnie de Boris, interprétant dans un petit cabaret une magnifique interprétation du « Chat », tout en piano-voix. Puis, en vue de la fête de la Musique, le 21 juin 1986, Antoine de Caunes lui réserve une somptueuse surprise : Bashung sera invité à jouer en duo avec The Pogues, le groupe de Shane Mc Gowan, sous les caméras des *Enfants*. La rencontre fera date, et le document vidéo de cette interprétation à deux voix du fameux « Dirty Old Town » deviendra l'un des programmes de télévision les plus recherchés par les fans d'Alain.

La fête est ininterrompue depuis six mois, quand Alain prend un peu de répit. Il est littéralement épuisé. Les quantités astronomiques d'alcool ingurgitées au cours de ces soirées sans fin l'ont défiguré et son foie crie grâce. S'il ne veut rien entendre, la cirrhose est bien passée à l'attaque. Chantal prend le taureau par les cornes : elle partira si Alain ne se soigne pas. Elle a tout organisé pour qu'il puisse, en toute sérénité et en tout anonymat, subir une cure de désintoxication dans les services spécialisés d'une clinique des Sèvres.

Il a accueilli l'ultimatum de l'un de ses silences légendaires. Puis, après une nuit de réflexion, demande à sa compagne de lui préparer un nécessaire de toilette et de garde-robe pour un mois d'hospitalisation. Le sevrage sera draconien. Il en va de sa rédemption. Là-bas, il y a des sans-familles, des paumés de la vie. Avec eux, il ne se voit pas comme chanteur mais comme compagnon de misère. Quand Janot passe le voir, ils jouent aux cartes avec eux. Alain a compris qu'il n'a pas le droit de se plaindre, de briser sa vie familiale.

Une trentaine de jours plus tard, son bon de sortie en poche, Bashung adopte un régime de boisson qu'il compte observer jusqu'à la fin de ses jours : Coca-Cola, café, eau. Pas d'exception. La moindre goutte d'alcool le referait plonger inexorablement. Il s'y tiendra. Pour l'épauler dans sa résolution, Chantal a organisé la vie autrement et déménagé Arthur, les chats, les meubles et la garde-robe de l'appartement du 88, boulevard Richard-Lenoir en plein Paris pour La Celle-Saint-Cloud... Loin des tentations. Musicalement, l'humeur est au beau fixe. Alain doit recevoir prochainement le prix du meilleur album rock de l'année, le 22 novembre, lors de la cérémonie des Victoires de la Musique 1986, et de toute la France, les demandes affluent pour décrocher une date du « Rio Grande Tour » qui se profile pour début 1987. Les fervents de spectacle humoristique en seront pour leurs frais.

Son entrée sur scène est réglée au centimètre près. Glissé dans une armure de cuir et de métal, guitare belliqueuse en main, il est le Mad Max du rock français, tombé pour un soir sur les planches du Grand Rex. Moitié machine, moitié homme. Le décor est crépusculaire. Le son assourdissant, et pourtant d'une limpidité ahurissante. Le « Rio Grande Tour » est un combat. Bashung seul contre le futur du rock. Pour distribuer sa foudre et ses lames de fer, il a cuirassé un escadron de musiciens blindés aux pires épreuves : François Causse à la batterie, Didier Bâtard à la basse (sépulcrale), Michel Billiez aux percussions et saxophone, Olivier Guindon et Richard Mortier pour souder les guitares, et Vic Emerson pour orchestrer le feu des claviers. Même le silence ici est lourd de son. On joue à guichets fermés. Dehors, le marché noir fait ses choux gras, et ceux qui devront rester sur le carreau s'entêteront à traquer jusqu'à la dernière minute un sésame pour entrevoir ne serait-ce que quelques minutes l'apocalypse qui se joue à l'intérieur. Mais ils n'auront droit à rien, si ce n'est aux visages dévastés de ceux qui étaient à l'intérieur, une fois le spectacle achevé. À court de mots et d'images pour évoquer la furie qui vient de dévaster la place, un mensuel rock écrit dans son compte rendu : « Dans deux ans, Bashung sera mort. » Le rédacteur se trompe lourdement. Chaque ville, chaque salle visitée aura droit à ce traitement. Assiégée par des forces soniques d'une intransigeance de fer, parfaitement maîtrisée. Finie la rigolade. En trois mois, Bashung a mis le cap vers un autre plaisir : l'austérité.

L'architecture intérieure du 21, avenue des Gressets à la Celle-Saint-Cloud est propice à la création. Cent vingt mètres carrés de sous-sol autorisent tous les fantasmes pour capitonner un repaire de musicien. Le matériel de tournée a été remonté là, en ce lieu organisé en studio de répétition. Alain, Olivier Guindon et Vic Emerson ont déjà repris les hostilités en vue du disque suivant. Il ne faut pas laisser s'éteindre le feu. Mais Olivier Guindon est en galère. Tout part à vau-l'eau dans sa vie, et il est temps qu'il recouvre sa santé et ses esprits. La longue amitié qui l'unit à Chantal et Alain justifie l'hébergement provisoire dans la grande maison. Il y a bien assez de pièces pour que l'une d'elles devienne sa chambre à coucher. Vic Emerson n'est pas tout à fait dans le même embarras. Son cœur balance entre un retour à Manchester et l'installation dans un petit meublé à Paris. Mais Alain a besoin de lui pour toutes ses préproductions, alors il lui offre l'hospitalité. Invitation acceptée.

Vic Emerson : « *J'y suis resté dix-huit mois. C'est très délicat parce que tu partages vraiment la vie de quelqu'un, tu entres directement dans sa vie privée et ça peut mettre mal à l'aise. Il y avait une vie incroyable dans cette maison, entre les chats, Olive, moi et la famille d'Alain, nous étions bien six à vivre ensemble. Pendant tout ce temps, je n'ai jamais su si j'allais repartir le lendemain ou si j'allais rester en France. On travaillait sans arrêt dans son studio à La Celle Saint-Cloud et on maquettait tout le temps.* Novice *été entièrement conçu là-bas. À ceci près que de tout ce qui a été fait, il en est resté très peu à la fin. Parce que Alain n'a gardé des préparations que tout ce qui était le plus noir. Il voulait cet album à 180° du précédent, il me demandait de sortir les choses les plus ténébreuses de moi-même et je ne pouvais pas aller plus loin. J'ai senti à ce moment-là que nous arrivions au bout d'une route musicale commune. Je n'ai participé qu'à la première phase d'enregistrement. Ensuite, c'est Colin Newman qui a pris les commandes et qui a donné au disque toute sa cohérence.* »

Colin Newman sera l'homme providentiel. Un de plus. Dès le début de l'enregistrement, rien ne marche comme prévu. Vic une fois hors jeu, il n'y a plus guère que les deux derniers fidèles qui puissent permettre à Alain de progresser dans son entreprise. Olivier Guindon a sculpté la quasi-totalité des lignes de guitares de *Novice*, mais Alain voudrait aussi mettre à contribution des pointures internationales pour renforcer le crédit de cet album qu'il sait déjà hermétique. John, le manitou des studios ICP, a déjà sorti de son chapeau quelques grands noms de la guitare pour sortir Alain de l'ornière : Blixa Bargeld (du groupe industriel Einsturzende Neubauten et de Nick Cave and the Bad Seeds) a imprégné ces partitions de ses arpèges au hachoir, Phil Manzanera, de Roxy Music, a fait un crochet par Bruxelles pour apporter un peu de douceur, Jean-Marie Aerts, le lieutenant d'Arno, est venu en voisin à la rescousse, même Dave Ball (du légendaire groupe new wave Soft Cell) a tenté d'apporter des solutions aux claviers. Colin Newman est son dernier joker. Il vit en Belgique à mi-temps. Il vient de réactiver son groupe mythique, Wire, dans une formule très électro-agressive, et il détient les clés de l'univers stratosphérique que tente de faire entrer Bashung dans sa musique. En une semaine, il inoculera le poison cosmique tant attendu. Musicalement, *Novice* est parfaitement sur orbite.

Boris Bergman a passé des heures et des heures dans ce même studio. Parfois, c'est devant la table de la cuisine qu'ils ont longuement discuté des textes de cet album ténébreux qu'Alain a en ligne de mire. *Novice* doit être un soleil noir, un grimoire de poésie sombre. Son disque le plus ambitieux. Couleur anthracite. La musique doit s'y consumer d'un incendie intérieur et se solidifier avec la pureté des concrétions magmatiques. Pure vision artistique. Boris Bergman : « *On avait fait pas mal d'émules pop, et Alain, qui a toujours anticipé les nouvelles orientations musicales à saisir avec deux ou trois temps d'avance, voulait s'éloigner de ce fonctionnement que d'autres groupes commençaient à approcher, il voulait se démarquer du côté chanson, ne pas faire des chansons susceptibles de passer en FM. Cette fois-ci, il m'avait demandé de relire de la poésie, de réécouter Ferré.* »

Au contact des vibrations telluriques qui animent Bashung, l'écriture de Boris s'est modifiée. Son aptitude à capter l'humeur de la personne qui se présente devant lui l'a très vite orienté vers cette mélancolie et ce ciel ombrageux auquel aspire Alain en guise de théâtre. Les paragraphes fusent comme autant de pensées fugaces, de vagues à l'âme et finissent par composer un roman de regrets. Ensemble, ils n'ont jamais paru aussi siamois depuis « Vertige de l'amour ».

Malgré tout, Boris se méfie de l'eau qui dort. Le Bashung qui le regarde à Los Angeles, où ils parachèvent les dernières scansions de « Pyromanes » et « Résidences », ne lui inspire pas confiance. « *J'ai vu revenir ce qui nous avait séparés quelques années auparavant. J'ai donc travaillé de mon côté, et lui du sien. J'ai très vite compris qu'on faisait là notre dernier album ensemble. Ça a été très dur, assez peu stimulant, surtout quand je savais que quatre autres auteurs travaillaient sur les textes. C'est difficile d'accepter de ne plus être le seul à défricher une musique avec ses mots. On a un peu le blues de l'architecte soviétique. Sachant que c'était le dernier album, je rêvais de faire avec Alain ce que Neil Diamond avait fait avec son parolier : une superbe chanson, qui puisse marquer la fin de manière élégante. Ça a été "Alcaline", une chanson de fin, ma dernière lettre, avec cette mélodie de chant qu'aurait pu chanter un petit violoniste yiddish dans un mariage. Ça m'a fait du bien d'entendre cette chanson sur l'album, c'était mon petit mot sur le frigo.* »

Si tu veux j'peux t'aider
Ça m'a l'air un peu lourd à porter
Sûr, t'as rien oublié ?
Les bateaux que tu me démontais

En vertu des rasoirs
Tu viens couper court à notre histoire
À tiroirs
Dehors l'incandescence
N'approuve que les larmes d'un sampler
J'veux tout réécouter
Vaguement brisé
Sur une plage alcaline

Où veux-tu qu'j'te dépose ?
Tu m'as encore rien dit
T'aimes plus les mots roses
Que je t'écris.

J'aimais ta géométrie
Exacerbée d'une pensée profonde
À tourner l'dos au soleil
On n'est pas pour ça plus fort en nombre

Décor décortiqué
Reconstitué
Sur une plage alcaline
Où veux-tu qu'j'te dépose ?
Tu m'as encore rien dit
T'aimes plus les mots roses
Que je t'écris.
[...]

L'été 1988 sonne le glas de leur collaboration. Bashung a bien quelques noms d'auteurs dans son calepin pour boucler les trois dernières chansons de ce disque capital pour lui. Mais ni Pierre Grillet, dont il essaye désespérément d'adapter le « Madame rêve » à ses climats foutraques ni les autres ne semblent pouvoir répondre à sa demande dans le temps imparti. Son disque est au point mort. Le chantier a été suspendu à la faveur de l'été. Il va mettre à profit cet entracte pour activer ses réseaux. Au pire, il demandera un délai – ou bien finira sur deux instrumentaux bien sentis qu'il a déjà en magasin.

Alain n'a pas vu Jean Fauque depuis le concert du Grand Rex. Jean a pris du recul depuis qu'il y a deux ans, il s'est lancé avec son ami Jacques Roseau dans une saga sur les Français d'Algérie. Un récit épique en deux volumes qu'il vient de terminer. Cet été est l'occasion des retrouvailles. Alain a une idée derrière la tête : il aimerait bien rendre une visite en famille à sa marraine à Saint-Julien, mais sans voiture, comment faire… Jean, il a déjà eu l'occasion de le prouver, est fidèle en amitié.

À l'arrière de la Polo, Arthur et Chantal discutent quand Alain lâche sa demande : « *Tu sais, ça fait longtemps qu'on a rien essayé, mais si tu as des textes, je suis preneur !* »

Jean a compris. Rendez-vous est pris pour la semaine suivante. Il n'y a rien de vraiment structuré dans la prose de Jean. C'est une écriture très libre, un agrégat d'histoires courtes, des mini-essais poétiques. Mais Alain est sous le charme. La concordance qu'ils cherchaient depuis plus de dix ans vient enfin de cogner à la porte. L'album d'Alain va pouvoir être mené à son terme sans accoucher d'un rogaton prématuré.

En quelques coups de ciseaux, trois scripts vont surgir du manuscrit : « Étrange été », « Bombez ! » et « Elle m'a jeté » – trois variations autour du thème de la rupture et des gueules de bois amoureuses. Parfait pour le lit de roses fanées qu'est déjà *Novice*.

Par considération pour l'ami et par reconnaissance pour le « sauveur », Bashung ne cosignera pas ces textes, même si son degré d'intervention est considérable. Le flot ininterrompu de louanges dans les journaux spécialisés met du baume au cœur lorsqu'on est passé si près de la catastrophe. Bashung cache mal sa satisfaction de sentir son premier public, les journalistes, porter aux nues ce disque si douloureux à enfanter. Sa posture radicale n'effraie pas, et il se murmure déjà que plusieurs chansons ont suscité le plus vif des intérêts dans sa maison de disques. Bashung aurait-il enfin découvert le secret du juste équilibre entre le marketing et l'art ? Il a des raisons d'y croire… en secret.

Mais Bashung a beau jouir d'une cote d'amour maximale du côté de la presse spécialisée, son rock glacial effraie un peu Monsieur Tout-le-monde. Les ventes ne décollent pas. L'homme se montre trop peu, en dépit d'une apparition très remarquée dans *La Marche du siècle*, l'émission de Jean-Marie Cavada consacrée aux « Mecs plus ultra », où il a accepté de témoigner sur ses incertitudes quant à son statut de père.

Chez Barclay, l'opération séduction est déclenchée. En plusieurs phases : presse, radio, télé (pas moins de douze émissions en deux mois, dont la fameuse *Lunettes noires pour nuits blanches* de Thierry Ardisson). Fin octobre, Alain devrait promener *Novice* dans les salles de concerts. Le fiasco est interdit.

Au magazine tendance *Glamour*, Alain Waïs nourrit un projet de reportage un peu particulier : emmener certains artistes sur les lieux de leurs rêves d'enfants et revenir avec un récit féerique. On verrait bien Bashung à Memphis, pour lui faire enregistrer un classique du rock en guitare-voix dans les mythiques studios Sun, le creuset des pionniers (Johnny Cash, Elvis...). Le voyage est organisé sur-le-champ. « *Quand je suis arrivé aux studios, j'étais un peu intimidé – et surpris aussi. C'est un endroit tout petit, en coin de rue, qui ressemble à un bar belge. En arrivant, tu te demandes comment Roy Orbison, Jerry Lee Lewis, Carl Perkins ou Elvis ont pu enregistrer les plus grands disques de rock'n'roll là-dedans. Ce sentiment s'estompe assez vite quand tu t'aperçois que n'importe qui peut enregistrer sa petite chanson et repartir avec sa cassette comme une carte postale. J'ai fait trois prises et je suis rentré avec ma reprise de "That's all right Mama", comme un touriste qui revient avec son petit enregistrement. C'est un peu Lourdes, cette ville.* »

Autre clou de la visite : Graceland, la maison d'Elvis. En plein été, la grande baraque est une pompe à fric. Le billet d'entrée acheté, il faut suivre la file des touristes puis participer au concert d'émerveillements. « *Je m'attendais à un château, mais avec le temps, c'est devenu une maison de taille modeste. Je me suis surtout aperçu qu'Elvis avait mauvais goût finalement. Il avait les lubies des stars, il pouvait se payer ce qu'il voulait mais son intérieur n'était pas aussi fabuleusement organisé que la légende l'a toujours laissé croire. On ressort de là mitigé, avec de la considération pour l'œuvre accomplie par le bonhomme mais le sentiment d'avoir visité l'intimité d'un type ordinaire* », dit Alain. Sa version de « That's all right Mama » est belle à pleurer. Seule avec sa guitare, sa voix remonte tout droit des fifties. Fermez les yeux... Bashung n'est pas de cette fin de siècle : il vient vraiment de là.

Le retour des États-Unis est chaotique. Il aurait bien voulu rentrer par un vol direct, mais il a profité du périple pour tourner le clip de « Bombez ! » dans les néons de Las Vegas. Or, il va manquer la correspondance de New York et faire prendre une journée de retard à tout le monde. Peu importe, ce clip n'obéissant pas à la sacro-sainte loi des tournages minutés au quart de poil, le shooting a bien lieu et le clip est monté en un éclair pour soutenir le single dans les programmes télé car si Bashung a une qualité, c'est bien celle de savoir mettre entre parenthèses ce qui vient de lui arriver pour aller à l'essentiel.

L'accueil réservé à « Bombez ! » est plutôt tiède sur les radios. L'extrait suivant, « Étrange été », reçoit à peine un meilleur traitement. Les nuages noirs envahissent son esprit. Le « Novice Tour » s'annonce flambant de colère.

Pour donner le ton de la tournée, « Pyromanes » est lancé comme nouveau quarante-cinq tours.

Sur la pochette, il pose en communiant. C'est bien lui sur la photo, à quatorze ans. À l'étonnement général, Bashung accepte de lever le voile sur une partie de cette enfance dont il ne parle jamais en public : « Pyromanes » serait, en effet, directement inspiré d'un souvenir de granges brûlant dans son village d'Alsace, un hommage au feu volontaire. Tout un symbole.

10

Mystery Train

Il ne reste de la tournée *Novice* qu'un tas de cendres éparpillées aux quatre coins des scènes de France. Comme s'il avait senti la renaissance proche, le phénix s'est auto-immolé. Il a consumé jusqu'à la dernière braise son enveloppe de rage électronique, cramé les derniers vestiges d'une panoplie musicale à bout de souffle. À Bruxelles, son échine a plié. Foudroyée en pleine attaque kamikaze. Ses vertèbres en ont pincé pour son disque. Vraie blessure. Bistouri-scalpel. La quarantaine a ses lois.

Vic s'est envolé pour son Manchester natal, Olivier Guindon s'est volatilisé... *Bacon and eggs* pour l'un, soupe à la grimace pour l'autre. Dans la maison de La Celle-Saint-Cloud, les chats ont repris le pouvoir ; Arthur ne fait plus d'allergies, Chantal peut enfin savourer les joies de sa maison, en famille. Une redécouverte. Au sous-sol, après deux années de barnum ininterrompu, même les instruments du studio sont au repos. Plus pour très longtemps, il est vrai. Car il est à peine rentré de sa tournée, qu'Alain ressent des picotements dans la gorge et dans la guitare. Dans un mois, le printemps. Demain, il va passer un coup de fil à Jean pour savoir s'il a avancé sur le texte de cette chanson que Daniel Duval lui a demandée pour son film *Les lendemains qui tuent*. Le timing est serré, il faudrait livrer pour mai ou juin. Titre provisoire : « Un peu de bruine ». C'est une chrysalide hybride, un folk glaciaire, un peu déviant, encore imbibé des essences toxiques de *Novice*. Deux mois plus tard, il va se métamorphoser en une libellule jazzy, emporté par le battement souple d'une rythmique feutrée en ternaire. C'est doux, ouaté, ample et intimiste à la fois, avec des impulsions de groove balayé et deux sublimes respirations de pistons glissées par le trompettiste Stéphane Belmondo. Sidérant pour un titre enregistré en vingt-quatre heures dans une petite cave de Pigalle.

Quand *Les lendemains qui tuent* sont diffusés sur TF1 à la mi-décembre 1990, Alain et Jean font les trois-huit dans la cave. Ils consomment leurs retrouvailles avec un appétit décuplé par trois ans d'éloignement. Maquetter, tester, avancer, écrire, trouver, encore chercher. Débusquer la bonne alchimie, défricher. Jusqu'à l'obsession. Comme à leurs débuts, Jean Fauque n'est pas un simple pourvoyeur de mots. Il sait aussi lancer des hypothèses musicales, rythmiques, des petites boucles synthétiques susceptibles d'ébaucher un croquis de chanson. C'est un fêlé de technologie et de bécanes à musique, qui traque en permanence les nouveaux gadgets technologiques et les innovations en matière de logiciels. Or, la musique est en train de changer avec l'automation numérique et l'informatisation. Et Janot a pris le train en marche. En se familiarisant, dès leur lancement sur le marché, avec ces diaboliques ordinateurs Atari et le procédé Cubase, il offre à Bashung une quasi-autonomie pour réaliser ses maquettes. Alain n'a plus qu'à chanter et à créer les mélodies sur sa guitare ; derrière, Jean s'occupe de dresser les puces. Pour plus d'efficacité, il dort même sur place, à La Celle-Saint-Cloud : si la musique prend corps en sous-sol, les paroles se triturent à la cuisine. En six mois de ce régime, le cheptel musical bashunguien va grossir de neuf spécimens, tous archivés sous des noms de code : « Zoé », « Gribiche », « Joe White », « Frères Jacques », « La Foule », « Calcutta », « Volutes, » « La peur des mots ». De quoi arriver bien équipé au rendez-vous prévu chez Barclay, où il s'agit maintenant d'évoquer l'hypothèse d'un prochain disque.

Alain le sait, il n'est pas réellement en position de force dans le rapport qu'il entretient avec sa maison mère. S'il a été l'occasion d'un raz-de-marée critique dans la presse spécialisée, *Novice* est un vrai échec commercial. Même la timide percée du single *Étrange été* n'a pas suffi à rattraper le coup et l'album n'a pas atteint plus de 50 000 exemplaires (malgré la réédition dans le nouveau format Compact-Disque).

Depuis le gros coup de fatigue de Philippe Constantin, la boutique Barclay est désormais sans véritable capitaine, son remplaçant Pascal Nègre est un inconnu. Jean Fauque : « Quand il a appris la nouvelle, Alain était catastrophé. Il m'a dit : C'est mal barré Janot, ils ont nommé un mec qui vient de la promo club-dance, il ne va rien comprendre. » Le nouveau Bashung est envisagé pour une sortie publique à la fin 1991. Éric Clermontet (directeur artistique mais aussi réalisateur et vrai musicien) a eu une idée qui lui paraît parfaitement coller au personnage Bashung : il veut voir dans cet album le premier vrai disque américain d'Alain, son baptême du feu, comme une suite en grand format de sa petite virée touristique à Memphis d'il y a deux étés. Alain valide la proposition sur-le-champ. « *J'avais envie de jouer avec des mecs. Sur* Novice, *j'avais beaucoup trop trafiqué, mélangé les pistes des uns avec celles des autres pour parvenir à ce que je voulais. Les machines et les écrans me sortaient par les yeux. Faire un disque dans des conditions normales, c'est-à-dire, avec des musiciens qui sont physiquement là, à côté de toi, dont tu peux ressentir presque la vibration sous tes pieds quand ils jouent. Ça ne m'était plus arrivé depuis* Play blessures *peut-être.* »

Au bout de trois semaines de prospection aux États-Unis, c'est le studio Ardent qui est choisi comme point de chute. L'enregistrement est fixé à début juillet. Autrement dit après-demain, au regard de tous les travaux de préparation. Une paire de semaines au Trianon à Alfortville, avec un staff de musiciens francais, permet de dégrossir fissa toutes les compositions accumulées sur maquettes puis d'installer les grands principes et le ton général du futur disque. Ce sera blues, very blues. Très proche de l'os. Alain aimerait que chaque auditeur puisse avoir l'impression qu'on joue juste pour lui. L'heure du grand saut approche.

Bashung garde sa placidité légendaire, mais derrière le masque, le cerveau est déjà en ébullition. Un vieux rêve enfoui par des années à ramer à contre-courant est entrain de prendre forme. Comme si la petite chanson gravée en dix minutes à Memphis avait reconfiguré son existence. Il y aurait donc quelque chose de vrai dans la légende de Robert Johnson. Les noms des musiciens qu'il aimerait voir jouer avec lui tournoient comme des météorites dans sa tête : il voudrait Ry Cooder, le batteur Jim Keltner et l'accordéoniste mexicain Flaco Jimenez – pour pactiser avec le son tex-mex. Un Européen chez les *conjuntos* : il envisage déjà la belle bâtardise qui pourrait naître d'une telle expédition. Un doux rêve. Ce qu'il ne sait pas encore, c'est que le plateau concocté par Eric Clermontet lui offrira bien plus de souplesse et de disponibilité. Sur la liste de gens recrutés, un nom attire l'attention d'Alain : Bernie Leadon. De lui, il connaît les toutes premières passes d'armes, lorsque Leadon festoyait avec Gram Parsons et Chris Hillman dans les élucubrations bluegrass des Flying Burrito Brothers. Il avait même un peu suivi son parcours dans les

Eagles ou sur l'album Good Old Boys de Randy Newman. Il se frotte les mains. Le reste du groupe sera constitué d'un bloc, les Goners, le band avec lequel John Hiatt fait tous ses disques et concerts depuis deux ans... Imparable.

Aux Américains de le mettre en orbite. Dimanche 7 juillet 1991, Alain et Jean embarquent seuls à Roissy-Charles-de-Gaulle pour Memphis. Éric Clermontet les rejoindra à l'escale de New York. Un van des Ardent Studios les attend devant la sortie côté Winchester Road. Après neuf ou dix heures passées dans les pièces climatisées de l'avion et de l'aéroport, la moiteur subtropicale de Memphis assomme les corps fatigués par le voyage.

Les douze kilomètres qui mènent jusqu'à Madison Avenue sont avalés en un rien de temps. Les *Frenchies* logeront là, à l'hôtel le plus proche des Ardent Studios. Ils ont la fin de l'après-midi pour se délasser et faire connaissance avec l'équipe qui va œuvrer au service d'Alain pendant dix jours. Les plus grands sont passés ici. Et notamment les deux premiers : Big Star et Led Zeppelin. Le batteur de Big Star, Jody Stephens, a même élu domicile là, en devenant le comanager du lieu. Dans cet antre, les sessions de Bashung auront lieu au studio C, là où tout est distillé dans la console V-001, une Rolls Royce entièrement conçue et fabriquée à la main par le fameux ingénieur Neve. Les amplis sont déjà installés, prêts à chauffer pour le lendemain, tout est parfaitement disposé, à portée de main. Dans cette immense pièce entièrement conçue en bois, sous quatre mètres de plafond, les musiciens joueront en condition *live*, tous ensemble, face à face, comme s'ils répétaient. Alain sera seul dans la cabine des voix, sur son tabouret, un micro placé devant lui. C'est un Neumann U47, le même que celui qu'avait utilisé Elvis quand il avait enregistré « Mystery Train » en 1959.

On a beau avoir côtoyé des très grands, il y a des types qui vous rapetissent de vingt centimètres avant même la première poignée de main. Bernie Leadon est de ceux-là. Pas seulement lorsqu'il s'approche de Bashung, mais aussi des autres musiciens. Sonny Landreth, David Ranson et Ron Blevins se rappellent encore l'effet qu'il avait produit sur eux lors de leur première rencontre autour de l'album *Slow turning* de John Hiatt. Ron Levy, l'organiste, a plus de bouteille, il s'est frotté à Albert King quand il avait vingt ans, alors...

S'ils ont tous accepté d'apporter leur part d'œuvre sur *Osez Joséphine*, ce n'est pas seulement pour l'argent. Certes, ils sont payés pour deux semaines de travail, mais ils ont pu se faire une idée précise du contenu de l'album avant de prendre leur décision. Et les chanteurs français, à Memphis, ça intrigue toujours. C'est pourquoi ils vont d'abord chercher à savoir ce que celui-ci a dans le ventre.

Le lundi 8 juillet est consacré aux reprises qu'Alain voudrait tester dans le décor quasi originel. Elles doivent servir d'étalonnage pour la suite et convaincre les plus dubitatifs que Bashung n'est pas un touriste. « *Je n'ai jamais aimé les longs discours explicatifs. Qui plus est lorsqu'il y a la barrière de la langue. On peut toujours bricoler, mais entre musiciens, la meilleure façon de se présenter, de faire connaissance et d'indiquer le sens de ce qu'on veut, c'est encore de jouer un morceau qui nous est commun. En une reprise de Dylan et une de Buddy Holly, nous nous étions tout dit ! J'ai essayé de faire avec eux deux morceaux en français. Nous avons arrêté au bout d'un couplet la reprise de Gainsbourg, "Un violon un jambon"... Je pensais que ça tournait comme une chanson de Johnny Cash et que ça ne leur poserait aucun problème. Mais le résultat était grotesque. J'ai observé le même résultat quand nous avons essayé "Les Amants d'un jour" d'Édith Piaf... Ils n'y sont jamais arrivés. C'est culturel. Ils n'ont jamais assimilé la progression du morceau, même au bout d'un après-midi entier. Une association de musiciens, aussi brillants soient-ils, quand ils ne partagent pas un patrimoine commun, peut très vite se transformer en catastrophe. J'imagine que si je leur avais fait jouer "Madame rêve", ils auraient carrément paniqué. Mais cela fonctionnait tellement bien sur ces standards qu'un instant, j'ai imaginé faire un double album avec un volet de reprises et un volet de chansons originales. Mais dans le laps de temps dont nous disposions, il était urgent de revenir à la raison et de limiter mes ambitions à un seul disque...* »

À raison d'un morceau par jour – deux heures de prises, deux heures de mix –, l'ouvrage prend vite forme. Le slide de Sonny Landreth, rompu à toutes les improvisations, affirme l'héritage de Chet Atkins ; Bernie Leadon survole les débats en acoustique avec une retenue admirable. Chaque chose est pesée, sentie, immédiatement dosée, comme si cela se faisait naturellement. Les musiciens ne comprennent rien aux textes de Bashung, mais ça n'a aucune importance, sa voix n'est qu'un des instruments du grand orchestre où tout opère dans l'harmonie. La musique américaine ne se recrée pas loin de son berceau. Elle est là, une et multiple, mélangée et indivisible, comme une évidence, une sève d'une pureté séculaire. Avec elle, Bashung peut croire à son universalité. Il n'a jamais été aussi classique, et pourtant jamais aussi novateur. Aucun disque en France ne ressemblera à celui-ci, c'est sûr.

De la taille des légumes servis dans les assiettes du restaurant jusqu'à celle des chambres des hôtels-haciendas, tout est surdimensionné, à Memphis. À Beale Street, quand la nuit tombe, les premières notes de musique font irruption dans la rue, où plus de cinquante salles de concerts se bousculent sur deux kilomètres de trottoirs. À minuit, impossible de savoir si le son vient du BB King Club ou du BBQ Blues Alley.

Tous les soirs, c'est carnaval. Jean a loué une grosse Chrysler Blanche pour une semaine (à 40 dollars par jour, au diable l'avarice), histoire de faire le tour de la ville et de tenter quelques balades en dehors. Il aimerait notamment aller à Graceland, visiter le gros pavillon du King transformé en musée quand sa présence n'est plus indispensable en séance studio.

Les chansons de *Joséphine* se sont empilées depuis le début de la semaine. Les reprises, bien sûr, mais aussi des tubes certifiés : « Volutes », « Happe », « J'écume » et son riff fameux d'ouverture. Il y a aussi les longues séquences de jeu autour des chansons les moins figées musicalement, comme « Feu », « La peur des mots » ou l'indécise « Kalabougie » – qui s'étale sur deux ou trois déclinaisons de six minutes chacune sans vraiment trouver sa forme définitive. Les Américains ont empêché Alain de fumer en studio. Bashung a obtempéré. Il grille ses cigarettes uniquement dans sa cabine de chant, jusqu'à disparaître parfois dans sa propre fumée lorsque les prises se prolongent derrière le micro. Les tapisseries s'en souviendront.

Samedi 13 juillet, Alain est prêt pour attaquer la pièce maîtresse du disque, la chanson « Osez Joséphine ». Dans la nuit, il a tout entendu dans sa tête. La fameuse rythmique de cheval n'en finit plus de galoper dans ses oreilles, obsédante. Il a vu Sonny Landreth faire hennir sa six-cordes, palpé la chaleur de son insensée qui règne aux Ardent Studios. « *C'est une fenêtre très furtive, qui peut se refermer très vite. Je me connais un peu, si je ne m'y engouffre pas tout de suite, je risque de perdre l'instinct et d'attendre des mois avant de retrouver ce genre d'ouverture.* » La chanson sera empaquetée dans l'après-midi. Le dimanche, jour de repos, c'est Chantal qui vient aux nouvelles. La standardiste de l'hôtel s'est trompée de chambre. Elle a transféré son appel dans celle de Jean. « T'inquiète pas, on te ramène un tube à la maison ! »

Quand ils quittent le Tennessee, le samedi 20 juillet au soir, Alain et Jean sont heureux.

Le frais émoulu directeur de Barclay n'a certes encore rien entendu. Il doit venir dans la semaine chez Alain, à La Celle-Saint-Cloud, pour écouter les bandes. Et aussi sûr du coup qu'il soit, Bashung est dans le rouge question stress. C'est plus fort que lui. L'angoisse lui interdit même d'assister à la séance d'écoute. « *Si Nègre n'aime pas, c'est mort !* » dit-il à Jean. Une demi-heure plus tard, il aura la garantie d'obtenir le budget nécessaire pour finir les quatre ou cinq chansons manquantes, mi-août, au studio ICP de Bruxelles.

Une seule chose hante l'esprit d'Alain : garder le son d'origine. Conserver coûte que coûte cette majesté et cette chaleur de l'enregistrement live façonné dans le berceau de Memphis. Malheureusement, c'est exactement l'inverse qui va se produire. Une erreur de manipulation toute bête dans l'azimutage des bandes aurait dévitalisé tout le son de sa matière et sabordé son relief. Une simple question technique, mais qui l'angoisse au plus haut point. Le coup est aisément récupérable, mais Alain est furieux. Pour la première fois depuis longtemps, le Bashung monomaniaque vient de réapparaître, touché dans l'intime et capable des exigences les plus définitives dès lors qu'une partie de lui-même est en jeu. Qui plus est, cet enregistrement-là, qu'il considère secrètement comme sa deuxième naissance artistique. Bashung le caractériel, l'homme des crashes violents, ressort de sa boîte et, sans chercher à faire la part des choses, se sépare de tout l'entourage musical qui l'avait si bien servi depuis Memphis.

S'il y tient plus qu'à la prunelle de ses yeux, le témoignage de Memphis ne représente qu'une bonne moitié de *Joséphine*. Déjà fin août, et Bashung n'a plus que trois semaines devant lui pour parachever son œuvre. Il rappelle Vic Emerson pour rediscuter de ce titre sur lequel ils avaient planché ensemble, trois ans plus tôt, avant de le ranger au placard : « Madame rêve ». Il pense avoir trouvé la forme idéale (une structure d'harmonies proche de ce morceau du groupe anglais Dead Can Dance : « *In the wake of adversity* » qui lui trotte dans la tête) et voudrait que Vic se penche sur la question, pour prolonger les travaux préparatoires de Eric Clermontet avant son éviction. Mais Vic est reparti en Angleterre, il faudra composer au téléphone : « Alain avait les deux lignes harmoniques pour ce morceau et il souhaitait que je prenne en charge l'arrangement des cordes. Il me chantait le texte au téléphone et moi, de l'autre côté du combiné, je reportais sur l'ancienne comme un dialoguiste de film, sur un papier, les temps chantés et les espaces vides qui déterminaient l'intensité de l'orchestre et l'encombrement musical. C'est comme ça que "Madame rêve" est né, au téléphone ! »

L'Orchestre national de Belgique se charge de l'exécution. Chez ICP, on a bien compris le problème d'Alain : il doit trouver sur place des Américains qui puissent prendre le relais des francs-tireurs de Memphis et assurer la cohérence artistique avec les pépites du Tennessee. Pour « Kalabougie », ce sont en définitive deux Belges (René van Derneveld et Roland van Campenhout), accompagnés du guitariste Jimmy King, qui vont débloquer la situation. Réenregistrée dans sa totalité, elle va laisser de côté ses accents sudistes et camper des ambiances plus européennes. Parce que ce premier coup est réussi, les deux Flamands vont aussi poser quelques guitares additionnelles sur « J'écume » et « Les grands voyageurs », par souci d'harmonie sonore. Alain croit la tâche bien terminée quand Kevin Mulligan virevolte sur sa pedal steel pour mettre un point final à l'ultime morceau de l'album, le « Blue eyes crying in the rain ».

Jeudi 12 septembre. Mixé, emballé, peaufiné jusque dans ses moindres détails, *Osez Joséphine* est prêt. Un jour avant la deadline prévue. Mais Bashung éprouve un étrange sentiment de culpabilité. Finir comme ça, en se relâchant la veille du jour J, ce n'est pas dans ses habitudes. Et si l'on pouvait, en mettant à profit le temps qui reste, coucher une petite reprise de plus ? Quelques heures ! À 17 heures, Alain fait part de son tourment à John, le boss d'ICP. Une demi-heure plus tard, il revient avec la bonne nouvelle : Kevin Mulligan est encore disponible et il y a un bassiste, Nicolas Friszman, qui peut aussi se libérer après le dîner. Banco. Une cover, oui, mais laquelle ? Il faut une chanson simple, que l'on pourra brosser en acoustique, avec trois fois rien, pourvu qu'on lui ait infusé une force brute. Ce sera « Nights in white satin ». Et le 13 septembre, *Osez Joséphine* sera livré avec cette chanson des Moody Blues en appendice, bleutée et décalée au possible. Elle deviendra une reprise phare du répertoire français.

Jean-Baptiste Mondino a manqué trois albums de Bashung : *Le Live Tour*, *Rio Grande*, *Novice*. Pas question de rater celui-ci. Il a, cette fois-ci, imaginé un concept autrement plus original que le sempiternel cliché du portrait affiché plein pot en couverture. Il a inventé un scénario à plusieurs épisodes, une suite de prises de vue à lire comme un roman-photo. L'histoire d'Alain et d'une fille (Joséphine ?). Une pour la pochette, mais aussi une dans chaque clip : *Osez* et *Volutes*. Rarement un artiste aura été aussi bien servi. Les Victoires de la Musique 1992 récompenseront, en février, les deux mini-métrages par deux nominations (du jamais vu). La même soirée, Bashung repartira avec deux statuettes – meilleur vidéoclip et meilleur interprète masculin – à déposer sur sa cheminée. Joséphine est reine de France. Le pays n'est plus qu'un riff, un clip : une cavalcade d'alezan dans un cirque, ces pattes d'eph' d'un costume rouge à paillettes, une bête à deux dos dans un Cirque d'hiver.

> [...]
> Marcher sur l'eau
> Éviter les péages
> Jamais souffrir
> Juste faire hennir
> Les chevaux du plaisir
>
> Osez osez Joséphine
> Osez osez Joséphine
> Plus rien ne s'oppose à la nuit
> Rien ne justifie
>
> Usez vos souliers
> usez, l'usurier
> Soyez ma muse
> Et que ne durent que les moments doux
> Durent que les moments doux
> Et que ne doux
> [...]

Une génération entière tient son hymne. Les femmes vont avoir le leur en particulier avec le tube suivant : quand le pizzicato commence la ronde de « Madame rêve », les cœurs battent la chamade. Sans doute leur a-t-on rarement parlé comme ça, dans le creux de l'oreille, en leur disant ces secrets qu'elles pensaient être les seules à connaître. Après le plaisir, Bashung murmure les brûlures du désir. Images à l'appui, dans le clip, quand il s'enchevêtre avec Fanny Ardant dans une suite de scènes à classer parmi les plus torrides du septième art français. Fanny tombe à ses pieds, elle le regarde. La France chavire. Chantal n'y trouve rien à redire. Ce n'est que du cinéma, après tout. Ces ébats, ils les ont tournés deux ans auparavant, sous l'œil de la réalisatrice Paule Muret. Pour la première fois, dans *Rien que des mensonges*, Bashung jouait un vrai rôle, celui d'Adrien, aux antipodes de ses faibles performances d'acteur dans ses trois films des années 1980. À quarante-cinq ans, il attise l'œil des cinéastes, des femmes surtout. Cette grâce, cette fragilité, ce regard, cette bouche... comme un bonbon. Son personnage, sa composition naturelle du type discret, beau dans l'étau de l'entre-deux-âges, tellement juste dans sa carrure qu'il en finirait presque par incarner, à lui seul, toutes les questions qui étreignent l'homme moderne.

Aline Isserman a fondu sur lui. Elle connaît peu ses talents de comédien, mais la fragilité de l'homme l'a séduite. Le personnage central de son prochain film, *L'Ombre du doute*, appelle ce genre de caractère : un acteur capable de composer avec un sujet, mais qui saura aussi lui inoculer toute son épaisseur, sa patine, son décalage. Un acteur physique, une gueule, dont le jeu passe par tout le corps – depuis la parole jusqu'au frémissement de la peau du visage. Le rôle est de ceux qui peuvent briser une carrière, tant il est délicat : de leur propre chef ou sur recommandation de leurs agents, quantité d'acteurs se sont déjà désistés à la seule lecture du scénario. Seul Jacques Dutronc a donné son accord pour incarner ce père incestueux, empêtré dans sa dérive psychique et la spirale du mensonge.

« *Jacques préparait sa prochaine tournée, et sa maison de disques n'a pas voulu le libérer,* raconte Aline Isserman. *J'ai sollicité Alain, qui a accepté. Quand on s'est rencontrés pour la première fois, à la brasserie Louis-Philippe, je l'ai averti du risque qu'il prenait, et il m'a répondu cette phrase superbe : "Mais quel risque je prends si ce n'est celui de faire un bon film ?" J'ai rarement vu un acteur qui manifeste autant de présence, d'énergie, de courage, de patience dans un rôle ; qui montre autant d'engagement et d'écoute sur un tournage. Il portait le sujet comme quelqu'un qui s'est vraiment senti en danger dans sa vie d'adolescent... Il a préparé le film en amont avec les thérapeutes qui donnaient leurs conseils sur le scénario, il a assisté "incognito" à un procès de père abuseur en assises. Et malgré tout ce qu'il m'a dit de son adolescence, je me demande encore comment il a fait pour entrer totalement dans la peau de ce type. Il n'est jamais tombé dans la caricature, il a incarné rigoureusement ce criminel qui souffre, en permutant entre les deux facettes du personnage : un escroc psychique incapable de sortir de la problématique atroce dans laquelle il se trouve. Le film s'attaquait à un sujet encore tabou en France. Et alors qu'il était bien accueilli en Italie, en Angleterre ou aux États-Unis, il a reçu une avalanche de critiques dégueulasses de la part de la presse française. Alain en a beaucoup souffert.* »

Un bon mois lui sera nécessaire pour se reconstruire et se projeter de nouveau dans l'idée d'un album. Quand il lui demande s'il n'aurait pas de textes pour son prochain disque, Jean suffoque. Il pensait avoir un peu de répit. Alain a, en effet, trois chansons qui virevoltent alors sur les ondes à longueur de journée : « Osez Joséphine », « Madame rêve » et, depuis trois mois, une reprise des « Mots bleus ». Enregistré en acoustique pour un disque « caritatif », Urgence contre le Sida, le standard de son vieil ami Christophe est méconnaissable. Dans sa bouche, la version originale est devenue une chanson Bashung : bleue justement, nocturne et chancelante. Comme secouée par l'importance du sujet, au bord du précipice. Un véritable contrepoint à la limpidité vocale démontrée avec « Osez Joséphine ».

Pris au dépourvu, Jean propose une piste de départ à Alain. Leur méthode habituelle de travail consiste à aller chercher du côté des chutes de l'album précédent matière à nourrir une nouvelle inspiration. « Tue-moi je te couvrirai », un titre éliminé de la course aux chansons sur *Osez*, pourrait parfaitement être retrituré et s'ouvrir vers un nouveau texte : « Un âne plane ». Une nuit dans la cuisine de la maison de La Celle-Saint-Cloud est suffisante pour confirmer l'hypothèse. La machine est relancée. La complicité entre les deux frangins n'a jamais atteint une telle osmose. Les mots, les syllabes, les symboles... volent. Cette écriture si douloureuse, jusqu'alors enfantée sous césarienne au prix d'heures de couture et de microchirurgie, naît désormais d'une complicité ludique et dans l'euphorie. Rarement Bashung aura été aussi détendu, disponible, prêt à tout pour engendrer la figure libre de la dérive poétique. Son passage au cinéma l'a libéré et il entrevoit désormais les contours d'une écriture plus visuelle. Il rêve ainsi « À perte de vue des lacs gelés », et les premiers statuts de « Ma petite entreprise » sont déposés dans la foulée.

Les affaires d'Alain Bashung font l'objet d'une attention très particulière chez Barclay. Tant qu'il traînait ses savates en dessous de 50 000 copies vendues, Alain devait faire allégeance, mais avec les sommets atteints par *Osez Joséphine* (plus de 250 000 disques), on déroule le tapis rouge lorsque son arrivée est annoncée dans les bureaux. Il est sur le point de signer pour trois nouveaux albums et, avec l'avance qu'il vient de négocier, il va enfin pouvoir acquérir une maison.

Chantal, d'ailleurs, a parcouru la campagne des Yvelines et déniché l'endroit idéal, chemin de la Côte, à Crespières. Alain n'aime pas sa chambre, sous plafond, « Il est hors de question que je baisse la tête pour entrer dans mon intérieur... », dit-il à Chantal. Mais puisque toute la famille est ravie, allons-y.

Les cartons du déménagement ne sont pas tous déballés que Jean et Alain se sont remis à l'écriture. Chaque strophe est aussitôt mise en musique sur de grosses trames. Sobrement, comme d'habitude, en modelant la mélodie, une petite rythmique et quelques fils d'Ariane aux claviers. Alain ne veut pas s'embarquer dans des choses trop élaborées. Son nouveau disque, il le veut très spontané, enregistré comme le précédent en deux ou trois semaines avec un son très direct. *Osez Joséphine* tirait vers le blues, alors celui-ci devra être un peu bleu, bleu polaire, « *un disque un peu canadien, qui sonnerait comme un mélange de country music et de new age* », dit-il. Conformément au modèle consacré par *Osez*, il a dressé une petite liste des créateurs qu'il aimerait réunir pour sculpter sa matière sonore.

Mitchell Froom (le mari de Suzanne Vega) est inscrit tout en haut de la liste, pour son expertise de producteur et sa maîtrise du genre. En deuxième position, Vini Reilly (le mastermind du légendaire Durutti Column), pour son esthétique de l'apesanteur véritable, puis le guitariste de Chris Isaak, Jimmy Wisley. Plus surprenant, Bashung a imaginé une touche de jazz dans son dispositif, à travers le contrebassiste de jazz Charlie Haden et le trompettiste Stéphane Belmondo, avec qui il referait bien un bout de chemin. « *Le jazz en lui-même m'emmerde. C'est bien trop démonstratif et souvent trop bavard, mais lorsqu'il est joué par des coloristes, j'en deviens fan. Je venais de découvrir un disque complètement ignoré à sa sortie, la bande originale du film* Hot Spot, *de Dennis Hopper, dont Miles Davis, John Lee Hooker, Taj Mahal avaient composé la musique. Ils ne jouaient pas plus de deux ou trois notes chacun, mais elles emplissaient l'espace.*

C'était une musique désertique et intensément pleine. Absolument magnifique. Ça m'a donné quelques idées. »

Sa liste de Noël est préparée, aux gens de chez Barclay de lui ramener les pierres précieuses. Lui a autre chose à faire. Quoi ? Un nouveau film.

Alain et le cinéma : la relation tourne à la Love Story. Dans *Ma sœur chinoise* d'Alain Mazars, il est Robert Chantegris (amusant, non ?), un type revenu de Chine un an après la mort de Mao, et qui fait la connaissance de la mystérieuse Lune d'Automne, une acrobate. Peu de temps avant de mourir, il va découvrir que Lune d'Automne est en réalité sa fille. Toujours ce bon vieux fantôme de la paternité inconnue, de l'enfant perdu, des remords, ce fantasme des retrouvailles tardives. Occasion pour Bashung de remâcher son propre traumatisme, de sonder l'infinité de ses interrogations de père et de fils. Il y a des plaies qui ne se referment pas. La Chine en plein été, c'est une vraie cure d'austérité pour le corps, un défi à la chaleur et à l'humidité. Il en a pour plus d'un mois et demi. « *Il fallait que je coure avec des chaussures plates. À la fin, je ne pouvais plus bouger. J'avais l'impression d'être en exil. Tout finissait par me manquer. Je rêvais même d'un sandwich jambon-beurre ! Mon souvenir le plus marquant de ce voyage reste les statues des bouddhas. Pour la première fois, j'ai remarqué que les Orientaux représentaient leur divinité par une statue rieuse. Les bouddhas ont le sourire, ils portent la notion de bonheur alors que, chez nous, Jésus fait plutôt la gueule sur la croix.* »

À Paris, pendant ce temps, Jean noircit des pages de prose. Il sait le Bashung affamé de musique qui va s'en revenir d'Orient, et il connaît sa puissance d'entraînement dans ces moments-là. Il faut être prêt. Pendant le tournage, l'un comme l'autre n'ont pas résisté à la tentation de se donner des nouvelles. Du coup, deux jours à peine après le retour d'Alain, ils vont pouvoir mettre tout à plat et se lancer dans deux mois de mise en forme de toutes les chansons possibles pour le nouveau disque, à Crespières. Loin de tout.

La maison est propice au labeur. Il n'est pas une âme susceptible de venir les déranger ici. À quarante kilomètres de Paris, il faut vraiment avoir une raison majeure pour venir rendre visite à Alain. À La Celle-Saint-Cloud, il n'en était qu'à vingt petites bornes, niché dans une petite ville résidentielle truffée de musiciens installés, trop près des potes d'antan (Georget, Montagné...). Mais là, il n'y a vraiment rien pour tromper l'isolement. Sans compter que, depuis son arrivée dans le village, les habitants le regardent d'un mauvais œil. Ici, l'artiste consacré, le canon du chanteur proche du peuple, c'est Georges Brassens, celui qui s'était installé au moulin du bourg pendant treize longues années, de 1958 à 1971. Bashung à Crespières, c'est un champignon sur un arbre : « *Au village sans prétention, j'ai mauvaise réputation* », chantait Brassens lui-même.

L'imminence de l'enregistrement chez ICP est une délivrance. À la mi-octobre 1993, les radiateurs ont été ouverts au maximum pour accueillir ce pensionnaire qu'on connaît ici sur le bout des doigts. Le confort personnel, surtout après autant d'années de métier, c'est important ; et la qualité de l'accueil fait la réputation de l'établissement bruxellois. Mais côté musiciens, il faut bien dire que c'est la bérézina. Pendant cinq mois, son directeur artistique, Marc Thonon, s'est démené comme un beau diable pour assurer un casting de rêve, mais aucun des musiciens sollicités n'a répondu positivement, à l'exception de Sonny Landreth et du guitariste de Chris Isaak. Charlie Haden n'était pas libre, Mitchell Froom non plus, Vini Reilly, malade, s'est décommandé. Alain va devoir composer avec une équipe B, constituée de bric et de broc.

Le petit mec qui vient de pousser péniblement la porte d'ICP s'appelle Jimmy Wilsey. Il est en retard. Il y a encore deux heures, il était dans l'avion en provenance de Los Angeles. Il sue comme un fou sous son bandana, traînant avec lui quelques guitares sous étui. Pour un Californien, il a l'air bien pâle. Il a ressenti les premiers maux de tête dans l'avion. « Sans doute un virus alimentaire », dit-il pour tenter de rassurer. Il branche ses guitares, s'étonne de la belle qualité de l'ampli qu'on lui a dégotté, et s'apprête à jouer. La règle du jeu est claire : Alain fera une chanson guitare-voix sur une rythmique de métronome, il leur donnera peut-être à entendre les pré-productions d'arrangements fixés par André Georget (avec qui il a réenclenché une belle amitié musicale depuis 1990), puis le groupe réuni commencera ses séances de recherches sonores.

Mais le procédé, si productif pour *Joséphine*, peine à produire les mêmes résultats. Les musiciens ne se connaissent pas, et ils n'ont pas eu vraiment le temps de préparer leur affaire puisqu'ils ont été appelés en catastrophe. Très mal fichu, Wilsey est parti se coucher avant le début du repas de fin de journée. La sauce ne prend pas, il va falloir revenir à la bonne vieille recette de l'enregistrement par strates : un dédale. Une banqueroute annoncée, aussi, puisque chaque musicien présent s'est facturé 1 500 dollars la journée sur une base de dix jours, et que les hostilités menacent maintenant de durer au moins trois semaines. Fini de rêver à l'album idéal. Alain Bashung : « *Le lendemain, ne voyant toujours pas Wilsey arriver alors qu'on l'attendait depuis une demi-heure, le patron du studio est monté dans sa chambre. Le gars avait recouvert entièrement le parquet de kleenex et tenait des propos vraiment incohérents : il voulait tuer sa femme,*

Chris Isaak... Il est parti à l'hôpital, et on l'a plus jamais revu. »

Pendant quinze jours, ce mauvais orchestre de studio va tâtonner sans jamais trouver le début d'une solution. Alain accumule des heures et des heures de musique sans queue ni tête, que l'ingénieur du son Phil Délire consigne tout de même soigneusement piste par piste pour ne rien perdre... Au cas où. Seuls les rythmiques et les claviers prennent un bon tour. Les programmations de percussions, de batterie électronique et les climats électroniques filent un beau coton atmosphérique. La tentative ragga sur « Ma petite entreprise », elle aussi, a réussi son examen de passage, et la trompette de Stéphane Belmondo illumine la portée. Mais la seule vraie satisfaction d'Alain, ce sont les guitares additionnelles, celle du vieux loup du rock Link Wray, le sioux qui inventa le grunge avant le grunge ; et celles accomplies par correspondance par le guitariste cubiste Marc Ribot et Sonny Landreth, restés aux États-Unis : « *Leur présence me réconfortait un peu dans ce marasme. Je savais à quoi m'attendre avec Landreth, mais avec Marc Ribot, j'ai trouvé une démarche plus européenne, un guitariste qui prolongeait ma voix. J'ai appris à déchiffrer sa palette d'émotions et de couleurs. Il connaît la musique européenne, il s'approprie les styles et il les casse pour les reconstruire dans son jeu. On le sent dans ses interventions sur les disques de Tom Waits, ou même dans ses disques plus personnels. C'est un type instinctif qui a l'habitude de faire vite, de tout donner en trois prises. Il trouve presque immédiatement l'idée, le son, il tente des choses, n'hésite pas à proposer des trucs qui viennent de ses propres recherches musicales. Il a de l'humour, du feeling, un sens de l'acrobatie.* »

Des guitaristes de substitution (Ally McErlaine de Texas, Howard King Jr de Dr Phibes) sont convoqués au pied levé pour tenter de débloquer ce casse-tête chinois, sans plus de réussite que les autres. Et le matériel stocké atteint alors un tel poids qu'il faut adjoindre des capacités de mémoire supplémentaires pour le conserver dans son intégralité : c'est ainsi que tous les trois soirs, un technicien vient vider les disques durs et exporter les pistes enregistrées dans de gigantesques armoires informatiques à l'extérieur du studio. Désœuvré, déprimé, Alain tue le temps en chantant et en peaufinant les textes avec Jean. Dans une telle ambiance, même ces travaux-là sont devenus pénibles. Un soir de révolte, ils refont le tour des pages inexploitées et tombent sur ces quelques vers : « J'passe pour une caravane/Pour un chien qui n'en démord pas… » Instant de grâce : seul à la guitare, Alain enroule une mélopée country qui file vers le grand Ouest. Vingt-quatre heures plus tard, avec le pedal steel Kevin Mulligan (déjà appelé en dernière minute sur *Osez Joséphine*) et le clavier Ad Cominotto, « J'passe pour une caravane » est attelée.

Début décembre 1993, toujours aucun rayon de soleil à l'horizon. L'épais brouillard artistique refuse toujours de se dissiper. Et le compteur tourne. Ce disque prend des allures de gouffre. Alain doit se rendre à la raison : le retard accumulé exige une issue rapide, sous peine de devoir tout jeter à la poubelle. Or, le guitariste Michael Brook, un temps pressenti, passe à quelques encablures de là, à Anvers, où il doit jouer au sein de la reformation du célèbre band avant-gardiste des années 1970, King Crimson. Il est l'unique porte de salut. Une fois son concert terminé, Brook disposera d'un seul jour, le samedi, pour tenter de sauver les meubles. Sur la route, quand on voyage en compagnie du leader charismatique de King Crimson, on ne se repose jamais. Chaque instant est mis à profit pour improviser, créer. Et Michael Brook est alors en pleine phase expérimentale. Il arrive à midi, ce samedi, dans la pièce où réside Bashung. Alain lui a laissé carte blanche. Douze heures plus tard, il a réalisé toutes les guitares de l'album. Mais le soulagement est de courte durée : encore faut-il parvenir à boucler le reste, et en un temps record, autour de cette ligne directrice et parvenir à livrer au début de l'année 1994. Un colossal travail attend l'équipe.

Le désarroi d'Alain va grandissant. Pour ne pas se laisser absorber par le sentiment de perdition qui l'accable, il laisse aux ingénieurs du son Phil Delire et Djoum le soin de séparer le bon grain de l'ivraie et sélectionner eux-mêmes les éléments musicaux emmagasinés pour échafauder la mixture finale. La douce chimère du disque country-new age reprend peu à peu vie. La guitare séraphique et vaporeuse de Michael Brook charrie suffisamment de rêverie pour ouvrir une voie sérieuse vers l'objectif de départ. Les ingénieurs sont seuls. Ils auront été les laborantins musicaux, les préparateurs d'alchimie, les uniques points d'appui d'Alain dans ce travail de décantation quasi scientifique. Et c'est seulement une fois les options instrumentales entérinées qu'Alain enregistrera son chant en trois prises. En finalisant un titre tous les deux soirs, avec une discipline militaire, le disque peut encore être terminé dans les temps.

Heureusement, il y a les disques des autres pour s'aérer la tête. Jean a glané des recueils de Peter Green et quelques vieilleries blues dans les boutiques spécialisées du coin ; Marc Thonon, le producteur exécutif de chez Barclay, a apporté une intégrale de Léo Ferré. Ça ne peut pas faire de mal. Alain et Jean écoutent religieusement. « *Jamais nous n'avions écouté de musique pendant que nous en faisions nous-mêmes. C'était la première fois. Nous n'avions même jamais écouté de musique française ensemble. Et là, Alain a eu un déclic : "Tu te rends compte qu'à l'époque où on nous servait Dalida à la radio, ce mec écrivait ça !" Il était fou de rage. C'est ainsi qu'est né le premier texte récitatif qu'Alain ait chanté : "J'ai longtemps contemplé", sur une impulsion donnée par Ferré.* » Comme une plage privée, une offrande de dernière minute, le titre sera glissé en toute fin d'album.

Le 20 décembre 1994, Marc Thonon ramène tout ce beau monde à Paris. La fatigue est plus forte que la frénésie d'en avoir terminé. Chaque aire d'autoroute est une occasion de faire halte. Naturellement, le nouveau Bashung s'intitule *Chatterton*, comme pour transmettre cette idée d'un collage géant entre mille et une pièces d'un puzzle inconnu.

De retour à Crespières, Alain a la sensation d'avoir effectué un voyage sur Mars. Le contraste est tellement brutal. Il a la cassette de son album dans son sac, et une nuée de doutes qui l'étreignent. Quelque chose cloche. La trêve des confiseurs lui offre un délai inespéré pour identifier la source du malaise et réparer peut-être ce qui peut encore l'être. C'est ainsi qu'il prend la décision de tout remixer dès le 4 janvier 1994, à ICP. La consternation est grande, tant dans les rangs de sa maison de disques qu'au studio, où Phil Delire et Djoum pensaient la parenthèse *Chatterton* à jamais refermée. Deux semaines plus tard, l'objet, enfin conforme à l'attente de l'artiste, peut enfin être mis dans les tympans de la direction de Barclay. Pascal Nègre veut un tube pour ouvrir l'œuvre. Les longues séquences ésotériques de « À perte de vue » le laissent dubitatif. Au fond de la salle, Alain et Jean se marrent. « Que n'ai-je » entame sa ronde à bâtons rompus, un effroi le saisit. Alain savoure. Revanche de l'artiste sur l'industriel, il a planqué le tube en troisième position : « Ma petite entreprise ». Le rire est nerveux mais franc quand s'annonce la chaloupe synthétique du morceau tant attendu.

Photographié et clipé par Mondino, Bashung reprend le pouvoir dans les programmes musicaux à la télévision et sur la bande FM. « Ma petite entreprise connaît pas la crise » se chantonne dans la rue, dans les bureaux et sous la douche. Bashung peut partir en tournée, son public a une nouvelle raison de chanter en chœur. Mais Alain n'a pas foulé les planches depuis quatre ans, et déjà, la dernière fois, il avait dû bricoler un groupe pour arriver au terme de sa tournée. L'époque où il pouvait surfer sur toutes les difficultés avec le KGDD est bien révolue. Il s'est d'ailleurs fait une raison : son groupe de tournée ne sera plus jamais un gang, mais un simple plateau d'excellentes gâchettes auxquelles il pourra confier son répertoire sans crainte, mais en sachant que ses concerts n'atteindront plus les altitudes d'autrefois.

Le casting qu'il retient pour cette nouvelle tournée est, au bon sens du terme, une furieuse bande de mercenaires. Il en connaît certains, comme Xavier « Tox » Géronimi, le guitariste de Daho, qui a déjà fait le pistolero sur le « Novice Tour ». L'électron libre de l'escadrille. Bashung a demandé aux autres de cultiver aussi leur espace, de s'exprimer pleinement, de ne pas hésiter à dégrafer le corset des chansons un peu trop rigidifiées dans leur forme originelle, même si le public les attend toujours fidèles à ce qu'il a entendu à la radio. En adhérant à cette discipline de la liberté, la tournée « Confessions publiques » deviendra au fil des semaines une sacrée machine de guerre. Commencée en octobre 1994 à l'Olympia, elle ne se clôturera que deux ans plus tard, en novembre 1995, au Bataclan. Ponctuée de nombreuses interruptions, elle sera passée en mars 1995 au Zénith, puis en avril au festival du Printemps de Bourges.

Bashung y a convié ses grands succès populaires, « Vertige de l'amour » et « Gaby », qu'il dessoude au punk-rock en les réduisant à moins de deux minutes trente pour leur redonner un coup de nerf. Les golden-hits récents bénéficient, quant à eux, d'un traitement plus conforme à leur conception initiale. Le tout sera immortalisé dans un double *live* audio et DVD, *Confessions publiques*, sous une des pochettes les plus fortes jamais imaginées pour un disque *live* : une paire de santiags usées sur le côté. Une image plus forte que celle de Bashung lui-même : « *J'ai un vieux fond nomade. Même si je tourne peu finalement, je crois que j'adore ça. C'est toujours un peu long pour enclencher la démarche, mais lorsque je suis sur la route, je prends du plaisir. Vers cinq heures de l'après-midi, j'ai toujours un petit coup de blues lorsque je découvre la salle où on est censés jouer le soir. Je me dis :* "Qu'est-ce que je fous là ?" *et puis, après le concert, je suis content de rentrer à l'hôtel et de savoir que le lendemain, je dormirai dans une autre ville.* »

11

Au pavillon des lauriers

Bashung est un hyperactif. Depuis son entrée sous les feux de la rampe, il y a quinze ans maintenant, il rebondit d'albums en tournées. L'inactivité lui est insupportable plus de quatre jours. Jean Fauque le sait : « *Son plus grand souhait, aussitôt qu'un disque est terminé, est de mobiliser ses troupes pour prendre la route le plus vite possible et d'obtenir de ses auteurs qu'ils commencent à penser au disque suivant.* » Comme s'il ne pouvait plus échapper à son horloge interne, son appétit de nouveauté – cette façon qu'il a de se remettre en permanence en question – est devenu de plus en plus pressant.

La frustration qu'il a emmagasinée sur *Chatterton* et les enseignements qu'il en a tirés dans son bilan intime ont réalimenté sa fantasmagorie. Il voudrait remettre sans cesse sa musique sur l'établi, la malaxer encore et encore pour avancer ne serait-ce qu'un petit peu plus vers le Graal, en sachant qu'il ne l'atteindra jamais. Tel est son mécanisme de défense.

La tournée consécutive à *Chatterton* a été pour lui un bain de jouvence. Le public retrouvé, la confiance en un band de scène sur lequel il avait les plus grands doutes, la qualité croissante des prestations lui ont remis en bouche la saveur de l'euphorie, la certitude d'approches du bonheur une fois le premier riff de guitare enclenché.

S'arrêter l'a plongé dans une profonde torpeur. Dans sa maison de Crespières, il n'a jamais réellement trouvé ses marques. Et si l'équilibre familial a gagné en stabilité, lui s'est habitué à parcourir d'un trait le chemin qui sépare sa chambre de son antre à musique. Peu à peu, il s'est réfugié dans le silence. Avec Chantal, ils ont tout fait pour tromper cette angoisse d'un lendemain sans musique : engager un paysagiste pour sculpter leur immense jardin, acheter un terrain voisin avec colline... Les amis du couple Bashung apprécient les soirées de Crespières, mais une fois la porte refermée, Alain se replie dans sa chambre et se jette sur les programmes télé qu'il dévore à longueur de nuit...

Il a trompé sa frousse pendant deux mois. En se joignant à de petites fêtes entre amis, en faisant le pitre chez Jean, à l'occasion de la remise de la médaille de commandeur à monsieur Fauque père. Jean vient d'avoir son premier enfant, Noé, le 26 juin. Alain lui a longuement parlé au téléphone de ce qu'il sait de la paternité. Deux semaines plus tard, Jean vient à la maison pour lui présenter Noé. Janot avec un bébé dans les bras... L'image est trop comique. Alain se lâche. Alors Jean lui colle son fils dans les bras. Séquence drôlerie. Sa souffrance disparaît quand Jean est là. Il sait que, pendant la tournée, son parolier a collaboré avec Jacques Dutronc pour l'album *Brèves rencontres*, et il lui fait part de son envie féroce de remettre le couvert.

La redescente de la tournée « Confessions publiques » est une des plus dures épreuves qu'il lui ait été donné de vivre. Il passe ses journées assis sur son lit, à bouquiner et à rêvasser. Ce soir-là, Chantal l'a senti au bord de l'implosion. La tension accumulée par des jours à ne rien faire semble avoir installé une petite mécanique dangereuse dans sa tête. Le spectre du black-out de la fin 1981 n'est pas très loin. Quand elle monte lui apporter son plat favori (des moules marinières), Alain bascule. La soupière vole, les hurlements déchirent ses oreilles, les jugulaires d'Alain menacent d'exploser. La décompensation fait son œuvre. La scène a des allures de déjà-vu. Lorsque Jean décroche le téléphone, il reconnaît immédiatement la voix de Chantal : « *Alain veut se tuer. Il veut me tuer. Il m'accuse de vouloir l'empoisonner, il pousse des cris de détresse...* » Jean sait ce qu'il lui reste à faire. Le chemin entre sa résidence dans l'Eure-et-Loir et Crespières est avalé en un rien de temps. Alain est prostré sur son lit. Jean s'est approché doucement. Il s'est assis. Deux heures de confidences à voix basse ramènent Alain à un peu de paix. Jean dormira sur place. La longue promenade dans le village, le lendemain, structure la suite des événements. Alain a de nouveau besoin de repos. Mais cette fois-ci, l'alcool n'est plus en cause. Le mal est plus profond. Le Pavillon des Lauriers à Meudon va l'accueillir le temps qu'il reprenne le contrôle de lui-même.

Lorsqu'il rentre à Crespières, une longue conversation avec Chantal se conclut logiquement par le besoin qu'il éprouve de s'éloigner de cette maison. La séparation est inexorable. Alain veut voir la ville, reprendre ses repères dans Paris, dans l'anonymat, du moins tant qu'il lui sera possible de se promener incognito. L'appartement de la rue Piat, sur les hauteurs de Belleville, paraît répondre à ses aspirations. Lorsqu'il y emménage, le constat est cruel. Le premier étage n'offre pas la vue espérée sur la capitale. Même depuis la belle terrasse côté cour, il faudrait monter sur une échelle pour espérer embrasser le paysage urbain en contrebas. Aucune importance, au fond : Alain a acquis une nouvelle liberté et le processus créatif peut rebattre son plein. Nous sommes au l'été 1996. Jean fait le tour du nouveau propriétaire. En arrivant, il a également compris qu'Alain avait posé ses valises dans une des rues les moins sûres de Paris. D'ailleurs, il a été tout de suite repéré par la faune alentour. Ce n'est pas ici qu'il va trouver la quiétude espérée et oser franchir le pas de sa porte pour une balade digestive.

Jean a bien avancé sur les textes. La paternité lui a soufflé une inspiration. Le tandem se remet à maquetter. Mais l'arrivée du petit Noé ne l'autorise plus à dormir sur place désormais. Et puis Alain tente de recommencer sa vie. Dans le dossier de notes où Jean a échafaudé les voies à explorer pour le nouvel album d'Alain, celui-ci a repéré deux longues séquences déstructurées qui jonglent avec plusieurs notions qu'il aimerait aborder assez vite. Il faut mettre tout ça en musique. Les textes sont intitulés « Cirque » et « Angora » :

[...]
Honni soit cet oiseau
qui me vole quand je m'éteins
pil t'a prise pour la Bastille
perchée sur tes talons d'Achille
réputée imprenable
du moins jusqu'à la République
il t'a su si sensible
aux piques acérées
t'a flatté l'élégance
ses javelots homériques
n'ont pas percé pourtant
les remparts de Persépolis
que déjà t'érigea
un certain Abel Gance
ce chrétien t'a fait son cirque
pas avare de bavardages
en brise-glace il s'est mué
jamais une avarie

lui qu'on dit fondu d'Antarctique
je le crois friand d'esclavage

voleur d'amphore
encore un effort
et tu vas la trouver
la métaphore
sois fort
va donc voir
sur les contreforts
va te faire voir
au versant du Vercors

fais-lui la cour
fais-lui l'amour
pas la mort
je te hais
je te couvre
je la ferme
ou je l'ouvre
des lustres qu'en illuminé
je cours après la toison d'or
les moutons m'endorment mais ça compte pas
en attendant je cours après les sponsors
quête sans fin, jusqu'à plus soif
on peut toujours jaser
j'irai sans jamais passer outre
[...]

Depuis qu'il a repris pied, Bashung compose à tout va. Le bon vieux principe de la longue variation autour d'un thème musical sur une famille de sons a été remis au goût du jour et l'échafaudage prend forme. « Angora » a ouvert une brèche considérable, un nouvel espace-temps dans lequel Alain entrevoit de sérieuses issues pour la suite des événements.

Mais c'est au niveau du texte qu'il a affiné la conception de sa musique. Tout est devenu clair dans sa tête. Après des années passées à tenter de faire coller les mots à sa diction, à faire rouler dans son palais des textes qui s'imbriquaient dans un relief musical, il veut à présent faire des paroles le point de départ de la composition. Les mots doivent désormais être posés en préalable, fabriquer une matière première ultra déterminée pour induire autour d'eux la mise en scène musicale. L'exploration d'une prose plus poétique initiée sur « Chatterton » a elle aussi apporté son lot de désirs nouveaux. Conjointement, Jean et lui entendent pousser à sa limite le format chanson, avancer dans la jungle de la langue française en sculptant des formes plus inspirées par le surréalisme. Au fond de lui-même, Alain veut un divorce complet avec la lisibilité de ses textes, il veut sonder la contradiction humaine en un minimum de mots, pouvoir générer en une seule phrase une petite scène qui encercle la complexité des sentiments. Idéalement, il souhaiterait même ne plus pouvoir comprendre ses propres chansons, être dépassé par son propos, mais donner par la voix, le son et la façon de dire les mots une sensation de ce que ses textes signifient… « *Je vais jusqu'à envisager que l'auditeur va interpréter autre chose que ce que je chante et va refaire sa propre chanson. Ca m'excite de ne pas vouloir dominer les sentiments. Bien sûr, je surveille tout jusqu'à la moindre virgule, mais je veux que quelque chose m'échappe. Si je ressens qu'il y a un sens caché derrière un texte, j'ai l'impression d'avoir atteint mon objectif : une chanson qu'on peut comprendre par l'imagination. J'aime suggérer, donner la liberté à quelqu'un de faire sienne la chanson plutôt que de lui asséner des sentiments. Je préfère ressentir que comprendre.* »

On le sollicite de toute part. Depuis la sortie du *live Confessions publiques* l'actualité l'a projeté à nouveau sur le devant de la scène et sa présence est requise par toutes les télés qui souhaitent redorer leur crédibilité. Une demande de sa maison de disques et de l'émission de France 2 *Taratata* le laisse pourtant bien perplexe : créer une version bashungisée d'un titre de Jacques Brel pour célébrer le vingtième anniversaire de sa mort. Bashung a du mal avec Brel. Dans les années 1960, le son de sa voix lui causait des migraines. Brel, c'est la chanson française traditionnelle, la vieille école... Cruel dilemme. « *J'avais fait une tentative déjà il y a quelques années pour une émission de télé. J'avais abandonné immédiatement. Reprendre Brel est un des exercices le plus difficile que je connaisse pour quelqu'un comme moi. J'ai accepté de reprendre une de ses chansons, à la seule condition que j'en trouve une porteuse d'un peu d'optimisme. Je n'avais aucune envie de me frotter à des trucs aussi terribles et noirs que "Les vieux" ou "Ne me quitte pas". "Le tango funèbre" était à mon sens sa chanson la plus gaie et, en l'écoutant, j'ai pensé à lui, sur son île. D'où les accents un peu hawaïens de la reprise. Je redoutais un peu la réaction de la famille Brel, qui surveillait de près cette histoire d'album-hommage, ils auraient pu me jeter ma version à la gueule comme ils l'ont fait pour plusieurs artistes. J'étais assez content de constater que la mienne leur avait plu.* » La chanson alimente un album thématique *Aux suivants*, un disque de famille où Arno, Noir Désir et Louise Attaque se plient aussi à la figure imposée.

Chez Barclay, l'annonce de sa reprise d'activité imminente a redonné le sourire. Tout a changé à la direction. Le bureau du décisionnaire est occupé par Olivier Caillart. Sa chef de projet s'appelle désormais Anne Lamy. C'est à elle que va revenir la lourde tâche de recruter les futurs aides de camp d'Alain. La machine est lancée. Mais Alain ne veut pas revivre l'expérience *Chatterton* et prendre le risque de ces désistements de dernière minute qui lui ont pourri la vie trois ans plus tôt. Il aspire à avoir des musiciens français autour de lui, pour l'essentiel. Il se sentirait également beaucoup plus à l'aise avec un réalisateur musical à ses côtés. Tout ira très vite. Dans l'écurie Barclay, deux musiciens réunissent toutes les qualités requises : Jean-Louis Piérot et Édith Fambuena, connus sous le nom des Valentins. Ils sont auteurs-compositeurs-interprètes et réalisateurs musicaux. Le disque, qui deviendra *Fantaisie militaire*, n'attendait qu'eux.

Jean-Louis Piérot : « *Quand je l'ai vu le premier soir, j'étais très intimidé – parce que très fan – et, à la suite du dîner (le 22 décembre 1996), nous avons décidé de faire quelque chose ensemble. On l'a invité chez nous, dans le Sud (à Aix) ; on a commencé à travailler, et c'est là qu'Édith lui a prêté une paire de baskets... Le lendemain, on s'est un peu inquiétés quand on a vu qu'il ne se levait pas. On ne le connaissait pas, on a décidé d'attendre 5 heures de l'après-midi pour voir ce qui se passait. Et puis, il est arrivé et on s'est mis au boulot. Au départ, nous ne devions travailler que sur les arrangements de ses chansons et il nous avait donné une cassette avec sa voix a cappella. Tous les textes et les mélodies étaient déjà finis avant même qu'ait été jouée la moindre note de musique. Donc, ce que nous avons ressenti, c'est que même lorsqu'il n'était pas là, nous avions sa voix pour nous rappeler que nous travaillions pour lui. Il imprime sa personnalité en trois mots et en quelques notes de voix il te projette dans son univers.* »

Bashung n'est pas un super-technicien à la Burt Bacharach ou à la Lee Hazlewood. Depuis de nombreuses années maintenant, il se contente de brosser ses chansons en acoustique, seul à la guitare, sur les textes de Jean, et il concentre tous ses efforts pour atteindre cette vision d'ensemble qui lui tient tant à cœur. Par peur de la solitude certainement, il a pris l'habitude d'embarquer avec des compagnons d'aventure ; en route, il leur résume le « scénario » de sa musique en décrivant des petites saynètes, fixées très précisément dans son esprit. « *Je leur raconte des histoires qui situent un peu les latitudes vers lesquelles je veux me diriger, ou bien je ne leur dis rien pour ne pas troubler leur spontanéité et je les laisse imaginer leurs propres créations sur mes chansons.* »

Bashung et les Valentins vivent une situation peu confortable au même moment. Ils sont dans le même mood – entre éclats de rire et pensées plus mélancoliques. Eux viennent de perdre un être cher et lui est en pleine séparation. Ce qui deviendra *Fantaisie militaire* est sans doute né de cette complicité spontanée, de ce désir de se réconforter mutuellement en avançant vers une musique du temps présent. Bashung aime les guitaristes et Édith le surprend par son inventivité. Son engagement durable auprès d'Étienne Daho avait rassuré Alain au départ. Dans le studio parisien Antenna où s'élaborent les futures chansons, plusieurs ateliers de travail ont pris place dans les pièces réservées aux instruments respectifs. La progression de l'un semble entraîner l'autre et dans ce mouvement de balancier, la tournure des chansons paraît prendre forme. Alain est aux aguets. Depuis quelques jours, ce qu'il entend en haut du studio s'accorde parfaitement avec ce qui se déroule dans la salle du bas. Il ne l'avait pas imaginé ainsi. Édith Fambuena : « *Il écoutait aux portes. Dans sa tête, il se produisait une sorte de réaction chimique. Quand il entendait ce à quoi il pensait et qu'il n'était pas parvenu à nous expliquer auparavant, il nous demandait de réaliser l'association des parties musicales correspondantes. Il ne s'est pas souvent trompé. À l'opposé, il est descendu un soir tard avec son cahier de textes, et il nous a fait "Angora", seul à la guitare. On aurait dit John Lennon. La prise a été conservée telle quelle.* »

En fonctionnant à la manière d'une centrifugeuse, Bashung peut prendre un temps considérable pour faire aboutir une seule idée. En studio, il compte le temps à sa façon et suscite l'inquiétude chez ceux qui mesurent en minutes et en jours. D'autant que son perfectionnisme et ce doute permanent le poussent souvent à ne jamais rien laisser filtrer à l'extérieur tant qu'il n'a pas la certitude de tenir quelque chose d'impeccablement adéquat avec son pressentiment.

Ce *Fantaisie militaire*, dont il avait une fois de plus entrevu l'aboutissement rapide, s'éternise donc, et ce n'est pas pour rassurer sa maison de disques. Pour un artiste lambda, il faut tabler sur trois mois pour voir sortir des laboratoires une production prête à l'écoute. Avec Bashung, il faut compter trois à quatre fois plus. « *Je ne suis pas catastrophé quand un disque prend du temps. Quand Simon Edwards, le bassiste sur* Fantaisie militaire, *me raconte comment se sont faits les disques de Talk Talk, je ne me trouve pas si lent et si maniaque que ça. Mark Hollis enregistrait chaque chanson sur vingt-cinq pistes, il faisait répéter jusqu'à vingt fois la même partition à un musicien, il les faisait jouer avec des chandelles : certains se sont barrés pendant l'enregistrement parce qu'ils se sentaient devenir dingues ! Et pourtant, quand tu écoutes ces trois disques magnifiques,* Laughing stock, Spirit of Eden *et le disque solo de Mark Hollis, tu as une impression d'évidence telle que tu imagines presque qu'ils ont été faits en une nuit... C'est formidable !* »

Le studio Antenna est la résidence principale de la « famille » Bashung, depuis plus de six mois maintenant. Les Valentins, secondés par Jean-Marc Lederman (à qui Bashung a confié la confection de l'écrin électronique) et le toujours fidèle Richard Mortier ont modelé le visage de huit chansons : « Aucun express », « Mes prisons », « Malaxe », « Soldat sans joie », « Au pavillon des lauriers », « Dehors », « 2043 » et « Sommes-nous ». De la prochaine entrevue entre Alain et Christophe Miossec le 22 juin doit naître un neuvième titre. Bashung et Miossec ont très envie de fomenter une chanson à deux, mais encore faut-il en trouver la marque de fabrique sans ébranler le chapiteau poétique dressé par Jean Fauque. Ils n'y arriveront pas.

À peu de chose près, toutes les paroles de l'album ont trouvé leur place naturelle quand Joseph Racaille entrera en scène pour procéder aux arrangements de cordes. Racaille, voilà un nom qui rassure Alain. Il est attentif à ses élucubrations depuis fort longtemps et l'équilibre qu'il a instauré dans le dernier opus d'Arthur H l'a bluffé. Anne Lamy a organisé leur première rencontre au Café Charbon, rue Oberkampf. Alain a appelé Joseph la veille du rendez-vous le 20 mai : « *Excuse-moi, mais comment va-t-on se reconnaître ?* »

En moins de dix minutes, Joseph Racaille a compris le souhait d'Alain. Ils feront une partie de cet album ensemble, avant que les producteurs Jean Lamoot et Ian Caple ne viennent couronner la pièce montée. Alain n'a pas besoin de faire de longs discours avec Joseph. Il existe entre eux une communication silencieuse, presque souterraine. Les moments de détente s'émaillent rarement de commentaires sur les travaux en studio, on privilégie les conversations plus intimes. Il y a peu de gens avec lesquels Bashung se sente en confiance. À Joseph Racaille, il parle comme à un ami : « *Une fois, on avait fait une pause pour aller au Baron Rouge, un café d'Aligre, et il s'est mis à tomber des cordes. On est restés trois quarts d'heure dans ce bistrot et il y avait une ambiance très particulière. Une petite vieille est venue s'installer à notre table, elle ne le connaissait pas du tout et elle s'est mise à raconter des tas de conneries. Il lui a offert des fleurs, c'était très touchant. À un moment, avant de quitter le café, il m'a dit qu'il s'était complètement arrêté de boire pendant plus de dix ans et je lui ai demandé pourquoi. Il m'a répondu qu'il s'était aperçu qu'il ne buvait qu'avec des crétins* », confie Joseph aux *Inrockuptibles* en 1997.

Alain a beau être absorbé par son album, il n'a pas résisté à la tentation d'une collaboration avec Brigitte Fontaine. Son écriture fulgurante le fascine, sa liberté et sa radicalité sont des armes qu'il ne possède pas. Composer pour elle l'amuse au plus haut point. Elle lui a apporté ce texte, « City », sur lequel elle verrait bien Alain poser sa patte de compositeur. Non pas qu'elle soit mal servie avec son mari, Areski Belkacem, mais elle a intuitivement associé l'univers musical d'Alain à cette histoire : « *Elle me laissait des messages sur mon répondeur où elle imitait tous les animaux du zoo de Vincennes à elle seule. Elle me parlait comme un cacatoès. "Allô, Alain ? – Waakaa – C'est Brigitte ! – Waakaa – Rappelle-moi !" À quatre heures du matin, ça fait son effet…* » La chanson est ficelée en à peine deux soirs de studio. Soit une fraction de seconde en temps bashunguien.

Et comme il aime effectuer des escapades en plein labeur, Alain file sur-le-champ sur un autre enregistrement périphérique à son disque : la comédie musicale *Émilie folie*. Une virée comme une respiration, le 29 juin, au studio Marcadet, pour interpréter son rôle de loup dans la nouvelle version de l'œuvre imaginée par Philippe Châtel.

Il manque une ou deux chansons pour boucler *Fantaisie militaire*. Alain en est sûr. Il l'a rêvé. Au cœur de ce chantier qui parvient doucement à son terme, il s'est souvenu de la proposition de Rodolphe Burger : une étonnante tournerie drum'n'bass à murmurer plus qu'à chanter, que le leader de Kat Onoma n'avait pas réussi à peloter pour son groupe, « Samuel Hall ». Alain doit absolument y revenir. Il y a vu une extrapolation du standard de country américain « Sam

Hall », adaptée au langage des machines. C'était presque parfait, à une ou deux scories près, sans doute dans le texte.

Olivier Cadiot, l'écrivain, n'est pas parolier. Mais il s'est essayé au travail, à l'occasion de quelques tentatives informelles pour son ami Burger. Il ne s'est toutefois jamais senti à l'aise pour mettre les bons pieds dans les bons pas et fouler le terrain de la chanson. Et c'est à son grand étonnement que « Samuel Hall » est devenue chantable grâce à lui alors qu'il n'en espérait pas tant. Avoir eu Bashung aux commandes vocales sur ce titre aura constitué une aventure : « *Ce qui a été très étonnant, au début, c'est qu'il souhaitait deux choses apparemment contradictoires : il voulait à la fois une histoire, une sorte de scénario, que la chanson se serre, mais il lui fallait aussi une réserve de mots. Il lui fallait du large. J'ai mis du temps à comprendre que "plus de mots" ne voulait pas nécessairement dire "autre version" mais plutôt un réservoir pour la suite. Il avait besoin d'un arsenal pour attaquer l'enregistrement en studio. J'ai trouvé ça très beau. Alors j'ai réenfoui la chanson dans un texte – c'est comme si j'étais revenu en arrière, vers le livre –, et finalement, il a gardé à peu près la version du début. Le plus extraordinaire, c'est sa manière irremplaçable de prendre le texte, une manière de prendre les mots par le col, tout en laissant venir. La manière de lancer "Avale" dans "Samuel Hall", la manière de phraser… Il y a capture et désinvolture. Il s'autorise toujours une solution prosodique. La poésie arrive juste à ce moment-là, pas dans le texte. C'est la voix qui propose des solutions au final. Une formule spéciale. Une exactitude inédite.* »

Prévoyante, la directrice artistique d'Alain, Anne Lamy, a réservé le studio Antenna jusqu'au 1er août. Précaution inutile puisqu'au 16 juillet, tout est prêt pour la migration vers le studio Miraval où *Fantaisie militaire* doit établir son QG pour parfaire sa beauté, à l'ombre des pins et au son des cigales. Quinze jours à tuer avant le départ. Bashung ne supporte pas l'idée de glander durant deux semaines. Dans sa petite valise qui le suit depuis quinze ans maintenant, il a toujours des petites réserves de chansons, des trognons de mélodies et des tranches de textes qui peinent à trouver leur place. À la fin du dîner, il a présenté un d'entre eux à Jean-Louis et Edith en leur chantant la première strophe, guitare à la main : « *On m'a vu dans le Vercors, sauter à l'élastique/Voleur d'amphore, au fond des criques.* » À eux de voir ce qu'ils pourront bien en faire dans le laps de temps restant. On connaît la suite : « La nuit je mens ».

Il fait un cagnard du feu de Dieu à Miraval, le 13 août, quand l'équipe déplie ses affaires dans les appartements du studio méditerranéen. Elle va rester ici trois semaines. Des nouveaux compagnons de jeu sont attendus ; des rosbifs et des ricains prestigieux : Martyn Barker à la batterie, le bassiste Simon Edwards, l'homme de la dernière touche de guitare Marc Ribot, le guitariste de Portishead Adrian Utley doit venir lui aussi tester quelques lignes de guitares. Ils vont pouvoir goûter à la cuisine d'Edgar, le chef gastronomique du lieu, avec qui Alain passe des heures à philosopher sitôt les fourneaux éteints. Mais celui qu'Alain attend, c'est son fils Arthur. Il va lui faire écouter le morceau qui lui est secrètement dédié sur le nouvel album : *Angora*, une allégorie sur l'asthme dont Bashung Jr souffre depuis qu'il est tout petit. Leurs retrouvailles sont chères à leur cœur après toutes les tracasseries de ses deux dernières années. Ils seront loin de tout et seuls au monde, malgré l'ambiance de fourmilière qui règne ici.

Fantaisie militaire touche à sa fin avec les premiers frimas de l'hiver 1997-1998. Et si Olivier Cadiot s'est bien amusé, Jean Fauque est vidé, comme après chaque disque d'Alain. Jusqu'à la dernière minute, Bashung a tenu à modifier quelques mots et à intervertir quelques métaphores. Plus d'un an et demi s'est écoulé entre les premiers vers et les versions finales. La pochette du disque n'a pas encore franchi le seuil des magasins que *Fantaisie militaire* se paie de belles tranches de vie à la radio. « La nuit je mens » couvre doucement l'hiver de sa majesté lyrique. Chaque intervenant de ce disque peut être fier de la réussite. Et Bashung n'aura donc eu besoin que de cinq minutes d'un philtre pop ultime pour combler trois ans et demi d'attente et reléguer loin derrière lui la meute des poursuivants.

Espéré comme la pierre précieuse de la pop française, *Fantaisie militaire* est déjà l'album de l'année à sa sortie, le 4 janvier 1998. À l'instar de tous ces disques inépuisables, ce trésor vert va révéler ses charmes au long cours et ensorceler les sens des mois durant. Chaque partition y est soupesée, dosée avec la précision des alchimistes. Donnez-lui de la pop, Bashung en fait une émeraude. On sait comment et à quel prix.

« *Je crois que, contrairement à ce qu'on me dit souvent, je suis un des chanteurs qui se dévoilent le plus dans ses chansons. Il n'y a qu'à bien écouter* », dit-il. L'homme de demain sera hors norme (« Malaxe ») « ... *J'ai dans ma tête des montagnes de questions où subsiste encore ton écho ("La nuit je mens")... Aucun express ne m'emmènera vers la félicité ("Aucun express"), Soldat, sans joie, va déguerpir ("Fantaisie militaire")... "Au pavillon des lauriers"...* » Ode à la vie, ode à la poésie... Derrière la posture poétique si souvent présentée comme un entrelacs de sens cachés à déchiffrer sans fin comme un cadavre exquis, Bashung est là dans sa plénitude, face à son miroir, affrontant ses fractures dans des chansons sans fard. Diablement autobiographique.

Le divorce avec Chantal lui ruine le moral. Paperasse, procédure, juge. Rien de bon pour l'instinct. Pas de tournée, cette fois-ci. Mais il a rencontré Chloé Mons sur le clip de « La nuit je mens » réalisé par Jacques Audiard. Ils se sont plu. À cinquante et un ans, après deux rudes années d'épreuves, Alain décide de ranger ses guitares pour reconstruire son intérieur. Le public ne lui en tiendra pas rigueur. Bref, 1998 s'annonce comme l'année de tous les changements.

La piaule de la rue Piat n'est plus vivable. Il n'est pas chez lui. Le panneau À VENDRE est vite apposé sur les volets. Le premier prix sera le bon. Destination boulevard de l'Hôpital, en face de la gare d'Austerlitz. Là, il y aura une chambre pour Arthur lorsqu'ils seront ensemble le week-end... Si son emploi du temps le permet, car l'année s'annonce sous le signe d'un long marathon artistique. En effet, tandis qu'il polissait *Fantaisie militaire*, sa boîte aux lettres s'est remplie de scenarii dans lesquels se dessinait clairement un rôle pour lui. Il a tout accepté, ou presque : le rôle de Marc dans *Je veux tout* de Guila Braoudé, avec Elsa Zylberstein, et celui de Guy, un vendeur d'automobiles qui rencontre son fils pour la première fois, un adolescent, dans *Mon père, ma mère, mes frères et mes sœurs...*, réalisé par Charlotte de Turkheim. Cette histoire a un parfum familier pour Alain. Le tournage promet une belle destination : le Mexique. La comédie est légère, mais elle va vite prendre une gravité inédite lorsqu'un coup de fil lui apprend l'état de santé très dégradé de son père, atteint d'un cancer.

Septembre 1998. L'entracte cinéma est terminé.

Après avoir chanté Gainsbourg, Vanessa Paradis veut tutoyer le désormais deuxième monstre sacré de la musique française. Toute son enfance elle a fredonné « Malédiction », pour en apprécier totalement le texte dix ans plus tard, une fois la maturité venue. Elle aimerait que Bashung lui donne une chanson pour son prochain disque, celui de son come-back, *Bliss*. « *Nous nous sommes retrouvés dans un petit dîner... intime. J'étais intimidée, mais lorsque tu te retrouves comme ça dans un lieu fermé, tu n'as pas forcément toute la discographie qui défile dans tes oreilles ; peut-être quelques petits flashes comme ça, mais tu t'intéresses d'abord à l'homme. À ce dîner, j'ai vu quelqu'un de dangereusement calme, totalement imprévisible et animé d'une folie tendre impressionnante* », se souvient Vanessa Paradis comme si c'était hier. Alain accepte, les paroles de la chanson sont le fait d'une vieille connaissance, Didier Golemanas, avec qui Alain n'avait pas recollé les morceaux depuis 1984 et l'avatar « S.O.S. Amor ». Une telle occasion ne se rate pas.

Ces deux hors-d'œuvre ont aiguisé de nouveau l'appétit créatif. Il a appelé Jean Fauque. « *Il faut qu'on s'y remette.* » Comme à l'accoutumée, le projet est simple sur le papier. Il y a des tonnes d'éléments qui sont restés lettre morte sur *Fantaisie militaire*, et une petite refonte dégagerait vite une perspective pour une collection de chansons supplémentaires. En trois mois, en quatuor et en prise *live*, le tour peut être joué. Jean opine du chef. Il subodore la suite des événements mais s'attelle à la tâche. Alain, de son côté, espère encore avoir le temps de tout faire, mais il n'y a quasiment plus une ligne de libre dans son programme pour 1999/2000.

Le cinéaste Ilan Duran-Cohen lui taille un rôle sur mesure (un taulard paumé à sa sortie de l'univers carcéral) dans un long-métrage, *La Confusion des genres*, Pascal Baeumler l'a littéralement *vu* lorsqu'il a écrit le personnage de Yann dans son histoire de retour à la vie. Patrice Leconte, lui, le verrait bien dans une petite apparition facile, en chanteur de boîte de nuit, au début du scénario de *Félix et Lola*. Juste dans la scène inaugurale du film. Il pourrait y chanter

« Dehors » en version un peu modifiée pour coller à l'ambiance « chanteur de bal ». Patrice Leconte : « *C'est presque la chanson qui m'a inspiré le film. Je ne sais toujours pas par quelle alchimie. Quand je lui ai raconté l'histoire, il m'a dit : "C'est super." J'étais encore plus intimidé à cet instant-là qu'au moment où je lui ai serré la main. On peut facilement ranger Alain Bashung dans la famille des acteurs. Des gens qui se servent de leur personnalité non pas pour jouer à être eux-mêmes devant une caméra mais pour jouer des personnages qui ne peuvent pas être le contraire d'eux-mêmes. Et je ne peux pas imaginer Alain Bashung jouer demain un type primesautier qui courrait en tous sens dans les rues. Alain a un rythme à lui, une pesanteur aussi, desquels il ne peut pas se défaire – et c'est tant mieux. Il ne pourrait pas jouer quelqu'un de très éloigné de lui.* »

Courir. Courir sans cesse. Passer, en un saut de cabri, d'un plateau de cinéma à un studio d'enregistrement, puis à un entretien avec un journaliste. Boire des litres de Coca décaféiné, chercher son paquet de Gauloises, en fumer une et reprendre sa course effrénée. Grimper les marches des Victoires de la Musique, le 20 septembre 1999 pour y recevoir trois Victoires (artiste interprète de l'année, album de l'année, vidéoclip de l'année pour *La nuit je mens)*, alors qu'il avait décidé de bouder la cérémonie. Expliquer à ce satané contrôleur fiscal, que ces récompenses ne sont pas forcément synonymes de jackpot financier. Ressortir son paquet de Gauloises. En fumer une autre. Chercher du regard la personne qui connaît son planning de demain. Bashung paraît inépuisable. Il n'a pas vu passer 1999 et il a vécu le changement de siècle comme dans un courant d'air. Il ne se souvient peut-être même plus de tous les mouvements de corps, des reparties et des réglages des scènes qu'il a tournées durant ces douze derniers mois. Au cinéma, sur un plateau, Bashung aime à être manipulé. Ne plus être le patron, ne pas avoir à décider de son apparence, de ce qu'il faut dire ou non, de l'histoire qui se joue. Cela s'apparente pour lui à des vacances. Être au service des autres le défatigue ou lui permet de compenser une autre fatigue, musicale sans doute. Seule la réussite finale du film l'intéresse, mais comme il n'en détient pas toutes les clés, une petite lâcheté lui permet de rejeter la responsabilité sur le réalisateur. Quoi qu'il en soit, s'il n'a pas l'instinct animal de certains acteurs devant la caméra, aussitôt qu'on crie « Action ! », il se contente d'être lui-même sans porter sur ses épaules le devoir d'être impeccable. « *Parfois, les réalisateurs m'aident en ne me disant rien. Un jour où je lui posais sans arrêt des questions, Jean Marbœuf m'a répondu : "Vous respectez trop les réalisateurs, allez-y, on verra." Ça m'a fait du bien. Je n'ai pas de prétentions d'acteur. Je sais que ça peut bien se passer, je guette ces bons instants. Parfois, je trouve un peu dommage que le résultat final ne corresponde pas au scénario que j'avais lu. Je pense que* Retour à la vie, *le film où je jouais avec Emmanuelle Laborit, pouvait aller beaucoup plus loin. J'avais lu un scénario complexe et ambitieux, entre Hitchcock et Dario Argento. Je devais avoir un double rôle, avec un côté dangereux, et je ne m'y suis pas retrouvé, une fois le film fini.* »

Bashung a été très clair sur son futur discographique : ce sera pour l'an prochain (2001). Pour l'heure, il tâtonne. Une petite récitation récréative chez Sapho le maintient dans ce qu'il a commencé avec Zend Avesta il y a deux ans, quand il s'était emparé des poèmes de Jean Tardieu (« Nocturne » et « Mortel battement ») pour les faire surfer sur de larges plages électroniques. Avec la trublionne de la chanson française, il a entrepris de remonter le temps. Le projet est éloigné de la musique. Sa vocation est franchement littéraire, quasi pédagogique. Lire de la poésie du XVIe siècle, s'enfoncer dans un exercice de diction aussi exigeant que porter Rutebeuf, Ronsard, Villon et Du Bellay dans sa bouche n'est pas une sinécure pour un chanteur. Simple question de technique. Bashung aimerait un jour avoir la carrure pour revisiter Ferré. Son apprentissage débute peut-être ici, avec ce périlleux exercice d'*Anthologie de la poésie française*. Ensuite, il est décidé à tenir la promesse qu'il a faite à Rodolphe Burger d'enregistrer les histoires de *Max et le rock*, un livre-disque à destination du jeune public, un conte drôle pour éveiller les enfants de cinq à sept ans au rock et à sa pratique.

Bashung témoigne de ces expériences : « *Dans le cas de Ronsard, j'étais intrigué par sa poésie : elle est restée pertinente pendant très longtemps, elle a traversé les siècles en véhiculant des sentiments qu'on a oubliés de nos jours. L'amour, l'honneur, la parole donnée sont des constantes dans cette poésie. Aujourd'hui, c'est tout juste si tu n'es pas le dernier des cons lorsque tu as de l'honneur. À l'époque, il y avait une espèce de jusqu'au-boutisme, un certain sens de la beauté du geste. Les gens pouvaient faire des choses incroyables pour le regard d'une femme. C'est très beau, et fascinant aussi puisque c'est écrit en vieux français. J'étais très curieux de voir comment je pourrais me sortir de ces lectures avec mon bagage de rocker, comment je pourrais à la fois respecter le texte et repousser toute forme d'académisme. J'ai souvent ce fantasme de déplacement des situations, cette envie de me transporter dans un état d'esprit complètement différent. C'est une motivation comme une autre. Par exemple, pendant l'enregistrement de la chanson "Les lendemains qui tuent" (pour la BO du téléfilm du même nom), je me prenais pour Chet Baker. Parfois, lorsque j'entends une orchestration symphonique, je me prends pour Orson Welles. Pour le projet de livre musical* Le Rock, *je me suis pris pour un prof de français que les gamins adorent, qu'ils regardent avec des grands yeux ronds en se disant : "Je voudrais bien que ce soit mon papa."* »

L'effet *Fantaisie militaire* s'estompe tranquillement, mais les courbes de popularité sont au plus haut. Avec plus de 300 000 copies disséminées dans les discothèques du monde francophone, Bashung a repris la place qui était la sienne dix ans plus tôt avec *Osez Joséphine*. Il ne peut pas se permettre de faire patienter son public trop longtemps. Une petite création intermédiaire, rapide et frivole, serait de bon aloi. Oui, mais quoi ? Pas question de lui proposer un best of : le concept lui fait horreur. Cela lui fait penser aux mausolées, ou, pire, aux musées, et sa momification n'est pas à l'ordre du jour. Une relecture de son propre répertoire, assortie d'un processus de recréation à plusieurs musiciens, lui conviendrait mieux. Ainsi s'annonce la mission *Climax*. Une sélection de ses meilleurs titres, un petit bilan intime parsemé de surprises, de confrontations musicales avec les poids lourds de la création : Noir Désir, Rachid Taha, M. « *Me retrouver avec ma petite voix de roitelet à gazouiller des "What's in a bird" était le seul rôle possible pour moi dans cette initiative. Le duo est une tentative artistique très délicate quand les chansons existent autant que celles de Bashung. Il ne faut pas usurper sa présence, qui plus est quand le principal interprète de la chanson vous donne la réplique* », reconnaît M.

Exigence confirmée par Bashung lui-même qui espère aussi trouver dans ces joutes, des petits moments de suspension, de fenêtres ouvertes sur nouvelles perspectives artistiques, pour un album futur : « *Il faut trouver la bonne zone de frottement pour proposer de l'inédit, une vraie idée de relecture qui corresponde de préférence à un moment heureux... Quand on doit chanter ensemble, il faut que les sensibilités de chacun soient respectées. Sinon, on se trouve dans une situation difficile, une association forcée où il faut à tout prix faire coller des pièces d'un puzzle qui ne sont pas compatibles. Nous avons tous grandi avec nos différences, et se retrouver autour d'une chanson c'est avant tout se compléter, bâtir. Au départ, nous avions juste pour ambition de faire quelque chose de propre, très énergique et puis la magie s'est invitée. C'est la chance qui peut entourer ce genre de rencontre.* »

L'année est lourde de sens. Avec l'an 2000, Bashung pique donc une nouvelle crise de conscience et retourne donc malaxer ses archives studio et *live*. Sobrement, il pose dans *Climax* trente-huit repères historiques destinés à défier le temps et à redorer au passage deux ou trois petites choses.

Toutes ses obsessions sont là, en version originale ou en relecture *live* : la ligne blanche, Gaby plantée près du panneau stop, les petits enfants juste à côté, la caravane, l'imbécile favori, Joséphine, l'apiculteur suivi comme son ombre par l'âne planant, le soldat sans joie, Madame, Hendrix et les Moody Blues. « Le Tango funèbre » vient compléter le florilège. Dans son élan, Bashung a cédé à quelques coquetteries et invité quelques oiseaux de passage à retoucher le profil de certaines chansons. Avec Marc Ribot, ils jouent « Les grands voyageurs » spatiotemporels façon vieux bluegrass et remusclent cet « Ostende » devenu un peu court avec les années. Le rossignol de M est venu faire quelques loopings sur un « What's in a bird » migrateur. Rodolphe Burger a rajouté un harmonica sur « Samuel Hall », et Noir Désir s'engage dans « Volontaire ». Mais la plus grosse attraction de cette « compilation » est ailleurs : dans la visite-surprise de Rachid Taha, qui délivre un passeport international à « Ode à la vie » en le pimentant de son chant oriental. Redimensionné à l'échelle de la planète, l'univers de Bashung semble prêt à affronter sereinement le siècle nouveau.

12

L'imprudent

22 janvier 2001. Alain va être papa pour la deuxième fois. Poppée est annoncée d'un instant à l'autre. Chloé se porte bien. À cinquante-trois ans, Bashung va de nouveau faire l'expérience de la vie à trois. Mais différemment cette fois. Les conditions réunies pour l'arrivée de sa petite fille sont aux antipodes de celles qui avaient entouré la naissance d'Arthur.

S'il était la proie d'une terrible logique artistique, et plongé en plein doute à l'arrivée de son fils dix-huit ans plus tôt, il a aujourd'hui l'aplomb que l'âge lui a apporté. Comme un signe du destin, l'arrivée de Poppée au monde coïncide presque jour pour jour avec la disparition de Roger. À 74 ans, le père adoptif d'Alain vient de perdre son combat contre la maladie. Alain n'aura pas la force d'assister aux funérailles.

La petite famille s'installe doucement dans l'appartement au rez-de-chaussée du boulevard de l'Hôpital. Premiers jours, premiers langes, premières nuits de douceur… et de pleurs. Alain a le temps de savourer. Rien ne le presse. Le prochain album ne se mettra vraiment en branle qu'après l'été, seuls deux jours sont noircis sur son agenda d'acteur, en juillet, pour une courte intervention dans le film de François et Max Armanet, *La Bande du drugstore*. Il n'y a plus guère que Jean pour lui faire ses petites visites hebdomadaires afin de préciser encore et encore les contours des thématiques qu'Alain a décidé d'aborder dans le nouvel album. Il aimerait chanter d'une autre manière, presque comme un conteur. Il voudrait mettre en lumière l'ombre de son chant, laisser rôder sa voix, la faire circuler dans un méandre d'orchestrations inspirées des compositeurs des années 1920-1930 : Darius Milhaud, Ravel, Debussy, Satie. Jean n'a pas vraiment changé de forme d'écriture, mais la dérive poétique amorcée depuis *Chatterton* le conduit irrémédiablement vers les eaux profondes de Léo Ferré. Un nouveau territoire à défricher enfin pour Bashung.

Pour l'heure, le projet familial reste sa priorité. Chloé et lui vont bientôt se marier, c'est décidé. Pas en grande pompe, mais avec un certain cérémonial tout de même. Alain a revu pas mal de choses aussi de ce côté-là. Terminé les unions furtives en trois minutes devant Monsieur le maire, il a envie d'un peu d'exceptionnel, de vivre les sensations fortes de cette journée particulière dans une vie. Le grand moment est fixé au 30 juin, en l'église d'Audinghen, un tout petit village du Pas-de-Calais. Une nef symboliquement située juste en face de l'Angleterre. Une église ? Il s'est déjà marié deux fois et ses divorces ne l'autorisent pas à une cérémonie religieuse classique. Qui plus est, Chloé n'est pas baptisée. Le mariage chrétien a ses règles – strictes et immuables. Mais ici, loin de Paris, Monsieur le curé a trouvé une solution qui pourrait satisfaire les envies de spiritualité des jeunes mariés sans offenser les préceptes de la religion catholique. Alain et Chloé pourront ainsi s'unir dans la maison de Dieu mais sans sa bénédiction : en vertu d'un protocole libre.

La liberté, voilà le maître mot. Et l'originalité de la cérémonie va s'exprimer pleinement : « *Le fait d'être privé d'office ne nous interdisait pas de nous rapprocher du sacré... Le curé nous a dit qu'on pouvait réciter un texte de notre choix. Je lui ai d'abord envoyé une cassette avec un bout du Cantique des cantiques originel, après lequel j'avais mis un poème de René Char et un de Robert Desnos. Mais au même moment, Olivier Cadiot venait de terminer sa traduction* [du Cantique des cantiques], *et nous avons décidé de réciter son texte à l'église lorsque le curé nous a donné son autorisation. Rodolphe Burger nous a fait un petit mouvement répétitif pour soutenir la diction. C'était très émouvant de se retrouver là pour un événement important, dans un endroit qui ne nous était pas autorisé, mais qui nous ouvrait ses portes pour la circonstance. C'était confus, le son résonnait de partout, ma fille pleurait, on avait un trac fou, mais pour la première fois de ma vie, j'ai pu jouer de l'harmonica dans une église. J'ai réalisé un vieux rêve. Si jamais je m'étais amusé à ce genre de plaisanterie dans l'église de mon enfance, le curé m'aurait sans doute retourné une paire de claques... J'ai assisté à des messes à La Nouvelle-Orléans, avec le pasteur qui harangue la foule, le piano et les gens qui se tiennent tous la main, et là, en y réfléchissant a posteriori, je me dis que nous n'étions pas loin de ce genre de fête. En France, on a une attitude plus figée pour célébrer ces moments de recueillement. Mais aux États-Unis, on comprend dès sa première visite à l'église que le rock vient du gospel ; on n'est pas écrasé par la cérémonie, il y a une espèce de liberté. Quand j'ai réécouté Jerry Lee Lewis quelque temps après, je me suis dit que, finalement, Dieu avait créé Dieu et le diable en même temps ; que le gospel des églises et le rock, cette musique du diable, étaient presque jumelles.* »

Les agapes ont pris fin. Alain a rendez-vous au lycée Carnot, à Paris. Il y rejoint François et Max Armanet sur le tournage de leur long-métrage, *La Bande du drugstore*. Dans cette évocation de 1968 à travers la vie des minets de l'époque, Alain Bashung incarne un petit rôle, furtif, de prof de philo. Lui qui n'a jamais (ou presque) assisté à un cours de philosophie de sa vie se sent bien dans la peau du connaisseur de Nietzsche, Kant et Durkheim. La question humaine, il l'aborde dans ses chansons avec une précaution et une ouverture qui l'ont bien préparé à l'interprétation de son personnage. Et puis la période 1966-1968, il l'a vécue au plus près du quartier général de la bande du Drugstore : quand les minets, fans de soul et de pop anglaise, venaient s'éclater dans les clubs branchés du tout-Paris, au Top Ten ou au Pierre Charron, il faisait déjà partie des artistes qui hantaient ces lieux et qui y défendaient bec et ongles le concept d'une musique « mod » à la française.

Septembre 2001. Quand ils prennent leurs quartiers dans le désormais traditionnel complexe ICP à Bruxelles, Alain et Jean ont déjà plus de deux ans de travail derrière eux. Jean a bien écrit plus de cent trente pages de textes : « *Ça n'allait jamais. Alain m'a fait suer à un point qu'il n'avait jamais atteint. Comme j'ai la manie de garder toutes les étapes de travail* [on peut constater que] *le dossier "textes" de ce nouvel album a le même volume que le bottin de l'Île-de-France.* » Pour le parolier, cette mise en œuvre musicale est un soulagement, la fin d'une lente et longue maturation : Alain va maintenant pouvoir martyriser ses musiciens. D'autant que le système qu'il a inauguré sur *Fantaisie militaire,* il veut le pousser jusqu'à la limite à l'occasion de ce nouveau disque. Par souci de laisser libre cours à la créativité, il a simplifié à l'extrême les directives musicales en se contentant de situer quelques évocations sensorielles à l'intention des musiciens qui composent le bataillon. Plus que jamais, il se fait réalisateur musical. Il connaît son plan de vol et la destination finale, mais il attend de ses musiciens qu'ils contribuent à perturber le trajet, qu'ils inventent des chemins de traverse et qu'ils imprègnent la portée de leur personnalité. Il va, au fond, se comporter avec ses instrumentistes comme un metteur en scène qui compterait sur ses acteurs pour transcender tel plan ou telle séquence. Il les a d'ailleurs choisis pour cela. Pour leur sens de la liberté, de l'improvisation, leur habileté à s'éloigner des autoroutes de la pop music, le goût de l'aventure et de la recherche sonore. Il rêve de la musique que Stanley Kubrick ou David Lynch auraient pu composer s'ils avaient choisi le disque plutôt que la pellicule : « *J'entendais des pianos... Je voyais une espèce de chanteur de bal qui croonait sur des rumbas lentes, presque parlées, dans une ambiance dancing. J'avais aussi en tête les films de Welles que j'ai vus adolescent, ceux de Murnau, de Fritz Lang, le romantisme allemand... J'imaginais une épopée en des couleurs sépia, en noir et blanc. Pour la première fois depuis mes débuts, je voulais une orchestration qui mettrait en avant les cordes et les claviers plutôt que les guitares. J'écoutais beaucoup Henri Dutilleux, j'avais des fantasmes de musique contemporaine : des structures qui soient à la fois naïves et sophistiquées, très éloignées de l'académisme – au point de devenir parfaitement discutables.* »

Jamais il n'a été aussi fatigué des schémas rock ou des tournures pop. À force de s'auto-alimenter ou de se marier entre eux, les deux genres sont devenus quasiment consanguins, dénués de toute originalité. Alors, il préserve son désir comme ça, en allant chercher à l'autre bout du spectre musical de nouveaux ferments ; en fantasmant des architectures hybrides, complexes mais ludiques.

Il a structuré son jeu de patience en deux phases : une première, de composition, pour poser les jalons et assurer une solide assise (rythmique, harmonique et mélodique) avec un premier atelier de musiciens ;

puis une seconde, plus permissive, plus axée sur le jeu, avec d'autres partenaires, afin d'enrichir la palette sonore et perturber un peu les rigidités de la première : « *C'est forcément positif. J'ai ainsi la rigueur de l'assise et les avantages de l'idée d'improvisation, d'inconnu. Au fil des travaux, les repères du départ deviennent plus flous, mais il se crée des jeux de regards entre toutes ces étapes de création. Il faut juste ne pas perdre le fil* », explique-t-il avec l'aplomb de celui qui navigue déjà dans la quatrième dimension. Au final, il va monopoliser les cellules grises d'une douzaine de musiciens autour de son œuvre. Mobile In Motion, Ludovic Bource, Simon Edwards, Martyn Barker, Arnaud Devos, Benoît Urbain, Éric Bigeon, pour les sessions destinées à sceller les fondations, puis Steve Nieve, Marc Ribot, Arto Lindsay et Mino Cinelu, pour pervertir le canevas et créer le relief, quitte à sortir du cadre préétabli. À chacun il a expliqué son rôle. Ils savent tous qu'ils ne doivent pas attendre d'Alain autre chose qu'un état d'esprit, une pelote de sensations, de suggestions souvent distillées par paraboles. Il communiquera, mais à sa manière. Pour ne pas s'égarer ou se laisser embarquer par un musicien qui ouvrirait des pistes musicales en excès, il a demandé à Jean Lamoot d'être son garde-fou, son miroir, celui qui, coûte que coûte, maintiendra le cap des travaux en fonction de l'objectif préétabli. Il guette les incohérences, les déséquilibres lorsque Alain n'y voit plus très clair. Jean Lamoot : « *Je dois créer les conditions pour que l'artiste réalise exactement ce qu'il a en tête. Lorsque Alain me dit ce qu'il ressent, où il en est de sa réflexion, je dois comprendre et mettre en pratique des manières de travailler qui vont lui permettre d'aboutir. Je dois créer une ambiance, trouver l'orientation, décider si les musiciens vont travailler tous ensemble ou séparément, créer des temps de discussion entre les différents temps de jeu. Je dois tout faire pour que les musiciens et Alain se sentent le plus à l'aise possible. Le problème commence lorsqu'on a quatre ou cinq ambiances parallèles, voire miscibles, et que l'on n'arrive pas à choisir sur l'instant. À ce moment, je dois faire confiance à ma méthode de travail et à mes sentiments d'approche, essayer, faire ma mixture, mais ce sont des choix qui doivent être très rapides.* » Le protocole est digne des recherches culinaires ou des assemblages de cépages dans l'élaboration d'un vin. Et *L'Imprudence* va cristalliser comme cela, en vertu d'un patient processus de sélection opérant, impitoyable, dans un océan d'idées.

Avec tous les musiciens réunis là à cette occasion, on pourrait composer un véritable Who's Who de la musique moderne. Ils sont quasiment tous solistes et entretiennent leur propre production discographique. Les voir côte à côte, sur un même disque, est sans doute le deuxième miracle du système Bashung : la combinaison des ego. En leur donnant carte blanche, il les délivre de la notion d'exercice imposé, les installe dans une situation de création sans contrainte tout en se réservant le droit de sélectionner les éléments qui nourriront sa vision musicale. Ils connaissent parfaitement les rouages du petit système bashunguien et en acceptent les règles. À lui de trouver les bonnes combinaisons, de catalyser les réactions.

Pour *L'Imprudence*, il a résolu un problème de taille : le piano. Il dispose du bon homme à la bonne place. Steve Nieve, il le suit depuis longtemps. Depuis que celui-ci travaille avec Elvis Costello, soit une bonne vingtaine d'années. Bashung a appris à connaître le jeu de sa main droite : il a longtemps réfléchi à l'étendue de l'effet que les dix doigts de cet esthète anglais pourraient produire dans sa musique. Lorsqu'il l'accueille dans la pièce où bouillonne *L'Imprudence*, Alain a tout préparé pour le placer dans des conditions de créations optimales : « *Je voulais qu'il soit devant, pas noyé dans un magma sonore. Il pouvait vraiment créer de véritables instants, rajouter des choses extrêmement humaines et fragiles dans les chansons initiales. Il est allé encore plus loin que je ne pouvais le penser, il a pris l'initiative et mis sa sensibilité dans tous les morceaux. Parfois, en fin de séance, il revenait au piano, tout seul, et nous faisait des espèces de cadeaux. Deux de ces séquences ont été conservées intégralement, dans leur continuité, à la fin de "Mes bras" et "Dans la foulée". Sur ce titre, il a même joué du mélodica un peu à la manière d'un Robert Wyatt quand il se met à jouer en décalage avec l'harmonie puis retombe dedans pour finalement retomber sur ses pattes à la fin du morceau.* » En deux décennies de collaboration, son ami Elvis Costello n'avait jamais laissé autant de liberté à Steve Nieve.

L'autre gageure concerne les guitaristes. Comment faire intervenir sur un même album deux guitaristes aussi charismatiques que l'Américain Marc Ribot et le Brésilien Arto Lindsay ? Plutôt que de prendre en charge une équation aussi compliquée, Bashung a eu une idée : « *J'ai prévenu Arto Lindsay qu'il venait un peu comme un invité. Marc et Arto sont de la même famille : ils ont envie de heurter, de se situer dans des choses un peu acides, stridentes, des bruitages... En les faisant jouer ensemble, je prenais le risque de voir mes chansons glisser vers la cacophonie, dans une suite ininterrompue de cassures. Mais en leur attribuant à chacun un rôle précis, ils pouvaient devenir complémentaires. Ils sont suffisamment joueurs et brillants pour replacer leur jeu l'un par rapport à l'autre. Ils n'ont pas le souci de prendre le pouvoir comme certains guitaristes fatigants qui réclament tout de suite le premier rôle, ils savent se mettre en valeur intelligemment.* » Et ça marche.

L'enregistrement de *L'Imprudence* est une expérience physique. À tout point de vue. Au niveau des sons utilisés, déjà : le duo suisse Mobile in Motion synthétise les substances électroniques, comme des matières premières primitives, brutes, à retailler et à déformer à loisir dans les compositions finales. La démarche peut paraître spécieuse, esthétisante, mais c'est justement pour ne pas tomber dans le traficotage de la post-production, dans le maquillage et l'effet sonore que Bashung s'est mis en tête de remettre au goût du jour ces techniques d'avant l'informatique, d'avant les claviers, d'avant l'électro-acoustique, d'avant l'électricité même. Il envisage une musique contemporaine dotée de vertus tribales, des instruments à cordes en friction brutale avec la plainte du blues. Sans jamais négliger ni l'harmonie, ni la mélodie. Comme s'il s'agissait de fantasmer la musique du doute, une phraséologie du tourment. « *Si j'avais fait le Conservatoire, j'aurais pu faire* L'Imprudence *plus facilement, mais aurait-il eu la même naïveté ?* »

La pièce dans laquelle joue le groupe est un gigantesque capharnaüm d'instruments bricolés, un laboratoire de physiciens du son venu du Moyen Âge. Des bassines de métal de contenance et de formes différentes sont remplies d'une eau dont le niveau est calculé au millimètre près. Elles sont disposées selon un certain ordre, dans un endroit précis de la pièce. Il s'agit des percussions aquatiques de Ludovic Bource. Les guitares de Marc Ribot sont soigneusement rangées dans un coin, par ordre d'intervention : deux guitares électriques, deux acoustiques, une guitare cubaine (un *tres*), une vieille Gretsch rockabilly des années 1950, esquintée par l'âge et les sévices répétés qu'il lui a infligés en usant d'un câble en fer pour réaliser un arpège très particulier... Dans son pré carré, le bassiste Simon Edwards a fait de même : bendir, basse, contrebasse, sentir et basse mexicaine. Juste à côté, Martyn Barker, le batteur, a une certitude : sa batterie ne bougera pas ! Mais, tout autour, c'est la valse des percussions, udu et bongo. Dans la zone réservée aux claviers, Ludovic Bource et Steve Nieve ont dû adopter un mode de gestion de l'espace draconien et un ordre d'entrée et de sortie des instruments digne de l'intendance militaire pour éviter de se marcher sur les pieds et de sombrer dans le chaos. Suivant l'avancée des travaux, comme sur un plateau de tournage, il faut changer le décor pour passer à la scène musicale suivante et organiser le planning d'entrée de tous les musiciens qui vont se succéder là, par ateliers. Il n'y a que le piano qui semble indétrônable au centre de la pièce. Le pense-bête est indispensable : glockenspiel, farfisa, moog, wurlitzer, claviers, vibraphones, accordéon, mélodica... ne sont jamais tous en même temps dans les compositions.

Dans cette gare de triage, le jeu aussi est devenu physique. Bashung aime que ses musiciens vivent le morceau comme une épreuve afin d'en restituer toute la dramaturgie. Lorsque Alain Bashung veut un son médiéval, lourd, alors Simon Edwards doit se retrouver une chaîne énorme autour du cou, les épaules pliant sous le poids. Et il va devoir taper de son pied nu sur une bassine d'eau froide posée devant lui, tandis qu'il joue de la basse harnaché de la sorte.

Dans les couloirs d'ICP, on hésite entre le fou rire et l'admiration devant un tel sens du happening, mais Bashung, lui, ne rigole pas du tout. L'entrée est strictement interdite à toute personne non directement concernée par ce qui se joue sur ce champ de bataille. Il faut accepter d'attendre là, sur le perron, faire éventuellement une partie de billard dans la pièce à vivre avant de pouvoir espérer entrer dans le saint des saints, et quelques minutes seulement. Même les ingénieurs du son, les fondateurs du manoir ICP, doivent se tenir à carreau. Ce n'est pourtant pas l'envie qui leur manque d'aller jeter un coup d'œil de temps en temps – histoire de se changer les idées et de s'extraire un instant du travail qu'ils sont en train de faire – dans les studios à côté. Phil Delire : « *Je travaillais sur le nouvel album de Renaud, dans la pièce voisine. C'était très difficile, Renaud n'était pas en grande forme, il refaisait à peine surface. Chaque séance de voix réussie était une victoire sur lui-même. Je ramais et je devinais ce qui se tramait à quelques mètres de là sans pouvoir y être.* »

Au bout d'un mois, vers novembre 2001, un délicieux climat de folie douce s'empare peu à peu du laboratoire. Bashung orchestre tout, mais de loin. Jean Lamoot est son maître de cérémonie. Dans cette quête effrénée de nouveaux sons, chaque fréquence est devenue une source d'intérêt. Martyn Barker est un maniaque des micros. Il en a placé partout sur sa batterie et il a refilé le virus à Steve Nieve, qui en loge dans tous les recoins de son piano pour dépister toute tonalité intéressante. Ludovic Bource, lui, a ramené un sac de boxe de la salle de sport. Le bruit qu'il fait quand on le secoue est formidable. Banco. Un enregistreur portable, et hop ! dans la boîte. Les gants ôtés, il perfectionne sans cesse son système d'impulsions aquatiques en plongeant des microphones waterproof sous l'eau. Et puis il a monté un verre de vin de Bordeaux au-dessus d'un récipient plein d'eau, une caisse de résonance inédite pour un impact de baguette en feutrine… Eurêka. Martyn a beau être un des batteurs les plus puissants du monde, il refait toute sa gamme sur cette percussion de haute précision. On imagine la stupéfaction de Mino Cinelu à son arrivée dans cet asile miniature. Lui, le musicien de studio archirenommé, n'a même pas assisté à pareilles expérimentations chez Miles Davis. Il déballe son attirail de congas haute technologie Midi et ses instruments, mais au moment de commencer, Jean Lamoot lui demande s'il ne pourrait pas essayer de faire sa partie de percussions sur le radiateur métallique et la batterie de casseroles qu'il a prévus à cet effet... Consternation. Son crédit sur la pochette atteste qu'il s'est plié au jeu.

Chez Barclay, nul n'ignore les grandes manœuvres des zouaves et l'on est au bord de la crise de nerfs. La direction attendait un tube en or massif pour propulser le disque et elle n'entend parler que de casseroles en inox ! Heureusement, les rythmiques sont terminées et l'atelier de recherche va cesser. Tout est remballé pour permettre à l'orchestre de trente musiciens de venir effectuer ses partitions de cordes et de cuivres. La pièce ne fait pas cent mètres carrés. Faudra se serrer. En vertu d'une subtile attribution de l'espace, tout le monde finira par disposer de son petit périmètre de survie.

Les premiers violons de l'Orchestre national de Belgique qui composent cet ensemble cosmopolite (Allemands, Belges, Hollandais) n'ont jamais vu ça. Ramassé sur lui-même, l'orchestre produit une interprétation extrêmement compacte et sèche. Prise sur le vif, elle donne sa pleine mesure à l'effet recherché. *L'Imprudence* touche à sa fin.

La plupart du temps, Alain n'assiste pas aux longues digressions musicales où ses musiciens recueillent le ferment des compositions à venir. S'il leur laisse la liberté d'inventer, ce n'est pas pour les surveiller comme un vieux chat autoritaire. Il n'arrive qu'une fois la nuit tombée, quand Jean Lamoot a déjà structuré les nouvelles couleurs sonores. Alors, seulement, Bashung chante. Sa cabine est décorée comme une sorte d'autel : chandelier, harmonica, velours rouge. Les lunettes noires vissées sur le nez, alors qu'il est en pleine obscurité, son manteau noir posé sur les épaules. Une silhouette impassible, comme murée dans un imaginaire à la Fritz Lang. Parfois, il peut attendre dix minutes, un quart d'heure même avant de déclencher la première note. Il obéit à son horloge interne, il guette l'ouverture et puis s'y engouffre comme un rôdeur, sans jamais se départir de ce chant parlé qu'il a voulu comme marque de fabrique de ce disque : « *Quand je réfléchis à la forme que pourrait avoir un disque, je traverse des phases de rêverie très longues. Je fais confiance à ce qui se passe dans ma tête et je laisse l'imagination turbiner toute seule. Cela m'évite d'avoir à affronter la musique de manière trop concrète et de conserver une sorte d'instinct. Lorsque je mets un album en route, je suis dans une euphorie, une excitation, qui, paradoxalement, peut devenir tellement forte qu'elle peut aussi me plonger dans le doute. C'est une errance, quelque part. Devant un micro, au moment de chanter, c'est un peu le même mécanisme qui se manifeste. Je peux me retrouver en un clin d'œil dans l'incapacité de m'assumer en tant que chanteur, à me dire que je dois porter ces textes que je fais miens. C'est très difficile à vivre. Pour m'en sortir, j'ai besoin de me projeter dans un personnage, de me sentir investi par quelque chose que je ne contrôle pas totalement. Il peut se passer de longues minutes avant que je ressente le bon moment pour chanter. Mais une fois que c'est parti...* »

Sur *L'Imprudence*, il aura souffert d'un handicap supplémentaire par rapport à *Fantaisie militaire* : il s'est remis à boire. Et depuis que Chloé l'a laissé seul à l'ICP après l'avoir accompagné une bonne moitié de la route, il a passé la vitesse supérieure. S'il connaît parfaitement ses limites d'homme, pour les avoir si souvent transgressées, il ne peut rien contre la modification de sa voix – qui se joue à son insu. S'il a esquivé les pièges tendus par la boisson sur presque tout l'album, il ne peut pas éviter la catastrophe dans « Faisons envie », le dernier titre du disque, écrit par Christophe Miossec. Méconnaissable, il tiendra à conserver ce chant, y compris au mixage final (carte postale d'une époque bientôt révolue ?).

Le médecin qui l'ausculte au sortir de sa campagne de Belgique est formel : les prochaines gouttes d'alcool provoqueront des dégâts irrémédiables. Bashung arrête sur-le-champ et remet au goût du jour ce régime si particulier qu'il avait abandonné depuis trois ans : Coca-Cola et café décaféinés. Le bénéfice est immédiat. Pour la dernière prise de voix, en mars 2002, Bashung a retrouvé cette clarté incandescente qui traverse l'auditeur dès qu'il chante. Même si l'ultime morceau de *L'Imprudence* n'est qu'un talk-over, un poème de Robert Desnos dit avec une exaltation rare : « Jamais d'autre que toi ». Si Jean Lamoot avait conservé l'ensemble des traces sonores laissées pour la réalisation de ce disque, il aurait pu certainement faire cinq ou six albums de Bashung différents. Lui-même, jusqu'au dernier moment, n'a pas réellement su quelle version des chansons il devait privilégier.

L'Imprudence est porté aux oreilles des spécialistes en juin 2002, qui en mesurent la profonde originalité, tant l'album est un immense pied de nez au conformisme. Chez Barclay, on désespère : rien pour séduire le grand public. Les espoirs de succès sont remis à la baisse. Après trois ou quatre sucreries populaires, c'est un Bashung toujours aussi fasciné par l'expérimentation et la nouveauté que sa maison de disques vient de se reprendre sur le dos…

Un grésillement, une montée de violons, un claquement de porte, un arpège éthéré, un orchestre de percussions venues du fond des âges (timbales, tocsin) qui égrappe le temps, une pensée de piano… Tout y est Bashung. Tel qu'on l'avait quitté après *Chatterton*, après *Fantaisie militaire*, mais deux longueurs plus loin. Une fois l'uniforme couplet-refrain dégrafé, le chant bleu débarrassé des protocoles pop ou rock, il barre sa musique hors normes loin des eaux usées des genres. La critique est dithyrambique. « *Un peu trop, au regard de la réelle réussite artistique* », tempère Alain. L'album est célébré comme la réunion de la poésie de Ferré et des tentatives les plus avant-gardistes jamais appliquées à la musique pop ou rock française. La critique a raison. *L'Imprudence* n'est pas l'album noir que les amateurs de confiseries mélodiques dépeignent avec assurance. Il est simplement ambitieux, constellé de trouvailles et, sous des dehors un peu sépia ou obscurs, c'est une véritable jungle chromatique qui se révèle au fil des écoutes, effervescente et inépuisable. Un disque voué à devenir culte, familier et dépaysant, séduisant et inconfortable, construit sur une dialectique unique entre l'harmonie et le bizarre. Sa froideur n'est que passagère. Une fièvre à la Antonin Artaud y brûle au cœur, peut-être même celle d'Edgar Poe quand les guitares américaines déviantes de Ribot et Lindsay croisent le fer.

Piano, voix, harmonicas, cordes et clarinettes au premier plan, le son visite l'Amérique de Lynch, fantasme la forme ultime d'une musique intérieure où les souvenirs mêlés du « What's going on » de Marvin Gaye et du « Strawberry fields forever » des Beatles fondent sous des touches d'ivoire (« Je me dore », « La ficelle », « Le dimanche à Tchernobyl »). Où Tom Waits trimballerait son bazar circus, titubant entre accords et désaccords de son blues nomade en rêvant à ce vieux disque de Scott Walker punaisé au fond de la caravane. Où un swing à la Lalo Schifrin filerait à toutes enjambées dans une forêt de cloches sous le soleil d'un étrange été austral (« Dans la foulée »). Où la chair et le blues animeraient les pièces musicales d'Angelo Badalamenti (« Mes bras, L'irréel »). « *C'est un peu ça* L'Imprudence, commente Bashung. *À un moment, il faut avoir un peu de prétention, tenter, même si ce n'est pas immédiatement compris par tout le monde. Cela fait partie du risque. Il n'est pas question de me comparer à Marvin Gaye, mais il a eu d'énormes problèmes pour faire accepter ses disques les plus téméraires. À l'époque, ni son label ni le public n'en voulaient. Et pourtant, cet album mal accepté au départ a sans doute donné envie à toute une génération de musiciens de faire de la musique autrement ou de chercher de nouvelles destinations. C'est comme Harry Nilsson, qui a été réhabilité aujourd'hui, ou Scott Walker, dont personne ne voulait à l'époque de* Scott 4, *et qui se bourrait la gueule et jouait aux fléchettes pendant que Bowie devenait célèbre en utilisant ses recettes. La grandiloquence de Scott Walker a influencé tout le mouvement new wave, et je pense qu'il a eu une grande influence sur la musique française lorsqu'il montrait qu'on pouvait dédramatiser et mettre une couleur douce dans les chansons de Brel. La musique n'a d'intérêt que lorsqu'elle vise ce genre de destin. C'est le but ultime de tout musicien, de tout chanteur : l'éternité, la transmission d'une envie, d'une possibilité d'aller ailleurs. Dresser cette passerelle vers une autre rive est déjà une petite réussite.* »

Cent mille exemplaires de *L'Imprudence* s'écoulent au cours des deux premiers mois qui suivent sa sortie, le 14 octobre 2002. Pari gagné. Avec *Fantaisie militaire*, Bashung a encore élargi son auditoire, et le voilà maintenant susceptible de le suivre sur des chemins musicaux nettement plus escarpés. Lui qui s'était abstenu de sillonner les routes, alors que « La nuit je mens » faisait s'évanouir l'Hexagone, il s'apprête enfin à se lancer dans une nouvelle tournée. Celle-ci est annoncée dès la fin 2002, et elle aura lieu neuf mois plus tard.

13

J'ai longtemps contemplé

Avec le temps... Alain ne se rappelle même plus la dernière fois qu'il a empoigné un micro avec un groupe derrière et une salle remplie devant lui. « *Sept ans ? déjà ? Ah... Effectivement, c'était au siècle dernier alors... Faut que je m'y remette, c'est ça ? Alors à la demande générale, il faut que je m'exécute !* » Il sourit, tire sur son clope et quitte sa chaise. Il raconte *L'Imprudence* aux journalistes et vient annoncer en sourdine que son retour sur les planches est pour bientôt. Il a une parfaite connaissance des réjouissances qui l'attendent dans les mois qui viennent.

Hiver. Repos plus tournée des grands-ducs dans les médias. Avec ses bronchites à répétition, il va avoir l'air fin, à parler du nez.

Printemps 2003. Recrutement intensif des musiciens et casting. Petit break pour revêtir la gabardine d'un inspecteur de police dans un film de Jean Marbœuf, *Le Petit Curieux*. Il n'a qu'un second rôle dans cette histoire, mais le héros est un gamin de neuf ans, Clément, qui se balade appareil photo en main dans les rues de sa petite ville de province en se prenant pour un petit détective. Il ne s'est jamais confronté à ce genre d'énigme et ça le réjouit.

Été. Répétition générale loin de Paris... Surtout loin de Paris. En Auvergne, à Tourzel-Ronzières, avec de grands espaces devant les yeux.

Octobre. Début de la tournée au Cirque royal de Bruxelles.

Cent quatre-vingt-deux âmes. C'est à ce chiffre que s'élève la population de Tourzel-Ronzières. Alain voulait du dépaysement, il est servi. Le moulin qu'il a choisi pour monter l'ensemble de son spectacle sent encore la peinture fraîche et l'on devine que la charpente a été fraîchement traitée. L'odeur du neuf dans le charme du rustique... Le double effet est à sa convenance. Le lieu ressemble à l'idée qu'il se fait de la musique. Le long des poutres, les tentures assurent l'isolation phonique et la chaleur du son ; l'équipement a été pensé pour la fonction. Il se sent déjà bien, entouré de ces pierres blondes. Il se trouve presque sur les terres de Jean-Louis Murat, l'autre étalon-or de cette chanson censée marier le Larousse avec Neil Young. « *Il n'a été reconnu que sur le tard, lui aussi. Mais c'est l'inverse de moi : c'est un pur songwriter. Il peut pondre jusqu'à deux albums par an sans que ça lui pose de problèmes. Je suis un peu jaloux des gens qui ont cette facilité d'écriture, cette spontanéité d'enregistrer dès que le besoin s'en fait sentir. Aux États-Unis, chacun de leurs disques est le bienvenu, alors qu'en France, un type qui fait trois albums par an est plutôt considéré comme un emmerdeur.* »

Un peu avant son arrivée sur les contreforts du Sancy et du Cézallier, Alain avait tenu à préciser les choses au responsable du lieu : pas de garde du corps ni de bunkerisation de la salle de répétition, il faut se fondre dans le paysage, n'être plus qu'une bande de musiciens de passage. La vie du village, la détente et la douceur de vivre l'intéressent autant que le labeur qui l'attend. C'est pourquoi, Didier Veillot, l'homme de la Coopérative de Mai (la salle de Clermont-

Ferrand), qui est à l'initiative de cette résidence, a fait dans la simplicité. L'été 2003 à Tourzel-Ronzières sera un été avec Alain Bashung… Sans plus. Avec ses parties de pétanques et ses séances de ciné-club.

Avec le temps… Alain n'a pas souhaité faire appel aux musiciens qui l'avaient jadis accompagné. Il a envie de neuf. Il ne s'est pas absenté huit ans pour remettre le couvert à l'ancienne et faire de la retape pour vendre son album. Ce temps-là est décidément révolu. Ce spectacle, il l'a fantasmé comme une pièce artistique totale avec d'immenses possibilités de répertoire, une scénographie pensée, une infinité de solutions artistiques pour « *idéalement donner de la nouveauté chaque soir* ». Chacun des musiciens présents – belges, français ou anglais – a au moins une expérience dans ce registre. Il les a scrupuleusement recrutés à la suite de très longues auditions. Yann Péchin (guitare) a dû choisir entre continuer avec Christophe Miossec ou s'embarquer dans l'arche bashunguienne. Geoffrey Burton (guitare) et Adriano Cominotto (clavier) sortent, eux, d'une longue aventure en compagnie d'Arno. Jean-François Assy (violoncelle), Nicolas Stevens (violon) ont quitté leur poste dans l'orchestre de cordes de Yann Tiersen, Brad Scott a déménagé sa contrebasse du groupe de scène d'Arthur H, et Arnaud Dieterlen (batterie) est un transfuge de Kat Onoma. « *À croire que Bashung a décidé de décimer les principales formations qui animent la chanson française* », déclarera même le producteur du spectacle, Laurent Castagné, dans *Télérama*.

Ils vont répéter tout le mois d'août. La tournée doit débuter à Bruxelles le 8 octobre, et personne ne connaît encore sa fin réelle. À cinquante-six ans, Alain envisage cette tournée comme le sommet de son parcours. Il a tout : une quantité pharaonique de chansons à sa disposition, la vision d'ensemble de ce que doit être

Bashung sur scène en 2003, et surtout l'équipe d'instrumentistes la plus cohérente depuis le KGDD : « *Avec le temps, j'ai appris qu'un groupe de scène qui a l'air de fonctionner n'est pas vraiment un groupe homogène. Par le passé, pour atteindre le but que je m'étais donné, je devais parfois recruter des musiciens totalement contradictoires – ou d'autres que je faisais jouer à contresens de ce qu'ils savaient faire. Simplement pour créer chez eux une ambiguïté, les forcer à se remettre en question et exploiter des ressources de jeu qu'ils ne soupçonnaient même pas. Aujourd'hui, je ne veux plus me casser la tête. Je choisis les gens qui m'accompagnent pour que le concert tienne en équilibre sur cette passerelle très ténue entre la complexité et le divertissement. Je veux proposer un voyage, pas un récital ou une mascarade.* »

Avec le temps et l'effondrement du mur entre les chapelles musicales, le rock a adopté de nouvelles rigueurs musicales. Marteler sa guitare de trois accords servis toute puissance dehors ne suffit plus. Distiller du feeling, circuler entre les genres, équilibrer son jeu en groupe mais également avec un orchestre de cordes sont devenus de vrais enjeux artistiques. Et Bashung est le phare de cette génération transversale. Son amour des contrastes, sa composition picturale réclament de ses musiciens une dynamique sensorielle constante, un replacement permanent de l'instinct au centre de l'aire de jeu pour libérer l'émotion.

La canicule est annoncée. Alain a noté le défaut de ventilateurs au moulin. Avec l'Everest qu'ils ont à gravir, les musiciens auront pourtant besoin d'une bonne aération. Soixante-dix chansons sont à l'ordre du jour des répétitions. Essentiellement piochées dans les deux derniers albums, qui n'ont, par la force des choses, jamais eu d'éclairage *live*.

Celles de *Fantaisie militaire* représentent un enjeu particulier. Ces titres-là sont, en effet, déjà un peu lointains, et ils ont longtemps séjourné dans leur emballage studio. Avec *L'Imprudence* venu par là-dessus, Alain les a un peu perdus de vue. Il va lui falloir les dompter à nouveau, les extraire de leur gangue pour les rhabiller d'une touche proche de *L'Imprudence*. Il aimerait pouvoir oublier les classiques mais il sait que, tôt ou tard, ceux qui vont acheter leurs billets pour sa « Tournée des Grands Espaces », vont lui réclamer « Vertige de l'amour », « Gaby », « Osez Joséphine », « Madame rêve », « Ma petite entreprise ». Il doit sacrifier au même rituel depuis vingt ans, et s'en accommode désormais avec élégance – en les rénovant néanmoins chaque fois, à la lueur de ses avancées artistiques. Cette fois-ci, « Gaby Oh Gaby ! » menace de porter de grandes boucles d'oreilles et de jouer des castagnettes dans une version hispanisante… Il en a placé certaines de façon tactique dans son concert. La douceur country de « J'passe pour une caravane » occupe ainsi une place précise dans le voyage, juste après « Madame rêve ». Tout simplement parce que « Madame rêve » va adopter un visage plus dur et se rapprocher des carrousels de Kurt Weill : un mélange de baroque et d'incongruités. Et le tout à l'avenant.

Si ce mois de gesticulations et d'ultra-définition du son d'ensemble est une gymnastique éprouvante pour les musiciens, elle l'est encore plus pour Bashung lui-même. Le périmètre que son chant est susceptible de parcourir à travers l'intégralité de ses disques propose autant de diversité et de contrastes qui compliquent l'interprétation. Or, le concert doit être bâti comme un mouvement, avec une progression vocale et des glissements maîtrisés, si l'on veut éviter de buter au dernier moment sur une rupture radicale entre deux interprétations : un titre très récitatif de *L'Impru-*

dence, suivi d'un « Osez Joséphine » claironné à pleine gorge. Aucun homme ne peut assumer la totalité d'un spectacle à ce point défini et réfléchi. Alors Bashung délègue à ses musiciens : « *Si l'un d'entre eux débloque une situation, je me plie à sa trouvaille. Il me libère d'un poids. Sinon, j'oublie immédiatement son idée. Ce n'est pas grave.* »

Déjà fin août. Chloé a pris sa part d'œuvre dans cet immense chantier. Deux duos sont prévus au chant, sur *Faisons envie* et sur l'inamovible *Cantique des cantiques*, en version courte pour l'occasion. Moitié de Bashung, elle le sera aussi de la tournée, dans laquelle elle s'est impliquée en tant que chanteuse et en tant que conseil artistique pour la scénographie et le choix des vidéos qui seront projetées en fond de scène. Le dispositif est colossal et le casting en charge de piloter le décor aussi impressionnant : Vincent Boussard, qui a acquis nombre de ses galons dans l'univers des spectacles lyriques, dirige la mise en scène, Alain Poisson (un comparse de Jérôme Savary) les éclairages ; et la vidéaste Dominique Gonzales-Foerster est la réalisatrice des films destinés à être projetés. La mise en place du spectacle est peaufinée à la Coopérative de Mai, dans une salle aux dimensions humaines, avant de passer l'épreuve du feu un mois plus tard, à l'occasion d'une générale-filage à Lille, suivie de la première dans la capitale belge.

8 octobre 2003 au Cirque royal de Bruxelles, 20 heures. Les derniers retardataires se pressent. Les lumières de la salle vont bientôt s'éteindre. Qui n'a pas réservé sa place ce soir n'a aucune chance de rentrer dans cette arène. On croirait que la Belgique tout entière est présente. Alain Bashung est une star. On l'a aimé ici avant même la France, dans les années 1960. Entre lui et ce pays, c'est une histoire d'amour qui dure depuis trente-cinq ans. Quatre générations se sont serrées sur les sièges de cette enceinte tout en rond, aux allures d'audi-

torium. Le décorum est somptueux, léché comme une œuvre d'exposition. Les musiciens ont tour à tour pris place suivant un V. Sur l'écran, une suite de petites séquences amorcent le voyage avant même que la première note ne soit jouée. La musique est muette, mais les images parlent. Bashung y déambule dans une sorte de Venise de science-fiction. Les images ont été tournées dans un désert lunaire du Nouveau Mexique et dans les lagons vénitiens. Il lutte contre le vent, chapeau sur le crâne, Chloé à son côté.

Il entre. Explosion. Lunettes noires et cuir noir. La fébrilité transpire derrière l'armure sonique qui ouvre le set. Le périple durera deux heures. Comme une sorte de compression du temps, un chassé-croisé entre les époques, en respectant tout de même certaines logiques, Bashung zigzague dans sa matière et se dédouble. Il y a bien plusieurs Bashung en un seul. Le rocker prototypique : notre incarnation française du fantôme d'Elvis 1968, à l'heure du grand comeback, puis le Bashung grisonnant, en pleine possession de son âge, tirant sa gestuelle décomposée vers ce Gainsbourg post-reggae attendrissant. Enfin, il y a ce Bashung bashunguien, ce personnage oscillant entre Arsène Lupin et Nosferatu. Celui que Claire Denis avait essayé de capturer dans son clip de « Faites monter ». Le Bashung découpant l'espace avec ses mains de peintre, mimant de ses bras une chorégraphie hybride entre la pose rock parfaite et l'évocation sentimentaliste. Plus tard, sur la musique de « 2043 », Chloé fait son entrée sur scène, tout droit descendue du ciel dans un cocon de soie. Étreinte amoureuse. « *Je vous présente Chloé, mon épouse.* » Tout le monde à présent est au courant. À quelques variantes près, la pièce sera jouée deux années durant, jusqu'en 2005, immortalisée entre-temps sur DVD par Don Kent (coulisses comprises) dans un film époustouflant réalisé à huit caméras.

L'excellence de la « Tournée des Grands Espaces » a fini de convaincre le directeur artistique de la Cité de la Musique à Paris, lui qui avait déclaré qu'il considérait *L'Imprudence* comme une poutre maîtresse de la musique. Alain Bashung reçoit ainsi carte blanche pour sept jours d'un « Domaine privé » à la Cité. Rare honneur. Peu de sociétaires du monde de la pop y ont eu droit. L'événement était prévu de longue date mais son immédiateté a presque surpris Alain lorsque, sa série de représentations une fois achevées, il s'est aperçu qu'il ne lui restait plus qu'une poignée de semaines pour définir le programme des deux soirées de clôture – quand l'hôte se doit de réunir ses invités pour un grand final.

Les concerts affichent complet depuis belle lurette lorsque Alain se présente sur la scène de la Cité de la Musique. Il a décidé de faire simple, à l'américaine, en conviant chacun sur le terrain connu d'une chanson partagée. Tant pis pour le côté kermesse, qui risque de déplaire aux fines bouches. Mais n'a-t-il pas carte blanche ? Tour à tour chaque invité le rejoint pendant son tour de chant, suivant un ordonnancement bien minuté : un ou deux titres avec Bashung, un titre personnel. On entendra successivement Sonny Landreth et son slide (sur « Osez Joséphine » et « J'écume »), Arto Lindsay (« J'envisage », « What's in a bird » et solo dans une version ludique du traditionnel brésilien *Alegria*), Matt Ward (« Bijou bijou »), puis Rodolphe Burger pour piloter une somptueuse reprise des « Petits papiers » de Gainsbourg, en duo avec Alain. Seul Link Wray jouera deux morceaux de sa composition (« Fire », « Rumble ») avant d'accompagner Bashung sur une cover lunaire de « Love Me Tender ». Logiquement, l'histoire se terminera en réunion de famille (Bonnie Prince Billy inclus !) sur une reprise collective du « It's so Easy » de Buddy Holly.

14

Comme un légo

Avec « La Tournée des Grands Espaces », Alain a puisé jusqu'à la dernière goutte d'adrénaline pour mener la caravane jusque dans ses plus lointaines destinations. Au compteur, il y a tout juste assez de zéros pour enregistrer les kilomètres parcourus. Il relancerait bien derechef une aventure en studio, mais le périple a usé son corps et son esprit. D'ailleurs, si *L'Imprudence* a déjà trois ans, Bashung n'a pas encore l'impression d'en voir élucidé tous les charmes. Les mauvaises langues lui avaient prédit une musique intranscriptible sur scène, or elle a passé haut la main tous les péages. Artistiques et géographiques. Du coup, lui qui sait tous les ressorts de cette musique organisée en pièces à plusieurs mouvements, construite selon des architectures harmoniques à quatre dimensions et des psalmodies, a quelques doutes sur l'opportunité d'entreprendre une suite. Le Graal musical reste à conquérir, certes, mais les voies qui y mènent exigent toujours de nouvelles ressources. Jean, de son côté, a pris le large durant ces trois dernières années, et il essaie maintenant de barrer sa pirogue musicale personnelle. Il faudrait donc faire sans lui, ou trouver un modus vivendi pour concilier leurs deux emplois du temps. Ce genre de complication a l'art d'exaspérer Alain. Quand l'obstacle lui apparaît insurmontable, il préfère mettre l'idée en stand-by et bifurquer vers un itinéraire *bis* avant de s'en revenir sur la voie royale qu'il avait entrevue.

Changer de cap, c'est inventer un nouveau concept, ne pas se satisfaire de la facilité pour faire un disque de plus comme on s'acquitte d'une formalité. Il n'y a pas de plaisir dans ce genre de pis-aller. Il va donc laisser venir, laisser la belle mécanique cérébrale travailler de son côté, quitte à reprendre son bâton de maréchal quand l'inspiration le commandera. « *Je suis fragile avec l'instinct. Je peux entrer dans des périodes de doute tel que je suis incapable de regarder ma propre guitare. Je sais analyser la situation, mais je suis dans l'incapacité de la résoudre. Je n'arrive pas à passer de l'autre côté du miroir, à accéder à un nouvel espace de liberté. Je perds littéralement le fil. Et cet état peut même empirer si jamais je sens qu'on attend trop de moi.* »

Ce qui est le cas. Malgré les intermèdes discographiques *live*, le nouveau Bashung est devenu un sujet récurrent dans les conversations de couloir chez Barclay. Plusieurs options lui ont été présentées pour l'aider à clarifier le problème et mettre en chantier le successeur de *L'Imprudence*. Romain Humeau (leader du groupe rock Eiffel et arrangeur de cordes pour Noir Désir) lui a été proposé pour tenir le rôle de préparateur musical. Alain lui a indiqué des pistes sur lesquelles il aimerait s'engager : entre 16 Horsepower, Palace et Nick Cave and The Bad Seeds... En gros sur cette base Romain Humeau explore plusieurs filières sonores qui pourraient aider Alain à préciser une direction. Bashung est content qu'on s'occupe de lui. Il a donné quelques noms pour les textes. S'il a déjà repris une chanson de Gérard Manset (« Animal on est mal » en 1996), il n'a jamais pu travailler avec lui, et il aimerait bien se frotter à son écriture. Des collaborations avec Dominique A, Christophe Miossec et

Daniel Dare le stimuleraient également. Qu'à cela ne tienne. Manset a un profond respect pour Alain : « *Le meilleur interprète que le rock ait jamais eu en France* », dit-il. Ils se sont croisés à maintes reprises, épisodiquement, tous les trois ou quatre ans. Toujours en tout bien tout honneur, sans jamais évoquer la moindre perspective de rencontre sur le terrain musical. Alain connaît trop l'exigence de Manset, et réciproquement, pour gaspiller pareille occasion. Autant attendre qu'elle se présente dans un contexte favorable. Manset lui a transmis un texte, « Comme un légo »... *Wait and see.*

Pour la première fois, Alain n'a pas le feu aux santiags. Son chez-lui, sa vie de famille, sa fille Poppée occupent ses journées. Le samedi est consacré à une séance de cinéma sur DVD, avec Poppée. « *Avec l'âge, j'assume mieux la paternité. Je ne veux pas être un père absent comme je l'ai été avec Arthur.* »

Romain Humeau, pendant ce temps, s'échine dans les studios ICP à échafauder des plans d'attaque sur la base des mélodies croquées par Alain. Sa connaissance aiguë du rock et ses années de Conservatoire l'ont orienté vers plusieurs couleurs musicales, mais Alain n'a pas ressenti d'excitation particulière à l'écoute des maquettes. La chanson soumise par Dominique A l'a davantage titillé. « L'immortel ». Elle joue sur le même registre que « La nuit je mens », mais elle mérite un essai en studio. Sitôt dit, sitôt fait. Dominique A parlera souvent en interview de cette chanson...

Le divertissement est bref. Le silence qui suit, inquiétant. Alain ne se décide toujours pas. Depuis trois mois, plus de trente-cinq minutes de musique, chantée pour la plupart, ont été mises à plat, mais rien ne semble lui convenir. Dans un ultime élan, il avorte le projet qu'il considère mal-né et repousse sine die la reprise des travaux. En attendant, Alain chante sur les disques des autres, ceux qui lui ont signifié leur intérêt : avec Françoise Hardy, pour la toute première fois, dans une reprise de Charles Trenet (« Que reste-t-il de nos amours ? ») et pour l'album hommage à Dick Annegarn pour lequel il bashunguise « Bruxelles ». Chloé, elle aussi, a mis les bouchées doubles sur le front musical. Elle ne tient pas à rester dans l'ombre et affirme une belle personnalité avec « Chienne d'un seul ». Avec son mari et Rodolphe Burger, elle tient par ailleurs le premier rôle féminin sur le disque-concept *La Ballade de Calamity Jane*, dont la sortie est imminente.

Calamity Jane, Chloé l'a rencontrée comme dans un rêve, en posant un jour ses yeux sur le recueil de ses correspondances avec sa fille Jenny. Et Calamity a habité Chloé immédiatement. « *Elle est une figure de l'émancipation féminine avant l'heure. Elle a fui la tradition de la communauté Mormon, confié son enfant à une famille riche et s'est habillée en homme, non pas pour commettre de braquage, mais pour trouver du boulot. Elle a travaillé sur les lignes de chemins de fer, conduit des diligences, mené une vie d'errance et d'aventures. Elle incarne pour moi tout le combat existentiel de la femme dans toutes ses formes et dans tous les pays.* » Sous l'impulsion de Radio France qui veut faire de *La Ballade de Calamity Jane* une création radiophonique, le projet a pris forme dans la ferme de Rodolphe Burger, un décor propice à la création d'un petit film sonore, au fantasme d'une Amérique ré-imaginée. Chloé au chant, Rodolphe à la guitare et Alain dans le rôle du lecteur des lettres de Calamity à sa fille déracinée. Il y lit comment Jenny ne saura jamais qui est son père, comment elle devra vivre loin de sa mère... Pour son bien. Comme une étonnante conjonction entre les temps et les destins, l'histoire de Jenny pourrait être celle d'Alain et de son enfance. À l'entendre lire les textes, on imagine l'écho de sa propre vie dans son corps, l'émotion qui l'assaille, comme s'il vivait de nouveau l'écume de ses premiers jours. « *Ce qui m'a frappé, c'est qu'au fond, on n'avait pas avancé beaucoup sur la condition de la femme depuis cette époque, puisque c'est un homme qui lit les lettres d'une femme* », dira Chloé en riant.

Alain n'aime pas les faux départs… Depuis *Chatterton*, il n'a pas connu pareille ambiguïté dans les préliminaires d'un nouveau disque. Quand le coup part à l'envers, il ne sait rien faire d'autre que s'effacer et modifier les règles pour rompre avec une mécanique qui manifestement ne fonctionne pas. Son instinct le guide vers le stand by, le silence. Et Bashung maîtrise parfaitement le jeu de l'absence. Il suffit qu'on attende un énoncé précis et détaillé de ce qui pourrait lui faire envie dans ses nouvelles chansons pour qu'il se carapate à l'opposé, dans des projets exotiques, aux antipodes des demandes trop pressantes. Son disque est dans l'ornière ? Qu'à cela ne tienne, il va se réfugier dans d'autres contrées artistiques. Ça tombe bien, on le réclame ailleurs ! Le groupe N° 1 du rock de France, Dionysos, lui a préparé une petite plage de détente sur son prochain disque, « La panique mécanique ». L'humeur est de circonstance. Il ira. Luc Besson lui a demandé de doubler la voix du duplice Malthazard, un des héros de sa prochaine production d'animation, *Arthur et les Minimoys*. Participer à un film avec un tel titre, ça ne se refuse pas ; ne serait-ce que pour le clin d'œil familial. Un étrange retour au cinéma, seulement par la voix, débarrassée de son enveloppe, une nouvelle gymnastique des lèvres… Par ailleurs il n'a pas pu refuser son propre rôle dans *J'ai toujours rêvé d'être un gangster* quand Samuel Benchetrit lui en a fait la proposition. Bashung par Bashung, dans une panoplie de vieux crooner fatigué, face à Arno, pour une rencontre au sommet dans un resto-route perdu au sud de nulle part… Il y a du Jarmush là-dedans, comme quand Iggy Pop (Bashung) rencontre Tom Waits (Arno) dans *Coffee and Cigarettes*.

« *Eh ben dis donc...* » Alain Bashung – « *Ouais* »... Arno. Le texte est simple, il permet une autre façon de disparaître dans les dialogues, de n'être là qu'à travers sa silhouette filmée souvent de profil (celui qu'il n'aime pas : le droit). Samuel Benchetrit s'en rappelle : « *Ce tournage était un monument. Ils sont arrivés à l'heure. Polis, professionnels, adorables mais... sans savoir leur texte. Je pense que Bashung le savait un peu, mais le gardait pour lui, par timidité. On avait peu de temps pour tourner, à peine deux nuits, et telles que les choses étaient barrées, j'ai pensé qu'on n'y arriverait jamais. Alors je me suis mis entre les deux, et je leur ai dicté le texte pendant les prises. À la Lelouch ! Ça donne un rythme et des temps étranges à cette scène... C'est étrange car je ne supporte pas qu'un acteur n'apprenne pas son texte. Et pourtant avec eux, j'ai appris que, parfois, cela peut donner autre chose. Pour ça, il faut avoir deux vraies personnalités comme les leurs. Bashung et Arno sont très timides. Ils ne s'étaient jamais rencontrés et n'ont jamais parlé de musique ensemble. Ils se souriaient entre les prises. Et puis ils sont repartis au petit matin, en se serrant la main, comme deux gamins qui n'auraient pas osé faire connaissance.* »

Son album n'avance toujours pas. Bashung aurait pourtant une raison sérieuse d'accélérer le mouvement, puisque la salle Pleyel lui a offert les deux dates de sa réouverture les 13 et 14 mars 2007, pour le vernissage de sa nouvelle peau (le lieu se désenclave de sa vocation classique et contemporaine pour s'ouvrir aux autres musiques amplifiées). Mais le délai est bien trop court et demanderait une urgence qu'Alain n'a plus envie d'assumer. Jouer des choses inédites pour l'événement : oui ; mais présenter un nouveau répertoire : certainement pas. Une telle invitation demande de la préparation et de la conscience. Il y jouera une version modifiée, une extension de ses concerts effectués dans la « Tournée des Grands Espaces », avec quelques enluminures. En guise de répétition générale, quelques spectacles d'été sont programmés à Six-Fours, Grenoble, Béziers avec un nouveau clavier, Denis Clavaizolle (connu pour ses aptitudes tout terrain dans les albums de Jean-Louis Murat et la tournée acoustique de Daniel Darc). Alain a besoin d'un pluridisciplinaire dans son genre pour affronter Pleyel. Son choix n'est pas innocent ; et il va s'avérer autrement judicieux quelques mois plus tard quand naîtra le projet de *L'homme à tête de chou*.

Après six ans de cogitation, cette adaptation de l'œuvre de Serge Gainsbourg en spectacle a enfin pris corps. Le créateur Jean-Claude Gallotta doit piloter la chorégraphie, à Alain Bashung d'en conduire l'adaptation des textes et des musiques pour que les accords, les harmonies et les sonorités tombent différemment et épousent la mise en scène. Musicalement, c'est un véritable travail de recréation, une modification profonde de la structure et de la diction. Bashung n'a pas pu dire non devant une telle gageure. Mais il a aussi vite deviné le danger de mener un tel projet dans un studio parisien. Le microcosme de la Capitale et les médias aiment trop ce genre d'idées aussi folles que symboliques pour en garder le secret. Les potins menacent d'aller bon train. Bashung-Gainsbourg, vingt-cinq ans après, cela fait toujours recette. Alain veut travailler loin de Paname, en cercle restreint, avec un orchestrateur arrangeur doté d'une vision musicale globale. Clavaizolle et son studio perdu dans le cratère des volcans auvergnats réunissent toutes les qualités. Avec lui, Bashung est rassuré et survolté. En octobre, les grandes orientations sont définies : entre Steve Reich pour le répétitif, Debussy pour le satin, Mahler pour l'austérité et la tonalité contemporaines,

Captain Beefheart et les Doors pour l'utilisation décalée des orgues ou des clavecins. Un vrai labyrinthe. Les 17 et 18 décembre, Alain prend ses quartiers dans la campagne clermontoise et enregistre deux jours durant tous les textes de l'album. Un peu hésitant et enrhumé au début, transcendé ensuite.

« *Il venait comme ça, en disant "Bon, j'ai amené les textes, on va voir..." se souvient Denis. Il n'avouait pas qu'il travaillait. Je pense qu'il s'était imprégné du truc chez lui, qu'il les avait lus plein de fois. Par exemple, la façon dont il s'était approprié* Aéroplanes, *dès le premier jet, ne trompait pas ; mais il gardait toujours une modestie, une simplicité incroyable. Il a fait quatre prises par morceau. Il me demandait mon avis, c'était déstabilisant... Il était là, de l'autre côté de la vitre, avec sa petite table, son Coca Light et son déca, une clope, ses lunettes de soleil et les textes. Il m'interrogeait : "Ça va ?", je répondais "Oui, on va peut-être en refaire une petite...". "On en fait autant que tu veux..." Il avait toujours cette humilité du chanteur au service du texte, de l'œuvre et de celui avec qui il travaille. En fonction des sons, il adaptait sa voix et jouait sa partition de conteur comme un acteur. Selon les situations, il se mettait vraiment dans la peau du personnage...* ».

Bashung a une expression consacrée pour faire le point sur son prochain disque : « *Ça patauge.* » Il en est un peu responsable. À ne pas savoir où se diriger, il est l'artisan du surplace. Et en coulisses, ils sont de plus en plus nombreux à vouloir secouer le cocotier. Et en un rien de temps, le bruit va se répandre dans toute la profession qu'Alain Bashung cherche des textes en vue d'un disque. Une véritable traînée de poudre. Et si chacun avait sa chance ? Auparavant, très peu de ceux qui vont oser présenter leur prose auraient tenté le coup. Mais A-U-T-O-R-I-S-É-E, dans ces circonstances, toute la place de Paris s'est agitée.

L'été approche, Alain s'est donné le temps de choisir. Pendant toute cette gesticulation, il a tenu à régler une sorte de dette en offrant un duo à Daniel Darc (LUV), puis il a rendu son verdict. Le « grigou » avait parfaitement deviné que toute une génération s'avancerait : Joseph d'Anvers, Arman Méliès, etc. Il répond directement à ces deux-là, conservant dans une chemise séparée les longues strophes de Manset. Son dernier atout sera Gaëtan Roussel.

Le contact avec le chanteur de Louise Attaque, il l'a établi lui-même ou presque : par l'intermédiaire de Matt Ward. Matt était de la grande fête à la Cité de la Musique, et Bashung avait gardé dans un coin de la tête son extraordinaire feeling de guitariste. S'il le veut, il sera aussi de la partie côté musique. Bashung a retrouvé tous ses esprits. En abandonnant tout espoir de refaire un château sonore comme *L'Imprudence*, il a repensé au plaisir qu'il a pris durant toute cette tournée : la joie de chanter, de se glisser dans la peau d'un interprète total façon Dean Martin, Sinatra, Presley – voire même Johnny Cash sur ses derniers disques. Et tout s'est enclenché. Le désir, la contenance, la jouissance organique de sentir sa voix redevenir un pur instrument sans avoir à se préoccuper de l'arrière-boutique : « *J'ai fait la paix avec la pop music et j'ai eu à nouveau envie de mélodies, de chansons simples. J'ai laissé de côté toutes mes idées d'une suite à* L'Imprudence *pour me projeter dans un disque très direct, que j'imaginais quelque part entre la country, la pop et la folk.* »

Soit une sorte d'*Osez Joséphine* mais en plus sophistiqué dans les orchestrations et les arrangements. Un disque de rencontres, qui puisse être immédiatement baladé sur toutes les scènes du monde, comme une évidence. Un disque où il chausserait naturellement des chansons écrites exclusivement pour lui et son chant bleu…

Bleu pétrole, évidemment.

Le reste tient du miracle ou de la magie. Ou de la préscience. Quand Gaëtan Roussel lui a livré ses trois premiers projets, textes et musiques, à l'approche de l'été 2007, Bashung sait qu'il a trouvé son eldorado. Gaëtan Roussel : « *Ça s'est passé tout simplement lors d'une rencontre dans une brasserie de la place Clichy. J'ai relevé sa proposition sans penser un instant qu'il y trouverait matière à poursuivre. Au fond de moi, j'y croyais, mais je préférais ne pas me faire d'illusions. Deux titres lui plaisaient et il m'a encouragé à lui envoyer d'autres choses, paroles et musiques. Il a tout relevé. Nos entrevues se sont multipliées chez lui jusqu'à ce qu'il me demande de m'impliquer totalement dans la réalisation de son disque : production, choix des musiciens. Bizarrement, je n'ai pas eu le temps d'avoir peur.* »

Les chansons portent la patte Gaëtan Roussel mais Bashung n'en a cure, au contraire. Un interprète doit relever le défi de s'approprier les chansons qu'on lui offre pour les habiter complètement. Et si chaque disque procède de cette logique, la poser comme postulat rend le pari encore plus émoustillant. « *Gaëtan m'a apporté des réponses aux questions qui me turlupinaient depuis des mois. Pendant longtemps, j'ai chanté des choses très centrées sur l'intime, sur le sentiment, le rapport à soi-même. Cette fois-ci, je voulais poser un regard plus ouvert sur le monde ou sur les choses de l'actualité, livrer mes sentiments sur l'époque que nous vivons, et il était animé de cette même préoccupation. Il m'a grandement facilité les choses.* »

Bien plus que de simples chansons, l'homme de Louise Attaque a construit une véritable embarcation pour la ruée vers l'or, un convoi rempli de guitares et de mélodies de ménestrel qu'il va copiloter avec Mark Plati (l'alchimiste new-yorkais, remarqué par son travail avec Bowie, producteur aussi du dernier album de Louise Attaque, *À plus tard crocodile*). Avec ces deux-là comme guides, Bashung va fantasmer une country urbaine et pointilliste, au croisement des routes menant aux Appalaches de Bonnie Prince Billy, vers les prairies de Kris Kristofferson, à la tanière de Dylan et au paradis de Johnny Cash et Loudon Wainwright (le père de Rufus).

Les deux premières chansons délivrées par Gaëtan sont « Résidents de la République » et « Hier à Sousse ». Thèse et anti-thèse. « *Si l'on croit le vieil adage "On n'écrit que sur ce qui nous entoure", alors, nous étions entourés des mêmes choses à ce moment-là.* » « Résidents de la République », ou les idéaux qui s'évanouissent. Une douce chanson d'époque, un brin fataliste, dont Alain a adopté tous les replis, achevant même certaines parties du texte avec son expérience d'interprète. La suite est venue toute seule, presque de manière empirique, exclusivement guidée par la volonté de laisser la plus grande place au chant, associant une petite boucle de machine rythmique, une valise harmonique dépouillée, une succession de montée de demi-tons. C'est simple et beau. « *Une fois que "Résidents de la République" a été gravé, on m'a fait remarquer qu'elle comportait une erreur de grammaire. On ne dit pas je courrirai moins. Je l'ai conservée comme ça, comme pour figurer le doute profond de la société française d'aujourd'hui. C'est à y perdre son latin. On a plus que jamais besoin d'une vraie gauche en France. En 2008, on parle beaucoup de celui qui gigote, mais on ne sait toujours pas ce que font les autres. C'est à se demander si on n'aurait pas mieux fait de suivre un peu plus les préceptes de Mai-68.* »

Un Bashung citoyen, ce n'est pas une première, mais la forme a de quoi surprendre. Lui, l'homme réservé qui avait repoussé des deux mains les déclarations engagées depuis « Touche pas à mon pote », prend un tour plus politique que jamais. À l'autre bout du spectre, « Hier à Sousse », illustre la recherche de sensations fortes, la quête inachevée du globe-trotter et, par ricochet, la perte des identités dans la mondialisation. Elle file comme une prose sans couplet ni refrain, une sorte de texte en ligne sur le web. À l'intérieur, Bashung a recréé son rythme, installant son art consommé des rebonds et des contre-pieds sur les sonorités. Sa voix serrée et anxiogène a laissé le premier rôle aux guitares, qui ont pris l'entière responsabilité des lignes de fuite.

Les trois autres titres échappés des grimoires de Gaëtan relèvent de la haute couture pop. On y sent des milliers de petites mains et une masse de détails mis au service de la simplicité de telle coupe ou de tel modèle. La noblesse et la sophistication de « Je t'ai manqué » et « Sur un trapèze » procèdent de ce travail de fourmi. Les guitaristes y distillent ces pigments qui ouvrent le plus grand horizon à cette petite structure folk, et quel qu'en soit le tempo, ces chansons invitent à une décontraction baladée, quelques petites minutes de douceur intégrale. Brossées dans des frottements de peaux, à l'ombre des cactus, tout près de la frontière mexicaine, ces chansons égrènent une musique hors du temps dans des échappées belles amoureuses délicieusement nostalgiques qu'on jurerait parfois sorties de la malle de Fred Neil ou de Willie Nelson.

« Sur un trapèze... » Comme une sorte d'apesanteur. Ce Bashung-là carbure aux sons essentiels de l'Amérique. Retour aux sources, qu'il n'aura finalement presque jamais quittées. Le voyage est organisé comme une remontée vers le bercail, traversant les époques et les influences, sans jamais tomber dans le pastiche. Ses vieux complices le servent magnifiquement : Simon Edwards, Martyn Barker (la section rythmique qui le suit depuis *Fantaisie militaire*) et l'inamovible guitariste Marc Ribot, avec tout son arsenal de manches à cordes… On n'a peut-être jamais entendu autant de variations, d'arpèges et de couleurs de guitares dans la musique de Bashung. Électrifiées en blues moite, ciselées dans une acoustique folk cristalline, déclinées en dobro, ukulélé, guitare baryton, guitare leslie, banjos ou pedal steel, circulant entre une forêt de doigts et de sculpteurs d'accords : Roussel, Plati et Ribot aux premiers rôles, mais aussi le délicieux Matt Ward.

Il y a encore plusieurs Bashung dans *Bleu pétrole*.

Dans un registre tout en exultation (comme dans « Le secret des banquises »), il renoue d'abord avec ses textes un peu dadaïstes, débitant, façon Nino Ferrer ou Dutronc première période, ses petites humeurs du matin. Véritable travail d'équilibriste entre des couleurs musicales très affirmées (le format pop-folk poussé à la limite de l'évidence ; les cloches ouvertement dédiées à la *Messe pour le temps présent* de Michel Colombier et Pierre Henry) et l'élégance caustique du chant, « Le secret des banquises » ne révèle tous ses charmes qu'au terme d'un certain nombre d'écoutes…

Puis, voici qu'il adopte une posture raide et théâtrale pour interpréter les deux morceaux de bravoure offerts par Gérard Manset. Le clash annoncé entre les deux personnalités les plus imposantes de la musique française a bien lieu, mais sur une autoroute musicale, une ligne droite, raide et répétitive. Les qualificatifs se bousculent pour évoquer ce monolithe de neuf minutes et demie qu'est « Comme un légo ». Émaciée comme la complainte d'un desperado parvenu au bout de son désert, la poésie de Manset y glisse dans la gorge de Bashung, raide comme une lampée d'eau de feu. On savait ces deux-là frères de sang (noir), on n'avait pas imaginé que leur rencontre pourrait accoucher d'un tel chef-d'œuvre. C'est sûr, dans vingt ans, « Comme un légo » rejoindra « Avec le temps » de Ferré au Panthéon de la chanson Française. Gérard Manset : « *Il a enregistré "Comme un légo" en trois prises. C'est son don. Ce titre dans la bouche d'un autre aurait été parfaitement incompréhensible. Bashung est un orateur musical, il y a une alchimie entre l'audition et l'émission qui passe par le timbre de sa voix, le phrasé qui fait que l'oreille comprend. C'est encore plus manifeste sur "Je tuerai la pianiste." Lorsque j'ai donné ce texte à Alain, j'étais persuadé qu'il n'en chanterait pas la totalité, qu'il en ferait une chanson d'un peu plus de quatre minutes. Et puis, je l'entends enchaîner le dernier couplet : "Je suis un Indien/Je suis un Apache..." J'étais bluffé.* »

Le dernier Bashung est ce fameux passeur que l'on a appris à connaître depuis les années 1990, celui qui ose la confrontation avec la jeune garde : Joseph d'Anvers et Arman Méliès, pour tenter de se ménager de nouveaux gués avec les nouveaux talents.

Rarement Bashung a paru si heureux. À dire vrai, depuis dix ans, il n'avait sans doute jamais offert son chant aux mélodies avec une telle plénitude. Jamais il n'avait été proche à ce point d'Elvis ou de Johnny Cash, chantant là, dans le creux de l'oreille, la mélancolie, les incertitudes ou les états de grâce quand il rénove une vieille adaptation du « Suzanne » de Leonard Cohen par Graeme Allwright. C'est en cela que *Bleu pétrole* fera date dans l'œuvre d'Alain Bashung : à soixante ans, l'artiste renaît à la lumière pop tout en se réconciliant avec les traditions étrangères au champ américain.

Tout au long de l'enregistrement, l'homme a enfilé ses perles une à une sans broncher. Pourtant, dès la fin du travail, les radios des poumons censées expliquer la bronchite chronique qui lui étreint la poitrine vont révéler le terrible diagnostic.

15

L'année du Dragon

« *Tu sais, Marc, tu es mon confesseur...* » Bashung allant à confesse ? Auprès d'un journaliste ? La bonne blague. « Si, si, c'est vrai ! » renchérit-il, avec ce fameux rire englouti dans la gorge qu'on lui connaît depuis toujours. Même après huit ans d'entretiens, de discussions interminables et de petites vacheries sur le monde de la musique, le trait d'humour reste troublant. Mais bon... Alain est assis là, sur cette banquette en cuir chez Corneille, il est beau dans son costard Paul Smith et son impeccable chemise grenat. Il a la tête des bons jours, celle qui sourit sans bouger les lèvres. Le réalisateur règle son cadre. Alain déteste son profil droit, donc... Figure imposée. Lumière, son, éteignez les portables. Clap. Ce 24 janvier 2008, à peine un mois avant la sortie de son *Bleu pétrole*, Bashung a voulu enrichir son album d'un petit DVD, un témoignage *live* + interview comme un écho de coulisse qui ouvrirait une petite fenêtre sur l'arrière-boutique du disque, sur les secrets de sa petite cuisine. Logique, après six ans de silence discographique.

Huit jours avant, le 16, il avait déjà rendez-vous avec les caméras pour enregistrer trois titres en acoustique dans les replis boisés du Studio Acousti à Paris. Façon Johnny Cash, avec Gaëtan Roussel à la guitare comme compagnon de cordée. Un plan d'interprète total, à l'américaine. Unplugged. Et il avait la touche : gilet-chemise-lunettes fumées-santiags. Si Eddie Cochran avait eu un jour soixante ans, ce jour-là, il aurait ressemblé à Bashung, c'est sûr.

Avant d'attaquer, Alain est mal fichu. Sans doute les sushis de midi qui lui sont restés sur l'estomac. Et puis la guitare de Gaëtan sonne comme une patate. Trois fois rien, mais devant les exigences de planning, Alain lui a prêté la sienne, cette six-cordes noire avec des étoiles sur le ventre. Et tout a changé. La voix de Bashung est comme un bon vieil ampli à lampes : il lui faut le temps de chauffer, doucement, de s'élever dans le cœur, de brûler la gorge puis d'exulter, majestueuse. En dix prises, les trois morceaux ont été mis en boîte, à l'ancienne : « Résidents de la République », « Je t'ai manqué », « Sur un trapèze ». Alain n'a pas voulu en faire plus. « L'estomac », disait-il. Putains de sushis. Bashung en guitare-voix, on aurait rêvé d'entendre tout son *Bleu pétrole* comme ça. « *Peut-être que mon prochain disque se fera dans cette formule. Mais pour l'instant, je ne me sens pas prêt à franchir ce cap. Je peux le faire comme ça, à la façon d'un petit concert privé, mais enregistrer tout un disque dans cette ambiance, ça demande beaucoup de précision, de recherches pour vraiment proposer quelque chose qui soit un peu original par rapport à tous les disques qui sont déjà parus dans le genre. Je m'y mettrai peut-être sur le prochain, si les conditions se trouvent réunies, mais j'ai aussi le projet de poursuivre ce que j'avais entrepris avec* L'Imprudence *et que je n'ai pas pu continuer sur cet album-là, que je voulais comme un disque de plaisir et d'interprète plutôt qu'un disque de recherche musicale.* »

Alain évoque Gérard Manset, Gaëtan Roussel, Joseph d'Anvers, Arman Méliès et tous ceux qui ont enrichi cette nouvelle somme. En trente minutes, il a fait le tour de sa question. Clap de fin. « *On peut fumer chez vous ?* » demande Alain au patron du resto qui accueille. Bien sûr, l'établissement est fermé au public. Donc, clope autorisée. C'est sa première cigarette depuis l'après-midi.

« *Tu essayes d'arrêter ? – Je réduis ma consommation, il y a un moment où il faut calmer le jeu* », confesse-t-il en sourdine au bout de bar.

Deux semaines plus tard, Bashung rend public son cancer du poumon. Confesseur + cigarette au ralenti + fatigue : il avait lâché les indices et je n'avais rien entendu. Comme toujours. Sa maladie, il en avait presque déjà fait au fond une chanson, un puzzle, en mettant en résonance deux ou trois demi-mots livrés au détour d'une phrase, d'un texte, d'une conversation. Comme avec toutes ses chansons, le sens devait s'en révéler plus tard. Après la nuit, dans quelques jours ou dans quelques semaines. « *Plutôt que de les masquer ou de les éviter, j'ai toujours essayé d'embellir, d'accentuer les accidents qui pouvaient se produire dans ma musique. Ça débouche parfois sur des trucs fantastiques* », disait-il à propos de sa façon d'envisager la composition. Sa maladie, il allait donc la traiter comme son œuvre, en y consacrant toute son énergie, en la malaxant avec autant d'attention, de créativité et d'abnégation. Leçon de style.

« *C'est une maladie à évolution lente, et qui n'est pas opérable. C'est le bon côté de la chose. Il faut que je compose avec, que je slalome entre les soins et les concerts. Souvent, je me déplace avec un médecin au cas où il y aurait un coup dur. Au premier concert à Lille, j'ai eu l'impression d'être entre parenthèses tout du long. Je m'en suis remis à l'avis général : on m'a dit que c'était bon. C'était rassurant, ça donnait un petit repère sur des sensations, une certaine justesse. Mais je dois m'en tenir à un emploi du temps très raisonnable, pas plus de deux concerts par mois pour ne pas tromper les gens. D'ailleurs, tous les spectacles ont été vendus sans assurance, tous les organisateurs savent à quoi s'en tenir. Il fallait être clair. Je peux annuler à tout instant parce que le corps ne suit plus. Ce qu'on t'envoie dans les veines est d'une puissance inouïe… C'est impossible de faire le moindre effort pendant les deux jours qui suivent. Même manger devient difficile, et tu finis par te sentir coupable si jamais tu n'as pas d'appétit alors que des gens se sont fendus pour t'offrir une bonne table. L'essentiel, c'est de sentir que l'état général s'améliore, là tu reprends aussi des forces.* »

Rendre son cancer public, l'exposer en plein jour, c'était éviter de le mettre en scène et de galoper à perdre haleine pour justifier le mensonge. L'ennemi est désigné, posé là, en face de soi. À lui de prouver qu'il peut gagner la partie. Et la partie se jouera sur le terrain choisi par Bashung : sur scène.

Dix mois durant, au rythme d'un concert de deux heures tous les deux ou trois soirs, Bashung va enchaîner les victoires, porté par ces salles combles qui défient la loi des métastases. La légende du Phénix est en marche, et elle a enfin un nom. Chaque soir marque une victoire de plus aux points sur la maladie. À l'orée de l'été, les forces revenues, Alain s'est autorisé une petite douceur. Profiter de chaque nouvelle ville-étape de sa tournée pour doubler la joie d'être là, fidèle à son rang, en faisant hommage à la meilleure table du coin.

Le libertinage culinaire révélera vite la limite à ne pas dépasser. Aux Francofolies de La Rochelle, il frôle le K-O avant de l'emporter aux points et terminer au sprint sa tournée estivale, intrépide malgré la fièvre : « *Je ne sais pas comment j'ai fait. Je ne sais plus si j'étais dans le réel ou bien dans un autre monde. C'était comme une longue parenthèse… J'ai appréhendé une dimension de la scène que je ne connaissais pas jusqu'alors. Ça relevait presque du voyage initiatique sous certains aspects. Les traitements que la médecine nous propose, couplés à l'effort physique d'un concert, peuvent provoquer de drôles d'expériences.* » Étrange été... assurément.

« *Dans quelques semaines, j'aurai un bilan complet avant d'entamer des séances de radiothérapie pour les métastases au cerveau. Ça va être un vrai cap. J'ai l'avantage d'être dans un établissement où les médecins confrontent leurs avis en permanence, essayent des protocoles concertés. Cela dégage une ambiance très studieuse, très impliquée, qui me tranquillise. Avoir la sensation que l'on est entre de bonnes mains est déjà une grande partie du chemin vers l'acceptation de sa maladie et l'espoir de s'en sortir. Parce que je suis d'une génération où cancer est immédiatement synonyme de cimetière. Ils ne m'ont pas délivré de sermon lorsque je leur ai dit que j'avais beaucoup de mal à arrêter de fumer. Ça me convient, ça, quand la morale et la médecine suivent des voies séparées.* »

Et les vacances ? Abstinence. Entre explosions chimiques et désintégrations scéniques, le corps s'est régénéré puis épuisé. Mais après un mois de répit, les démangeaisons qui reprennent le dessus seront celles de la guitare et de l'harmonica. Et puis, il y a le futur qui réclame son dû : un vieux projet qui demande des comptes (la fameuse adaptation de *L'Homme à tête de chou* de Serge Gainsbourg pour la chorégraphie de Jean-Claude Gallotta) et le pote ancestral Jean Fauque qui lui a soumis un peu de prose en vue du disque suivant. Concerts, étude de textes, prises de tête musicales... La petite entreprise Bashung ne connaît pas la crise. Partout, même diminué, Bashung tient à honorer ses engagements. Le ring est son antidote. Le public balance entre la compassion, l'enthousiasme pour ses chansons (dont les spectateurs ont les paroles gravées sur les lèvres) et ce sentiment amer d'assister à une tournée d'adieu. Mais Bashung n'est pas là pour inaugurer les chrysanthèmes, il se soigne. Au clap, à l'énergie de l'amour, aux effusions. Transcendé, il en demande parfois jusqu'à ce que le corps lâche. Il ne lâchera qu'une seule fois, faisant passer le concert d'Alençon à la trappe.

Il passe ses dimanches à L'Élysée-Montmartre, à distiller du *Bleu pétrole* à guichets fermés. Tous les concerts y sont enregistrés en vue d'un disque live à paraître fin 2009. À Troyes, le ton guilleret et cette voix impeccablement claire qui bat le rappel pour une revue d'effectif sommaire avant le concert du soir sonnent comme un avertissement adressé à tous les complaisants. La bête est fatiguée mais elle peut mordre encore. Et comme il lui reste un peu de jus en fin de concert : « *J'ai ressorti ma vieille Jeep, elle marche super.* » « Vertige de l'amour ». Le public n'attendait que ça. Vieille habitude. À l'Olympia, une folie douce s'est emparée des fauteuils rouges. « Mes prisons », « Fantaisie militaire » et ses autres hymnes pour guitare ne desserrent pas l'étau, sa voix coincée dans la gorge claque comme un cri de guerre. Impossible de rester assis devant cet homme droit comme une perche frêle qui fixe ce destin auquel il espère encore tordre le cou. Pour sa dernière prestation, le 14 décembre, même sentiment de révolte collective lorsqu'il se lâche deux heures durant pour un set époustouflant. Clin d'œil et conjuration du sort. Alain finit quelques-uns de ses concerts par un « Angora » acoustique. Le texte n'a jamais eu autant de résonance. « Les pluies acides décharnent les sapins/ J'y peux rien, j'y peux rien/ Coule la résine/ S'agglutine le venin/ J'crains plus la mandragore/ J'crains plus mon destin/ J'crains plus rien/ Le souffle coupé/ La gorge irritée/ Je m'époumonais/ Sans broncher. »

Noël arrive tôt cette année. La légion d'honneur lui a été proposée par la SACEM, alors il l'a acceptée. Comme parrain, il a choisi Claude Rich qui a une vraie passion pour Bashung, et qui considère comme un honneur de pouvoir accrocher la décoration à la boutonnière d'Alain le 23 mars prochain. C'est donc d'accord. Le discours est prêt, très personnel, proche du cœur.

Janvier 2009. Au téléphone, Bashung a la voix des bons jours. Il a une bonne nouvelle à annoncer. Le petit crabe squatteur de ses poumons aurait quitté son logis. Alain baisse la garde, logiquement. C'était un piège.

Une pelletée de concerts sont venus s'ajouter à son planning prévisionnel du printemps, comme un rappel dans les villes qui le réclament encore : Toulouse, Clermont, Lyon. Mais à peine un mois après l'éventualité de sa rémission, Alain ne répond presque plus au téléphone. Son état s'est aggravé. Il n'a même pas pu tenir cinq minutes de conversation avec Jean. « *Janot, je ne sais pas si je vais aller au bout de la route.* » Ses mots résonnent comme un adieu.

Alain a tout réglé : les moindres détails pour l'orchestration et les arrangements de *L'Homme à tête de chou*, ainsi que la mise en pli et la sélection finale pour ses deux prochains disques live.

Son absence a éveillé l'inquiétude. Ceux qui se berçaient du doux espoir de le voir ressurgir intact n'étaient pas nombreux, mais puisque lui y croyait avec une telle force et une telle tendresse réaffirmées à chacune de ses apparitions, alors pourquoi pas nous ? La semaine précédant les Victoires de la Musique 2009, tous les signaux d'alerte sont au rouge. Alain risque fort de ne pas être en état de venir chercher ses statuettes qui s'annoncent nombreuses, si l'on en croit le plébiscite reçu par *Bleu pétrole* et ses stupéfiantes prestations scéniques.

Galurin sur la tête, lunettes noires, santiags, il est là, pourtant. Entouré par ses proches. Il chante un « Résidents de la République » miraculeux. Il flotte dans sa chemise, il flotte sur les marches de l'escalier.

Il se déplace comme une ombre, un mirage, une étoile sur le point de s'éteindre. Ses bras connaissent les statuettes. Il devient ce soir-là le recordman du nombre de Victoires décernées. Mais la musique française s'apprête à connaître ce soir-là une cuisante défaite.

Alain Bashung décède le 14 mars 2009, dans l'après-midi. Il sera inhumé le 20 mars, à 14 h 30, au cimetière du Père-Lachaise. À quelques allées de Jim Morrison. Un ange est certainement à sa table.

Post mortem

Vendredi 20 mars 2009. Les hommes en noir font l'obscurité dans la pierre tombale laissant Alain reposer dans son écrin de chêne, enseveli sous un lit de roses blanches. Écran total. Dans le marbre, le C a repris sa place d'origine entre le S et le H du patronyme.

En passant définitivement de l'autre côté du miroir, Bashung aurait dû laisser chacun de ses proches orphelin de quelque chose, prisonnier d'une montagne de questions à jamais sans réponses. Bizarrement, au contraire, sa disparition vient de recréer un lien entre toutes ses différentes vies, qu'il avait su maintenir les unes loin des autres par un savant jeu de sas et de silences, d'opacités et de non-dits. Le matin à la cérémonie d'adieu, ses amis d'enfance alsaciens ont donné une photo de classe à sa femme Chloé, une vieille amie a ressorti le cliché de la rentrée 1964 où Alain rigole comme un tordu dans les rangs d'oignons de la promo masculine du BTS comptabilité. Là, dans les travées du Père Lachaise, son fils Arthur ne sait plus où donner de la tête. Il est écartelé entre les amis de son père qu'il n'a plus vus depuis sa tendre enfance, ceux qui compatissent en lui serrant doucement l'épaule et tous ces cousins puis petits cousins de la branche alsacienne adoptive, fébriles et submergés par l'émotion, qui le voient pour la première fois. Drôles d'endroits pour une réunion de famille(s) que le parvis de cette église Saint-Germain-des-Prés et les allées du cimetière. Depuis le croissant de lune où Bashung pourrait s'être assis désormais, il contemplerait la scène avec un sourire aux lèvres et le sentiment du devoir accompli : s'effacer pour réunir malgré soi, réaliser par la disparition ce qu'il n'avait eu ni le courage, ni la volonté de construire de son vivant... Une sorte d'union sacrée.

Pendant quelques heures, les acrimonies, les clans, les blessures du passé, les ressentiments des uns par rapport aux autres se sont évanouis devant la nécessité de vivre le même instant. Les yeux rougis, le souffle court, on apprend à se connaître en mots bredouillés, on partage timidement les souvenirs, les questions, les indices. On s'éclaire doucement sur les pans de l'existence d'un homme qui avait pris un soin méticuleux à séparer les genres et les époques, à refuser l'idée de bâtir son propre musée, à balayer d'un revers de manche et en une fraction de seconde des années entières de complicité, à reléguer aux oubliettes chaque moment douloureux du passé et à empiler les vies, comme s'il renaissait à chaque fois au monde. Certains doivent, encore à cette heure, deviser sur un aspect caché du bonhomme, tenter d'élucider une de ses énigmes, persister dans la recherche d'une explication à ses comportements déroutants. Sacré Bashung, même disparu de l'avant-scène, il règne là, fantomatiquement, en toile de fond.

Les premiers hommages, spontanés, commencent à fleurir dans des soirées plus ou moins improvisées. Le 1er avril, au Centre Musical Fleury Goutte d'Or-Barbara, Jean Fauque et Boris Bergman enterrent leurs dissensions séculaires pour présenter en duo un concert hommage où Raphael, Aston Villa, Axel Bauer, Matthieu Chedid, Joseph d'Anvers, Manu, Dominic Sonic et Babx font un petit survol du domaine Bashunguien. Une longue liste de concerts suivront, partout en France, avec d'autres artistes entièrement dédiés au répertoire d'Alain, prolongeant l'émotion née de son éclipse et révélant à chaque fois un peu plus sa dimension populaire. Au Père Lachaise, on se retrouve entre fans autour de la stèle, on laisse un petit mot, un bouquet de fleurs, une humeur, quelques larmes et souvent on s'étonne du manque d'entretien. Alors on époussette, on réarrange, on prend soin de la dernière résidence, avec parfois le sentiment qu'Alain a été abandonné là dans cette petite parcelle de ténèbres. Un hiatus entre la famille et l'entreprise de pompes funèbres aurait parasité le bon déroulement des prestations et des égards dus à la sépulture… Pendant ce temps, dans la maison Baschung de la Cité Poissonnière, la vie a repris ses droits. Chloé est redevenue amoureuse et poursuit son périple artistique. Un quatrième album, *Par la rivière* : punk, tellurique, déglingué, rodé dans les bars de Nashville, où soufflent le mystère de l'Ouest, les fantômes des chefs indiens et la force des éléments. Des tournées et des happenings à Londres, des virées en aventurière aux États-Unis, où en blueswoman, elle sillonne le pays en voiture et promène son ukulélé dans des petites salles pour des concerts presque improvisés.

S'il a quitté prématurément la piste de danse terrestre, Alain Bashung a laissé une dernière création en guise d'épitaphe : la bande son de *L'homme à la tête de chou*, autour de Gainsbourg, l'œuvre chorégraphique imaginée par Jean-Claude Gallotta, dont il avait enregistré les voix et défini les grands mécanismes musicaux dans cette dernière réunion de famille artistique, quelques semaines avant son départ. Seul dans son studio niché dans les replis du Massif central, trois mois durant, Denis Clavaizolle a accompli sa mission de maître à jouer *post mortem* et terminé l'édifice musical suivant les plans établis avec Alain. « *Il me disait : "Parfois, il faut que tu fasses des parties de guitare comme si tu ne savais pas jouer, ou si tu ne savais jouer que depuis six mois..." Il pensait à Lou Reed et au Velvet Underground : il voulait des trucs comme ça, assez primitifs. J'ai aussi fait des sons de basse très secs. Il voulait qu'on sente l'odeur du bois...* » Tout y sera. Au détail près.

Le 12 novembre 2009 à la salle MC2 de Grenoble, le rideau noir se lève. Éclairage crépusculaire. Sur le devant de la scène, une chaise. Vide. À ce moment-là, c'est Bashung qui aurait dû s'y asseoir. Jean-Claude Gallotta l'avait convaincu d'être sur les planches et de jouer le rôle du conteur-chanteur. Il devait y être narrateur, interprète vocal à la fois *in* et *out*, observateur et acteur de cette véritable pièce de danse, comme dans le théâtre de Kantor. Le destin en a décidé autrement et, en quatre mois, Gallotta a revu son organisation. « *Pendant toute la préparation du spectacle, j'ai pensé qu'Alain tiendrait le coup jusqu'aux représentations et qu'il serait parmi nous. Son décès a failli tout remettre en cause. Il a fallu que je réadapte le circuit de cette chaise, que je lui donne une nouvelle vie pour qu'elle continue à servir de repère dans la chorégraphie et qu'elle porte un nouveau sens.* » Le metteur en scène aurait pu mettre un figurant dans ce fauteuil : impossible. Alors il en a fait un outil de mémoire, un alibi pour matérialiser la présence d'une absence. D'une double absence même.

Quatorze danseurs saluent la chaise selon un rituel bien personnel comme pour indiquer à sa manière quel sera son rôle dans ce voyage d'une heure quinze au pays de Marilou. Les filles sont en paire de Levi's et en soutien-gorge ; les garçons en pantalon de costard et en chemise bleu lavasse. Tenues correctes exigées. La danse est violente, amourachée, douloureuse, sex-symbolique. La bande-son fait déjà ses ravages intérieurs. Chic et lubrique, moite et onirique, l'instrumental d'ouverture composé par Alain Bashung et Denis Clavaizolle fait doucement monter la fièvre gainsbourgienne dans des constructions mêlant clavecins, congas, guitares new-yorkaises, violons et violoncelles évadés d'une musique contemporaine. Petite mise en appétit avant le grand frisson. « *Je suis l'homme à la tête de chou / moitié légume moitié mec* »... Bashung revient d'outre-tombe, Gainsbourg dans sa bouche. Dernières nouvelles des étoiles... C'est le Bashung psalmodiant, le rôdeur de la pop, qui est là. Le ton grave, la langue malaxeuse de verbe virtuose et érotisé, la lèvre prosodique en talk-over claque chaque syllabe et pénètre délicieusement oreilles et sens. En douze tableaux, Gallotta et ses danseurs tricotent la fable de la petite garce shampouineuse à la beauté païenne, et réalisent le miracle de l'art « résurrectionnel » comme si l'œuvre était un dernier acte de résistance à la force et à la farce de la mort.

Musicalement, l'architecture joue l'harmonie des contrastes et des matières. Veineuse, sensuelle et cascadeuse, échafaudée en plans-séquences, où chaque intermède conçu spécialement pour la narration chorégraphique surdimensionne la relecture du disque initial. Le puzzle prend forme comme une suite imaginaire et exotique de *L'imprudence*, la musique s'installe en tableaux dans de grands espaces, Gainsbourg s'y décline en trois dimensions. La trompette d'Erik Truffaz crapahute sur les cimes et *Marilou reggae* s'enlace dans les lianes venimeuses de Massive Attack, puis la voix de Morgane de Cocoon file les ingénues libertines sur les deux chansons phares du disque (*Ma Lou Marilou* et *Marilou sous la neige*)… L'extrapolation est totale, libre, rigoureusement débridée, vue de l'extérieur… Dans l'esprit Gainsbourg, finalement. Conçue comme la B.O. d'une chorégraphie, elle s'est débarrassée du poids de l'œuvre originelle pour n'en développer qu'un pan de sa charge sensorielle dans une vision musicale. La scénographie minimaliste et suggestive de Gallotta a endossé l'autre partie, évidemment plus figurative. Indissociables, ces deux mises en abîmes du son et des corps recomposent *L'homme à la tête de chou* dans une poésie inédite.

Depuis sa première dans son berceau grenoblois, *L'homme à la tête de chou* entame une tournée triomphante. Réunis dans la disparition, Gainsbourg et Bashung hantent les scènes aux six coins du territoire en jouant leur dernier tour de passe-passe. Et on se prend à rêver d'une sortie sur disque de la fameuse musique. Espoir à demi déçu, à Noël 2010, lorsque seule la chanson-titre du spectacle vient illuminer une double compilation « Osez Bashung ». Pour l'intégrale de la B.O., il faudra donc attendre. Car, dans la maison de disque d'Alain, la réflexion va bien au-delà de la simple édition. Le passé l'a enseigné : la mort d'un artiste s'accompagne souvent d'une longue phase d'oubli, d'un inexplicable sommeil de notoriété. Les chansons de Barbara, Brassens, Ferré et même Gainsbourg (dans une moindre mesure) ont connu ce phénomène d'hibernation que les rééditions, les exhumations de chansons rares ou inédites ont eu du mal à enrayer. Faire vivre Bashung, si peu de temps après sa mort, c'est aussi gérer les pépites qui dorment au fond des tiroirs, maintenir régulièrement son existence dans une actualité musicale, comme s'il y avait une vie créative après la disparition physique.

C'est dans cette logique de « petite immortalité » qu'est né le projet « Tels ». Avant même de réveiller les éventuelles chansons perdues d'Alain, un album hommage constitué de reprises de ses titres existants, pourrait d'abord en perpétuer l'esprit à travers le talent des générations d'artistes que sa démarche artistique a pu décomplexer ou inspirer.

« *Il faut prolonger les belles chansons, c'est un petit signe d'éternité... Mais pour reprendre une chanson, il faut qu'il y ait une bonne raison, il faut qu'elle vous touche. S'il y a une raison, alors, on a une chance de ne pas trop mal la chanter. Et puis parfois, on a peur de se lancer dans des reprises de certaines chansons. Moi, j'ai toujours eu peur de Brel par exemple... Jusqu'à ce qu'on me propose de faire une version du* Tango funèbre. *Quand ça n'est pas suffisamment clair au niveau de l'envie, il faut essayer quand même... Physiquement. Reprendre une chanson, ça ne doit pas passer uniquement par la tête. Parfois, il faut se mettre au pied du mur et essayer... Et là, on peut avoir de belles surprises* », expliquait Alain sur son art de la reprise. Sa technique, immuable, constituait en un soin toujours renouvelé du décalage, du transport amoureux de la chanson d'origine sous de nouveaux tropiques, dans des paysages exotiques, loin du sentiment ou de la légende qui avait fait sa réputation et son succès. En son temps, il téléportait Brel à Hawaï, chantait *Les mots bleus* de Christophe et *Céline* d'Hugues Aufray comme un crooner cabossé, cramait les Moody Blues sous le soleil de Memphis, etc. Et il faisait de chacune de ses reprises une chanson qui finissait par n'appartenir qu'à lui.

Ils avaient tous en tête l'exigence d'Alain dans cet exercice, lorsque les artistes regroupés ici ont accepté de reformuler, à leur façon, une chanson du Monsieur pour « Tels ». Revisiter un titre de Bashung a dû être un casse-tête chinois. Autant pour ceux qui ont travaillé avec lui (Gaëtan Roussel, Miossec, Dionysos, Noir Désir, Christophe) que ceux qui l'ont vécu de façon plus lointaine. Pour tous, il aura fallu choisir *LA* bonne chanson, en trouver la clé, y débusquer la petite fenêtre par laquelle s'y immiscer avec malice, la déconstruire tout en la respectant et la réinventer avec audace pour la refaire sienne, avec ses moyens, ses ambitions, son point de vue. Devant le défi, on en connaît beaucoup qui n'auraient même pas accepté de jouer. Ils ne sont donc que douze à avoir osé. « *Douze salopards !* » doit déjà rigoler Alain depuis son petit coin de nuage.

Rarement, un disque aura autant montré des artistes devant un obstacle, exhorté chacun de ses participants à puiser au fond de lui-même pour se livrer nu, brut, seul. Les premiers à avoir franchi le pas auront été les Noir Désir. Serge, Bertrand, Denis et Jean-Paul, encore ensemble, en pleine reconstruction, ont trouvé avec *Aucun Express*, une occasion unique de remettre le pied à l'étrier. Le texte et sa métrique exacerbés par le chant d'un Bertrand Cantat transcendé, la guitare de Serge Teyssot-Gay qui serpente dans les interstices, les peaux de Denis Barthe qui insufflent le rythme et Jean-Paul Roy qui bat un cœur de basse. Denis, le batteur du groupe, s'en rappellera toute sa vie : « *Quand la proposition de participer à cet album hommage nous a été faite, nous répétions déjà depuis de longs mois, de façon très soutenue, nous étions apaisés, dans une phase créative, mais nous n'étions peut-être pas encore prêts à enregistrer quoi que ce soit. Pourtant, nous avons accepté quasi immédiatement. Notre maison de disques pensait certainement que nous prendrions du temps pour réfléchir et c'est l'inverse qui s'est produit : nous avons été finalement les premiers à ren-*

dre notre copie. Bashung doit avoir cet effet sur nous, de nous obliger à sortir de nos habitudes, de nos travers. C'était l'opportunité rêvée de passer à l'acte, d'oser à nouveau poser une chanson sur bande. Cela faisait dix ans que nous n'avions pas connu cet instant en tant que Noir Désir. Aucun Express *était une vieille obsession. À l'époque de* Climax, *quand nous avons revisité* Volontaire *avec Bashung et Bertrand au chant à deux voix,* Aucun Express *était déjà en balance avec* Imbécile *et* Volontaire. *Il était resté à quai. C'était l'occasion où jamais cette fois-ci de le Noir Désiriser. Le contexte dans lequel nous avons enregistré a aussi contribué à nous libérer un peu plus encore. La Frette n'est pas un studio comme les autres : c'est une immense maison entièrement dédiée à la musique où le propriétaire, Olivier Bloch-Lainé, a amoncelé une collection d'objets mythiques (comme la console de son Neve du tout premier studio Barclay, la pré-ampli Telefunken où Brel faisait ses voix, la sono du Lido...). C'est un peu une maison d'hôte, avec une âme musicale, où tu dors, tu manges, tu vis dans les pénates de l'habitant des lieux au milieu de ses livres, ses vinyles et ses brosses à dents. Nous avons fait les prises de son dans le salon, avec deux ou trois paravents comme seule isolation sonore. Nous avons tout capturé* live, *dans l'humeur et l'orchestration acoustique du moment. Dès le premier jour, nous savions que nous étions sur la bonne voie. Deux prises plus tard, la chanson était gravée. Nous n'avions jamais travaillé aussi vite.* » Tout allait bien, très bien alors. Ce sera là leur seule et unique chanson après huit ans de séparation forcée et avant l'implosion.

Quand Gaëtan Roussel enroule sa version cryptonique du country *J'passe pour une caravane*, c'est étonnamment l'impression que le même disque est en train de se dérouler. La même atmosphère, le même esprit, la même fraternité. -M- rêve *Madame* en cabaret, l'emmène en revue New York New York et la fait danser baroque sur une batterie que Bashung n'avait pas su imaginer à l'époque pour cette chanson. Benjamin Biolay délocalise *Ma petite entreprise* sur les rives industrielles du trip-hop, dans une relecture improbable où Bashung croise Tricky et Massive Attack dans un fantasme dub-métallurgique.

Aux voix de mecs, aux cascades testostéronées, senties et ésotériques, répondent alors les vibrations de filles. Celle de Keren Ann, transformiste électro d'un *J'fume pour oublier que tu bois* extirpé de ces fumées pub-rock seventies pour affronter les pistes de danse interstellaires. Puis celle de Vanessa Paradis, entièrement orchestrée par Johnny Depp, qui décuple le capital *Angora* en une seule rayure de corde vocale. Babet de Dionysos, fait passer le gué pour un *2043* à deux gorges avec Mathias Malzieu. Stephan Eicher redonne de l'altitude à *Volutes* et Christophe recoud les mots roses d'*Alcaline*. Miossec endosse le costume du clown blanc et fait le tour du cirque *Osez Joséphine* comme dans un ultime numéro. BB Brunes, qui a bien grandi, décline *Gaby* en quatre orgasmes et Raphael se rêve en *Apiculteur*, submergé par le venin des abeilles.

Revoilà Bashung, sans Bashung mais tel qu'en lui-même, remixé entre ses chansons et ses pensées, réinventé dans son propre puzzle. Comme une canonisation.

Marc Besse

Remerciements

Une immense reconnaissance pour tous ceux qui ont guidé l'écriture de cette biographie par leurs témoignages passionnés :

Dominique A., Victoria Abril, Claude Alvarez-Pereyre, Dick Annegarn, Joseph d'Anvers, Raymond Arbogast et sa famille, Jack Arel, François Armanet, Arno, Fernando Arrabal, Hughes Aufray, Martyn Barker, Denis Barthe, Arthur Bashung, Stephane Belmondo, Boris Bergman, Michel Bernard, François Bernheim, Ludovic Bource, François Bréant, Jérome Brézillon, Vline Buggy, Rodolphe Burger, Olivier Cadiot, Olivier Caillart, Bertrand Cantat, Marie-Louise De Certaines, Philippe Chatel, Mathieu Chedid, Christophe, Mino Cinelu, Denis Clavaizolle, Eric Clermontet, Jean Corti, Evelyne Courtois, Etienne Daho, Antoine Dathanat, Franz Delage, Pierre Delanoé, Phil Delire, Claire Denis, Noel Deschamps, Djoum, Philippe Draï, Francis Dreyfus, Richard Dumas, Simon Edwards, Vic Emerson, Edith Fambuena, Jean Fauque, Mathieu Ferré, Brigitte Fontaine, André Georget, Marie-Françoise Gille-Huss, Didier Golemanas, Juliette Gréco, Pierre Grillet, Olivier Guindon, Françoise Hardy, Jean-Bernard Hebey, Jacques Higelin, Romain Humeau, Les Hurleurs, Aline Isserman, Pascal Jacquemin, Jean-Michel Jarre, Alain Jean, Pierre Jolivet, Arnault Joubin, Evelyne Kesselring et sa famille,

Killofer, Robert et Richard Koessler, Manfred Kovacic, Valérie Lagrange, Sonny Landreth, Jean-Pierre Lang, Jean Lamoot, Anne Lamy, Jean-François Larie, Laurence Larie, Patrice Leconte, Antoine Le Grand, Little Bob, Frederic Lo, Mathias Malzieu, Gérard Manset, Marie-Chantal Maux, Armand Méliès, Christophe Miossec, Chloé Mons, Chantal Monterastelli, Richard Mortier, Nadine Nandrot, Colin Newman, Steve Nieve, Mitch Olivier, Vanessa Paradis, Mireille Perrier, Kiki Picasso, Jean-Louis Pierot, Jean-Pierre Pilot, Jacqueline et Ken Ploquin, Joseph Racaille, Arnaud Rebotini, Jean-Marie Redon, Marc Ribot, Alain Rivey, Jean-Max Rivière, Gaëtan Roussel, Jean-Paul Roy, Jean-Guy Ruff, Jean-Charles Schmitt et sa famille, Andy Scott, Brad Scott, Laurent Seroussi, Mike Shannon, Richard Shroeder, Emilie Simon, Yves Simon, Henri Steimen, Rachid Taha, Sylvain Taillet, Daniel Tardieu, Serge Teyssot-Gay, Marc Thonon, Jean-Marc Tomasi, Charlotte de Turkheim, Jean-Charles Versari, Link Way.

Ma gratitude éternelle aux indispensables Yvette et Georges Bès, Jean-Philippe Bès, Emmanuelle Campdoras, Jacmé Gaudas, Laurence Cabidoche, Jean-Daniel Beauvallet, Jean Fauque, Arnaud Le Guilcher et Olivier Bas pour m'avoir aidé à garder intacts l'esprit, la fièvre et la rigueur de cette biographie.

Merci à Chloé Mons et à Poppée Bashung d'avoir accepté ma présence dans la maison familiale.

Toute mon affection à Floriane Joannet, Thierry Gicquel, Isabelle Vernassière et Anne-Sophie Kourganoff pour leur disponibilité de tous les instants et leur sourire.

Merci à Alain Delage pour cette première rencontre avec Alain Bashung sans laquelle rien de tout ceci n'aurait été possible.

Merci à tous les habitants de Wingersheim, en souvenir de ce 1er avril 2007.

Merci à Catherine « Teresa » Gonnu pour son soutien indéfectible.

Merci à Caroline Leix, Jérôme Cotte, Patrick Castells, Stéphane Maurice, Arnaud Rivet, Marc Odouard, Greg Lamazères, Vincent Kayser, Bertrand Pujo et Bruno Burgess pour leur aide précieuse.

À la mémoire de Fabrice Ponthier.

Discographie et filmographie

Discographie

Discographie quarante-cinq tours jusqu'à 1976

1966 – POURQUOI RÊVEZ-VOUS DES ÉTATS-UNIS ?
Pourquoi rêvez-vous des États-Unis ? (Baschung)
T'es vieux, t'es moche (Baschung)
Opéra cosmique (Baschung)
Petit garçon (Baschung)

Arrangements et direction d'orchestre : Gregory Schmitt

1967 – T'AS QU'À DIRE YEAH
T'as qu'à dire yeah (Baschung)
Toute la semaine à travailler (Gérard Hugé – Pussycat)
Quand un amour disparaît (Baschung – Pussycat)
Comme une enfant (Baschung – Evelyne Courtois)

Avec Gérard Hugé et son orchestre

1967 – TU ES UNE ENFANT QUI FAIT LA BELLE
Tu es une petite enfant qui fait la belle (Baschung – Sébastien Poitrenaud)

Prends un peu d'amour (Baschung – Sébastien Poitrenaud)
Tout près de vous (Baschung – Sébastien Poitrenaud)
Où va le train fantôme ? (Baschung – Sébastien Poitrenaud)

Avec Gérard Hugé et son orchestre

1968 – CHÈRE PETITE CHOSE
Chère petite chose (Vline Buggy et Yves Dessca / Alain Bashung)
Je vous crois (Pierre Delanoë / Alain Bashung)

Avec Jean-Claude Vannier et son orchestre

1968 – LES ROMANTIQUES
Les romantiques (Pierre Delanoë / Alain Bashung – Joss Baselli)
Les secondes (Georges Aber / Alain Bashung)

Avec Jean-Claude Vannier et son orchestre

1969 – LISE
Lise (Bashung – Michel Renard)
Ni le ciel ni l'enfer (André Gorget – Yves Dessca)
La dernière porte (Bashung – Frank Gérald)
La rivière (André Georget & Larry Greco – Michel Renard)

Orchestre : André Georget

1969 – HO GLI OCCHI CHIUSI
Ho gli occhi chiusi (Fabi – Gizzi – Lauzi)
Una parola sola (Fabi – Gizzi – Lauzi)

Arrangements et direction d'orchestre : Claudio Gizzi

1969 – SIMPLEMENT QUELQUES JOURS
Simplement quelques jours (Philippe Monay – Yves Desca)
Fleur qui meurt (Alain Bashung – Georges Aber)

Arrangements : André Georget (1), Jean-Claude Vannier (2)

1969 – LA RIVIÈRE
La rivière (André Georget & Larry Greco – Michel Renard)
La dernière porte (Bashung – Frank Gérald)

Orchestre : André Georget

1970 – UN JOUR VIENDRA
Un jour viendra (Gilles Thibault – Christophe)
La paille aux cheveux (Boris Bergman – Jacques Denjean)

Avec Jacques Denjean et son orchestre

1971 – DU FEU DANS LES VEINES
Du feu dans les veines (Christian Arabian – Cat Stevens)
Œil pour œil (Hubert Ithier – Alain Bashung)*

Orchestrations : Dominique Perrier

1973 – BOIS DE SANTAL
Bois de santal, l'amour est rose (Patrick Lemaître – Jean-Pierre Lang)
Un océan de bonheur (Patrick Lemaître – Jean-Pierre Lang)

Direction musicale : Pierre Chiffre

Sous le pseudonyme de Monkey Business

1972 – DELTA QUEEN
Delta queen (Terry Tassenberg)
Take me to the water (David Woods Hill – Hendrick Darmen)

1972 – TEARS MAKE MEMORIES
Tears make memories* (Michel Bernard alias Mike Deaner – Alain Bashung alias Hendrick Darmen – C. Curter)
Hung on you, baby (Tuesday Jackson – Hendrick Darmen)

Sous le pseudonyme de David Bergen

1975 – JE NE CROIRAI PLUS JAMAIS À L'AMOUR
Je ne croirai plus jamais à l'amour (Franck Gérald – Jack Arel)
Comme tous les jours (Vline Buggy – Hendrick Darmen – Jack Arel)
Arrangements : Pierre Dutour.

Discographie trente-trois tours

1977 – ROMAN-PHOTOS
Roman-photos (Daniel Tardieu / Alain Bashung)
L'amour c'est pas confortable (Boris Bergman / Alain Bashung)
Blablas (Boris Bergman / Alain Bashung)
Le pianiste de l'Éden (Daniel Tardieu / Alain Bashung)
C'est la faute à Dylan (Boris Bergman / Alain Bashung)
Kimono (Boris Bergman / Alain Bashung)
Te revoir (Daniel Tardieu / Alain Bashung)
Y'a des jours (Boris Bergman / Alain Bashung)

Cendrillon de Chinatown (Boris Bergman / Alain Bashung)

Réalisation : Jacqueline Herrenschmidt et Andy Scott
Photos : Gérard Ruffin / Studio de l'Air

1979 – ROULETTE RUSSE
Je fume pour oublier que tu bois (Boris Bergman / Alain Bashung)
Station-service (Boris Bergman / Alain Bashung)
Elsass blues (Boris Bergman / Alain Bashung)
Y'a un yéti (Boris Bergman / Alain Bashung)
Guru tu es mon Führer de vivre (Boris Bergman / Alain Bashung)
Milliards de nuits dans le frigo (Boris Bergman – Daniel Tardieu / Alain Bashung)
Pas question que j'perde le feeling (Boris Bergman – Daniel Tardieu / Alain Bashung)
Bijou, bijou (Boris Bergman – Daniel Tardieu / Alain Bashung)
Les petits enfants (Daniel Tardieu / Alain Bashung)
Toujours sur la ligne blanche (Boris Bergman / Alain Bashung)
Squeezé (Boris Bergman – Daniel Tardieu / Alain Bashung)

Production : Claude Alvarez – Peyreyre
Photo : Jean-Baptiste Mondino

1981 – PIZZA
Ça cache quekchose
L'araignée
J'sors avec ma frangine
Aficionado
Idylle au Caire
Privé
Vertige de l'amour

Rebel
Retours
Reviens va-t'en
Fan

Paroles : Boris Bergman
Musiques : Alain Bashung
Réalisation : Alain Bashung et Ken Burgess
Photos : Antoine Santoni
Conception et logo : Sillage

1982 – PLAY BLESSURES
C'est comment qu'on freine
Scènes de manager
Volontaire
Prise femelle (instrumental)
Martine boude
Lavabo
J'envisage
J'croise aux Hébrides
Junge Männer
Trompé d'érection
Strip now *
Bistouri scalpel *
Procession (instrumental) *
* Disponibles uniquement sur les rééditions des intégrales de 1992 et 2002, extraits de la BO du *Cimetière des voitures* de Fernando Arrabal

Paroles : Alain Bashung – Serge Gainsbourg sauf « Junge Männer », « Strip now » et « Bistouri scalpel » : Boris Bergman
Musiques : Alain Bashung
Réalisation : Alain Bashung et Michel Olivier

1983 – FIGURE IMPOSÉE
What's in a bird

Horoscope
Imbécile
Hi !
Chaque nuit bébé
Élégance
Poisson d'avril
Lou ravi
Week-end doux
Nuits Halloween

Paroles : Alain Bashung – Pascal Jacquemin sauf « Imbécile » : Boris Bergman, « Poisson d'avril » : Alain Bashung – Pascal Jacquemin – Monterastelli
Musiques : Alain Bashung
Réalisation : Alain Bashung, Michel Olivier et KGDD

Sur la réédition de l'intégrale de 1992, les titres « Lou ravi » et « Nuits Halloween » sont remplacés par les titres « Spiele mich an die Wand » (Bergman / Bashung) et « White spirit » (Jean Fauque / Alain Bashung) et la version d'« Élégance » est celle du quarante-cinq tours

Peinture : Pierre Buffin
Photographie : Jean-Baptiste Mondino

1985 – LIVE TOUR 85
Imbécile (Boris Bergman / Alain Bashung)
Martine boude (Alain Bashung – Serge Gainsbourg / Alain Bashung)
Toujours sur la ligne blanche (Boris Bergman / Alain Bashung)
Vertige de l'amour (Boris Bergman / Alain Bashung)
S.O.S. Amor (Alain Bashung – Didier Golemanas / Alain Bashung)
What's in a bird (Alain Bashung – Pascal Jacquemin / Alain Bashung)

Bijou, bijou (Boris Bergman – Daniel Tardieu / Alain Bashung)
Gaby Oh Gaby (Boris Bergman / Alain Bashung)
Junge Männer (Boris Bergman / Alain Bashung)
Les petits enfants (Daniel Tardieu / Alain Bashung)
Je fume pour oublier que tu bois (Boris Bergman / Alain Bashung)
Volontaire (Alain Bashung – Serge Gainsbourg / Alain Bashung)
Fan (Boris Bergman / Alain Bashung)
Ça cache quekchose (Boris Bergman / Alain Bashung)
Hey Joe (version studio) (W. Roberts / adapt. Gilles Thibaut)

Réalisation : Nick Patrick
Photos et graphisme recto : Serge Van Poucke
Graphisme : Huart / Cholley

1986 – PASSÉ LE RIO GRANDE
Helvète underground
Camping jazz
Dean Martin
Douane Eddy
Malédiction
L'arrivée du Tour
Herr Major
Milady
Rognons 1515
Chat
L'arrivée du Tour (remix) *
S.O.S. Amor **
Tu touches pas à mon pote **
Les Européennes **

Paroles : Boris Bergman sauf « S.O.S. Amor » et « Les Européennes » : Alain Bashung – Didier Golemanas
Musiques : Alain Bashung

Production : Nick Patrick

* Uniquement sur la réédition de l'intégrale de 1992
** Disponibles sur les rééditions des intégrales de 1992 et 2002

1989 – NOVICE
Pyromanes (Boris Bergman / Alain Bashung)
Résidences (Boris Bergman / Alain Bashung)
Légère éclaircie (Boris Bergman / Alain Bashung)
Alcaline (Boris Bergman / Alain Bashung)
Tu m'as jeté (Jean Fauque / Alain Bashung)
Elle fait l'avion (Boris Bergman / Alain Bashung)
Bombez ! (Jean Fauque / Alain Bashung)
Intrépide malgré la fièvre (Boris Bergman / Alain Bashung)
Étrange Été (Jean Fauque / Alain Bashung)
Outrage (Alain Bashung – Jean Fauque)
By Proxy (Boris Bergman – P. Ives / Alain Bashung)
Bombez ! (version 1992) (Jean Fauque / Alain Bashung) *
Climax 4 (instrumental) (Alain Bashung – A. Georget)*

* Disponibles uniquement sur la réédition de l'intégrale de 1992
Production : Nick Patrick
Photographie : Thierry Rajic
Pochette : Antonietti, Pascault & Associés

1991 – OSEZ JOSÉPHINE
J'écume (Alain Bashung – Jean Fauque / Alain Bashung)
Volutes (Alain Bashung – Jean Fauque / Alain Bashung)
Happe (Alain Bashung – Jean Fauque / Alain Bashung)
We'll all right (Buddy Holly – J. Allison – N. Petty – J. Mauldin)
Les grands voyageurs (Lorry Petitgand – Jean Fauque / Alain Bashung)

Blue eyes crying in the rain (F. Rose)
Osez Joséphine (Alain Bashung – Jean Fauque / Alain Bashung)
Kalabougie (Alain Bashung – Jean Fauque / Alain Bashung)
She belongs to me (Bob Dylan)
Madame rêve (Pierre Grillet / Alain Bashung)
Nights in white satin (J. Hayward)

Réalisation : Alain Bashung, Éric Clermontet
Photos : Jean-Baptiste Mondino
Graphisme : Huart/Cholley

1992 – RÉSERVÉ AUX INDIENS (INÉDIT COFFRET INTÉGRALE)
Climax 4 (instrumental) (Alain Bashung – André Georget)
La peur des mots (instrumental) (Jean Fauque – Alain Bashung)
Not tonight Josephine (instrumental) (Alain Bashung)
Les lendemains qui tuent (Alain Bashung – Jean Fauque / Alain Bashung)
Inside dope (Boris Bergman / Alain Bashung)
Feu (Alain Bashung – Jean Fauque / Alain Bashung)
Beaujolais növö (globo) (Boris Bergman / Alain Bashung)
That's all right mama (A. Crudup)
Stille Nacht (traditionnel)
La coupole (instrumental) (Alain Bashung)
Métamorphose (instrumental) (Alain Bashung)
Climax 3 (instrumental) (Alain Bashung – André Georget)

1993 – TOUR NOVICE
Outrage (instrumental) (Jean Fauque – Alain Bashung)
Pyromanes (Boris Bergman / Alain Bashung)
Légère éclaircie (Boris Bergman / Alain Bashung)

Elle fait l'avion (Boris Bergman / Alain Bashung)
Bombez ! (Jean Fauque / Alain Bashung)
Privé (Boris Bergman / Alain Bashung)
Trompé d'érection (Alain Bashung – Serge Gainsbourg / Alain Bashung)
J'envisage (Alain Bashung – Serge Gainsbourg / Alain Bashung)
Scènes de manager (Alain Bashung – Serge Gainsbourg / Alain Bashung)
Rebel (Boris Bergman / Alain Bashung)
Alcaline (Boris Bergman / Alain Bashung)
Imbécile (Boris Bergman / Alain Bashung)
Lavabo (Alain Bashung – Serge Gainsbourg / Alain Bashung)
Reviens va-t'en (Boris Bergman / Alain Bashung)
Douane Eddy (Boris Bergman / Alain Bashung)
C'est comment qu'on freine (Alain Bashung – Serge Gainsbourg / Alain Bashung)
Les Européennes (Alain Bashung – Didier Golemanas / Alain Bashung)
Chat (Boris Bergman / Alain Bashung)

Photo recto : Pierre Terrasson
Photo intérieure : B. Bonnefoy
Graphisme : Huart / Cholley

1994 – CHATTERTON
À perte de vue
Que n'ai-je
Ma petite entreprise
Elvire
Un âne plane
Après d'âpres hostilités
J'avais un pense-bête
J'passe pour une caravane
Danse d'ici
À Ostende

L'apiculteur
J'ai longtemps contemplé

Production : Phil Délire, Alain Bashung, Djoum
Paroles et musiques : Alain Bashung – Jean Fauque / Alain Bashung sauf « J'ai longtemps contemplé » : Alain Bashung – Jean Fauque / Alain Bashung – Jean Fauque
Photos : Jean-Baptiste Mondino
Graphisme : Huart / Cholley

1995 – CONFESSIONS PUBLIQUES CD 1 :
Les grands voyageurs (Lorry Petitgand – Jean Fauque / Alain Bashung)
Un âne plane (Alain Bashung – Jean Fauque / Alain Bashung)
À Ostende (Alain Bashung – Jean Fauque / Alain Bashung)
Elvire (Alain Bashung – Jean Fauque / Alain Bashung)
J'écume (Alain Bashung – Jean Fauque / Alain Bashung)
Osez Joséphine (Alain Bashung – Jean Fauque / Alain Bashung)
À perte de vue (Alain Bashung – Jean Fauque / Alain Bashung)
Étrange Été (Jean Fauque / Alain Bashung)
Les lendemains qui tuent (Alain Bashung – Jean Fauque / Alain Bashung)
J'avais un pense-bête (Alain Bashung – Jean Fauque / Alain Bashung)
Les petits enfants (Daniel Tardieu / Alain Bashung)
Martine boude (Alain Bashung – Serge Gainsbourg / Alain Bashung)
Bombez ! (Jean Fauque / Alain Bashung)
L'apiculteur (Alain Bashung – Jean Fauque / Alain Bashung)

CD 2 :
Volutes (Alain Bashung – Jean Fauque / Alain Bashung)
Danse ici (Alain Bashung – Jean Fauque / Alain Bashung)
Après d'âpres hostilités (Alain Bashung – Jean Fauque / Alain Bashung)
Vertige de l'amour (Boris Bergman / Alain Bashung)
Ma petite entreprise (Alain Bashung – Jean Fauque / Alain Bashung)
Madame rêve (Pierre Grillet / Alain Bashung)
Happe (Alain Bashung – Jean Fauque / Alain Bashung)
J'passe pour une caravane (Alain Bashung – Jean Fauque / Alain Bashung)
Gaby Oh Gaby ! (Boris Bergman / Alain Bashung)
Rebel (Boris Bergman / Alain Bashung)
Toujours sur la ligne blanche (Boris Bergman / Alain Bashung)
Bijou, bijou (Daniel Tardieu – Boris Bergman / Alain Bashung)

Photos recto et verso du livret et dos : Claude Gassian
Photos intérieur livret : Fabrice Demessence
Photo intérieur boîtier : extrait du vidéoclip *Vertige de l'amour* réalisé par Gilbert Namiand
Design : wolf@sabotage !

1997 – FANTAISIE MILITAIRE
Malaxe (Alain Bashung – Jean Fauque / Alain Bashung – Les Valentins)
La nuit je mens (Alain Bashung – Jean Fauque / Alain Bashung – Les Valentins)
Fantaisie militaire (Alain Bashung – Jean Fauque / Alain Bashung)
2043 (Alain Bashung – Jean Fauque / Alain Bashung)

Mes prisons (Alain Bashung – Jean Fauque / Alain Bashung)
Ode à la vie (Alain Bashung – Jean Fauque / Alain Bashung – Jean-Marc Lederman)
Dehors (Alain Bashung – Jean Fauque / Alain Bashung – Les Valentins)
Samuel Hall (Olivier Cadiot / Rodolphe Burger)
Aucun express (Alain Bashung – Jean Fauque / Alain Bashung)
Au pavillon des lauriers (Alain Bashung – Jean Fauque / Alain Bashung)
Sommes-nous (Alain Bashung – Jean Fauque / Alain Bashung)
Angora (Alain Bashung – Jean Fauque / Alain Bashung)

Réalisation : Ian Caple et Jean Lamoot
Photos et graphisme : Laurent Seroussi

2000 – CLIMAX
CD 1 :
La nuit je mens (Alain Bashung – Jean Fauque / Alain Bashung – Les Valentins)
Volutes (Alain Bashung – Jean Fauque / Alain Bashung)
Madame rêve (Pierre Grillet / Alain Bashung)
Malaxe (Alain Bashung – Jean Fauque / Alain Bashung – Les Valentins)
Les mots bleus (Jean-Michel Jarre / Christophe)
J'écume (live) (Alain Bashung – Jean Fauque / Alain Bashung)
À Ostende (Alain Bashung – Jean Fauque / Alain Bashung)
Vertige de l'amour (live) (Boris Bergman / Alain Bashung)
Osez Joséphine (Alain Bashung – Jean Fauque / Alain Bashung)

Toujours sur la ligne blanche (Boris Bergman / Alain Bashung)
C'est comment qu'on freine (Serge Gainsbourg – Alain Bashung / Alain Bashung)
Bijou, bijou (Boris Bergman – Daniel Tardieu / Alain Bashung)
Happe (Alain Bashung – Jean Fauque / Alain Bashung)
Samuel Hall (Olivier Cadiot / Rodolphe Burger)
Lavabo (Serge Gainsbourg – Alain Bashung / Alain Bashung)
À perte de vue (Alain Bashung – Jean Fauque / Alain Bashung)
Ode à la vie (Alain Bashung – Jean Fauque / Alain Bashung – Jean-Marc Lederman)
Bombez ! (Jean Fauque / Alain Bashung)
Gaby Oh Gaby ! (Boris Bergman / Alain Bashung)

CD 2 :
What's in a bird (Alain Bashung – Pascal Jacquemin / Alain Bashung)
Ça cache quekchose (Boris Bergman / Alain Bashung)
Ma petite entreprise (Alain Bashung – Jean Fauque / Alain Bashung)
Les petits enfants (Daniel Tardieu / Alain Bashung)
Les grands voyageurs (Jean Fauque – Loory Petitgand / Alain Bashung)
L'apiculteur (live) (Alain Bashung – Jean Fauque / Alain Bashung)
Aucun express (Alain Bashung – Jean Fauque / Alain Bashung)
Climax 4 (instrumental) (Alain Bashung – André Georget)
Un âne plane (Alain Bashung – Jean Fauque / Alain Bashung)
Le tango funèbre (Jacques Brel / Gérard Jouannest)
Nights in white satin (J. Hayward)

J'passe pour une caravane (live) (Alain Bashung – Jean Fauque / Alain Bashung)
Imbécile (Boris Bergman / Alain Bashung)
Volontaire (Serge Gainsbourg – Alain Bashung / Alain Bashung)
Rebel (Boris Bergman / Alain Bashung)
Hey Joe (W. Roberts)
Reviens va-t'en (Boris Bergman / Alain Bashung)
S.O.S. Amor (Alain Bashung – Didier Golemanas / Alain Bashung)
Pas question que j'perde le feeling (Boris Bergman / Alain Bashung)

Artwork : Restez vivants !
Photos : Arnault Joubin

2002 – L'IMPRUDENCE
Tel (Alain Bashung – Jean Fauque / Alain Bashung – Mobile In Motion)
Faites monter (Alain Bashung – Jean Fauque / Alain Bashung – Ludovic Bource)
Je me dore (Alain Bashung – Jean Fauque / Alain Bashung – Ludovic Bource)
Mes bras (Alain Bashung – Jean Fauque / Alain Bashung – Mobile In Motion)
La ficelle (Alain Bashung – Jean Fauque / Alain Bashung – Arnaud Devos)
Noir de monde (Alain Bashung – Jean Fauque / Alain Bashung – Mobile In Motion)
L'irréel (Alain Bashung – Jean Fauque / Alain Bashung – Mobile In Motion – Ludovic Bource – Jean Lamoot)
Jamais d'autre que toi (Robert Desnos / Alain Bashung – Ludovic Bource – Jean Lamoot)
Est-ce aimer (Alain Bashung – Jean Fauque / Alain Bashung – Arnaud Devos)

Le dimanche à Tchernobyl (Alain Bashung – Jean Fauque / Alain Bashung – Ludovic Bource – Mobile In Motion)
Dans la foulée (Alain Bashung – Jean Fauque / Alain Bashung – Arnaud Devos – Arnaud Rebotini)
Faisons envie (Christophe Miossec – Alain Bashung / Alain Bashung – Mobile In Motion)
L'imprudence (Alain Bashung – Jean Fauque / Alain Bashung)

Réalisation : Jean Lamoot et Alain Bashung
Photo : Richard Dumas
Graphisme : PPK

2002 – INTÉGRALE « LES HAUTS DE BASHUNG »
Coffret 18 disques contenant tous les albums studios ainsi que 3 disques supplémentaires et 1 DVD :

CD 1 « DUOS, REPRISES ET RARETÉS VOL 1 »
Kalabougie (version kalabougé) – Les lendemains qui tuent – Dehors (live studio) – Inside dope – Tue-moi, je te couvrirai – Station-service (live) – That's all right mama – Max amphibie – Cadillac (maquettes) – Beaujolais növö – Élégance (version divan) – Lavabo (live) – Bombez ! – Spiele mich an die Wand – Feu – Silence mes anges – Madame rêve (instrumental) – Stille Nacht.

CD 2 « DUOS, REPRISES ET RARETÉS VOL 2 »
À Ostende – L'eau et le vin – Les grands voyageurs (avec Marc Ribot) – Les mots bleus – Ode à la vie (avec Rachid Taha) – City (avec Brigitte Fontaine) – Samuel Hall (avec Rodolphe Burger) – Slow food – Volontaire – (avec Noir Désir) – Hey Joe (live studio) – What's in a bird (avec M) – Chanson du loup – Animal on est mal – Le tango funèbre – Les amants d'un jour – Céline – Mortel battement (avec Zend Avesta).

CD 3 : INSTRUMENTAUX

Climax 4 – La peur des mots – Not tonight Joséphine – White spirit – La coupole – Scènes de manager – J'ai longtemps contemplé – Danse ici – Que n'ai-je ? – Elvire – À perte de vue – Après d'après hostilités – Touche éther – Toile émeri – Flash limonade – Art pégiator – Voyage à Honfleur – Métamorphose – Climax 3.

DVD : « PORTRAITS & TITRES LIVE »

Entretiens croisés : interviews de Bashung et ses proches (Jean Fauque, Christophe Miossec, Bertrand Cantat, etc) sur sa discographie.

Bashung Express : documentaire

Portrait de Jean Fauque : interview

Thème Astral : par Françoise Hardy

Extraits de Confessions publiques : neuf chansons live

Photos : Richard Dumas
Graphisme : PPK

2004 – LA TOURNÉE DES GRANDS ESPACES

CD 1 :

Tel
Je me dore
Faites monter
La nuit je mens
Sommes-nous
Aucun express
Le dimanche à Tchernobyl
L'irréel
Mes prisons

Fantaisie militaire
Volontaire
Étrange été
Légère éclaircie
Bombez !
What's in a bird
Mes bras

CD 2 :
Elvire
J'passe pour une caravane
Osez Joséphine
Les grands voyageurs
Samuel Hall
Vertige de l'amour
2043
Faisons envie
Cantique des cantiques
Madame rêve
Ma petite entreprise
Martine boude
Bijou, bijou
Angora
Malaxe

2008 – BLEU PÉTROLE
Je t'ai manqué (Gaëtan Roussel)
Résidents de la République (Gaëtan Roussel)
Tant de nuits (Joseph d'Anvers / Arman Méliès – Alain Bashung)
Hier à Sousse (Gaëtan Roussel)
Vénus (Gérard Manset / Arman Méliès – Gérard Manset)
Comme un légo (Gérard Manset)
Sur un trapèze (Gaëtan Roussel)
Je tuerai la pianiste (Gérard Manset / Gaëtan Roussel – Alain Bashung)
Suzanne (Leonard Cohen, adapt. Graeme Allwright)

Le secret des banquises (Gaëtan Roussel – Alain Bashung / Gaëtan Roussel)
Il voyage en solitaire (Gérard Manset)
Hier à Sousse (version alternative) (Gaëtan Roussel)

Réalisation : Gaëtan Roussel et Mark Plati
Peintures et graphisme : Élément-s, Jérôme Witz
Dessin « Je t'ai manqué » : Victor Sabot
Photos : Ludovic Carême

2008 – BIJOUX, BIJOUX (COFFRET 3 CD)
CD 1 : L'apiculteur – Je me dore – J'écume – Madame rêve – Fantaisie militaire – Alcaline – Bijou, bijou – Bruxelles – Samuel Hall – Dehors – Faites monter – Volontaire – Toujours sur la ligne blanche – La nuit je mens – Un âne plane – Nights in white satin – Tel

CD 2 : Happe – Osez Joséphine – Elvire – Lavabo – Malédiction – Gaby Oh Gaby – J'envisage – Le tango funèbre – What's in a bird – Légère éclaircie – Ode à la vie – Je t'ai manqué – Les mots bleus – Que reste-t-il de nos amours ? (avec Françoise Hardy) – Malaxe – J'passe pour une caravane – Mes bras – Il voyage en solitaire

CD 3 : Comme un légo – Aucun express – Volutes – À Ostende – À perte de vue – S.O.S. Amor – Sommes-nous – Élégance – Bombez ! – Les petits enfants – C'est comment qu'on freine – Pyromanes – Hier à Sousse – Vertige de l'amour – Trompé d'érection – Rebel – Ma petite entreprise – Les grands voyageurs – Angora

Photo : Jean-Baptiste Mondino. Graphisme : Jérôme Witz
2009 – UN DIMANCHE À L'ÉLYSÉE
Comme un légo

Je t'ai manqué
Hier à Sousse
Volontaire
Mes prisons
Samuel Hall
Vénus
La nuit je mens
Je tuerai la pianiste
Légère éclaircie
Mes bras
À perte de vue
Happe
J'passe pour une caravane
Everybody's talking (Fred Neil)
Osez Joséphine
Fantaisie militaire
Madame rêve
To Bill (avec Chloé Mons)
Vertige de l'amour
Malaxe

Graphisme : Jérôme Witz

2009 – LIVE À L'OLYMPIA
Comme un légo
Je t'ai manqué
Hier à Sousse
Volontaire
Mes prisons
Samuel Hall
Vénus
La nuit je mens
Sur un trapèze
Je tuerai la pianiste
L'irréel
Légère éclaircie
À perte de vue

Happe
Résidents de la République
Osez Joséphine
Fantaisie militaire
Madame rêve
To Bill (avec Chloé Mons)
Vertige de l'amour
Malaxe
Angora
Nights in white satin
Graphisme : Jérôme Witz

2009 – NOUVELLE INTÉGRALE, « À PERTE DE VUE » (À PARAÎTRE)
27 volumes (treize albums studio, huit disques live, *La Ballade de Calamity Jane* & *Le Cantique des Cantiques*, trois albums raretés et inédits et deux disques instrumentaux).

2010 – BO « L'HOMME À TÊTE DE CHOU » (À PARAÎTRE)

CD1 :
L'homme à tête de chou
Chez max coiffeur pour hommes
Marilou reggae
Transit à Marilou
Flash forward
Aérophanes
Premiers symptômes
Ma lou Marilou
Variations sur Marilou
Meurtre à l'extincteur
Marilou sous la neige
Lunatic asylum

Paroles et musiques par Serge Gainsbourg

CD2 :
Sarcasmes et coup de poignard
Mano massage
Vision transpirante
Traumatisme du bout du monde
La clinique psyché
La folie surréaliste
KG club
Les yeux de braise
Ultime provocation
De drogue en drogue
Déformation mentale
Rerémoréum
Amour fatal
Décollage érotique
Des bulles au cerveau

Musiques additionnelles par Denis Clavaizolle

Comédies musicales et livres-disques

La Révolution française (Vogue), 1973
Émilie Jolie (Podis), 1997
Max et le Rock (Gallimard jeunesse), 2003

Duos et participations

Belle, belle, belle avec Claude François (INA), 1969 et DVD Chansons et Champions, 2008.

Dirty Old Town : avec The Pogues (INA), 1986 et Anthologie DVD Bashung (Barclay), 2009

Dure limite : avec Jean-Louis Aubert, EP Voilà c'est fini (Virgin), 1989

Le tango funèbre : Aux suivants (Barclay), 1996

Animal on est mal : Route Manset (EMI), 1996

Céline : Chanson d'enfance (Delabel), 1997

Je ferai une petite chanson nouvelle (G. d'Aquitaine) – *Chanter ne peut guère valoir* (B. de Ventadour), *Ami dans une grande angoisse* (Comtesse de Die), *La révolte des paysans* (R. Wace), *Le Guignon d'hiver* (Rutebeuf), *Fatrasie* (P. de Beaumanoir), *Rondeaux* (C. D'Orléans), *Ballades des dames du temps jadis, Épitre à mes amis, Ballade de merci, L'épitaphe de Villon, Ci-Gît* (François Villon) – *L'olive, Les antiquités de Rome, Les regrets* (J. Dubellay), *Contre quelques-uns qui le blâmaient de suivre la poésie* (J. Tahureau), *Sonnets* (E. Pasquier), *Combien de jours combien de nuits* (E. de la Boétie), *Sonnet* (J. Grévin), *Livre des amours, Ode à Cassandre, Sonnet pour Hélène, Le dernier vers* (P. de Ronsard) : Anthologie de la poésie française (Thélème), 2000

Nocturne et *Mortel battement* : avec Zend Avesta, Organique (Barclay), 2001

Slow food avec Aston Villa, Strange, 2002

Avec le temps : avec Léo (Barclay), 2004

Le Cantique des cantiques : avec Chloé Mons (Dernière bande), 2003

La Ballade de Calamity Jane : avec Chloé Mons (Dernière bande), 2006

Le Sud : On dirait Nino (Barclay), 2006

Bruxelles : Le Grand Dîner (Tôt ou tard), 2006

Summerwine : avec Emilie Simon, La Musicale (Canal +), 2006

Ivres : avec Armand Meliès, Les tortures volontaires (Remark), 2006.

La panique mécanique : avec Dionysos, La mécanique du cœur (Barclay), 2007

Que reste-t-il de nos amours ? : avec Françoise Hardy, Parenthèses (Virgin), 2007

LUV : avec Daniel Darc, Amours suprêmes (Mercury), 2008

I can't escape from you : avec Etienne Daho, L'invitation (Virgin), 2008.

Alain Bashung a composé pour :

Noël Deschamps : *Ho là Hey* (RCA), 1966
Pussy Cat : *Moi je préfère ma poupée* (RCA), 1966
Claude Channes : *Il est grand temps de faire... boom* (RCA), 1967.
Annie Philippe : *Quarante maringouins* (Philips), 1967 – *Une petite croix* (Philips), 1968
Lily Bonato : *Io mi sbagliero* (Milano), 1967
Ann Ballester : *Le Gringo* (CBS), 1967
Pascale Audret : *Cesse de...* (Dreyfus/Barclay), 1969
Théo Sarapo : *Si moi je l'aime* (RCA), 1970
Michel Bernard : *Tu t'en vas tu reviens, Regarde il ne se passe rien* (Shandar), 1970
Norbert : *Zo gaat dat voorbij* (Philipps), 1971
Jocelyne : *Qui la nuit* (Butterfly/Sonopresse), 1972
La Revue Mayol : *Je vends des rêves*, 1972
Isabelle Aubret : *Notre ami c'est le vent* (RCA), 1972
Caterina Valente : *Ho le soleil* (RCA), 1972
Romuald : *Reparlez-moi des roses* (Mercury), 1972
Dick Rivers : *Hold on* (RCA), 1972 – *Je ne veux pas que tu pleures, On n'en parlait pas dans les journaux, Oublie l'âme l'âme, Reparlez-moi des roses* (Shotgun / Sonopresse), 1972 – *Sherry, Marilou, Tu t'en fous moi aussi, Si loin si près* (Shotgun / Sonopresse), 1973-1974.
Alain Sireguy : *On vit pour ça et pas pour autre chose* (Espiègle/Discodis) – *Bandit* (Butterfly/Sonopresse), 1972 – *Paris, tout n'est pas fini* (Butterfly), 1973 – *La mariée* (Shotgun), 1974
David Rochline : *La Règle du Jeu, Danseur Étoile, Fais-en plus pour me plaire, Le roi lézard...* (CBS), 1973
Linda Keel : *I need you, Take me to the water* (Motors), 1973
Julie Gregor : *Petit soleil* (Decca), 1973
Cesar : *Merci mammy merci daddy* (Agave/Sonopresse), 1973

Jean-Guy Ruff : *La terre est ta vie,* (Barclay), 1975

Dov : *Dépassé* (Agave/Sonopresse), 1975

Patrice Raison : *Le hasard* (Barclay), 1975

Alain Rivey : *Le rôle de ta vie, Qui te donnera de l'amour ?, Hôtel de Bâle, Cœur jaloux (RCA)*, 1976 – *Le président* (Houngan disques), 1977

Marie Turquoise : *Ça suffit chérie, Une Chance* (Gérard Tournier/Sonopresse), 1976

Marie Casanova : *Poupée Poupée, Il viendra d'une autre planète, Le voisin (J'avais seize ans), Quelle heure est-il en Californie* (RCA), 1976

Saïd Amadis : *Racines, Jamaïque* (Polydor), 1978

Jacqueline Dulac : *Y'a toujours quelqu'un*, 1984

Jean Guidoni : *Putains, Carnet de Grisélidis* (Philips), 1985

Ray Lema : *Mizila* (Mad minute music/Mélodie), 1987

Permission de minuit : *Avec un cœur grand comme ça* (EMI / Rockstar), 1989

Altitude : *Amour en altitude* (Ariola / Rockstar / BMG), 1989

Brigitte Fontaine : *City* (Virgin), 1997

Vanessa Paradis : L'eau et le vin (Barclay), 2000

Filmographie

ACTEUR

J'ai toujours rêvé d'être un gangster (2008), de Samuel Benchetrit avec Anna Mouglalis, Edouard Baer, Jean Rochefort.

Arthur et les Minimoys (2006), de Luc Besson, avec Freddie Highmore, Mylène Farmer, Mia Farrow.

Le P'tit Curieux (2004), de Jean Marbœuf, avec Milan Argaud, Jean-Claude Dreyfus.

La Bande du drugstore (2002), de François Armanet, avec Mathieu Simonet, Aurélien Wiik, Cécile Cassel.

L'Origine du monde (2001), de Jérôme Enrico, avec Roschdy Zem, Angela Molina.

Félix et Lola (2001), de Patrice Leconte, avec Charlotte Gainsbourg, Philippe Torreton.

La Confusion des genres (2000), d'Ilan Duran-Cohen, avec Pascal Greggory, Nathalie Richard, Cyrille Thouvenin.

Retour à la vie (2000), de Pascal Baeumler, avec Emmanuelle Laborit, Marisa Berenson.

Dernières nouvelles des étoiles (2000), de Babeth Si Ramdane.

Je veux tout (1999), de Guila Braoudé, avec Elsa Zylberstein, Frédéric Diefenthal.

Mon père, ma mère, mes frères et mes sœurs... (1999), de Charlotte De Turckheim, avec Victoria Abril, Charlotte De Turckheim.

Le Jeu de la clé (1995), de Michel Hassan.

Ma sœur chinoise (1994), de Alain Mazars, avec Ping Ru, Heling Li.

L'Ombre du doute (1993), de Aline Issermann, avec Mireille Perrier, Sandrine Blancke.

Rien que des mensonges (1991), de Paule Muret, avec Fanny Ardant, Jacques Perrin.

Le Beauf (1986), de Yves Amoureux, avec Gérard Jugnot, Gérard Darmon, Zabou Breitman.

Le Cimetière des voitures (1983), de Fernando Arrabal, avec Juliet Berto, Fanny Bastien, Roland Amstutz.

Nestor Burma, détective de choc (1982), de Jean-Luc Miesch, avec Michel Serrault, Jane Birkin, Guy Marchand.

COMPOSITEUR

Ma petite entreprise (1999), de Pierre Jolivet.
Pigalle (1995), de Karim Dridi.
Le Jeune Werther (1993), de Jacques Doillon.
Le Beauf (1986), de Yves Amoureux.
Le Quatrième Pouvoir (1985), de Serge Leroy.
Le Cimetière des voitures (1983), de Fernando Arrabal.
Nestor Burma, détective de choc (1982), de Jean-Luc Miesch.

Crédits photographiques

Avec l'aimable autorisation d'Universal Music France

© Raymond Bounon, *Universal Music France* : quatrième de couverture
© Claude Delorme : page 7 au centre, page 8 à gauche
© Claude Delorme, *Universal Music France* : page 8 en bas
© Richard Dumas : page 14
© Antoine Le Grand : pages 12 et 13
© Jean-Pierre Leloir : page 7 en bas, page 9 au centre
© Alain Marouani, *Universal Music France* : page 8 en haut
© Richard Schroeder : page 10
© Serge van Poucke, *Universal Music France* : page 9 en bas
© Sophie Zénon : pages 15 et 16

Un grand merci à tous les proches d'Alain Bashung, notamment à son entourage familial.

Table

9713

Composition
NORD COMPO

Achevé d'imprimer en Slovaquie
par NOVOPRINT SLK
le 12 septembre 2011.

Dépôt légal septembre 2011.
EAN 9782290025178

ÉDITIONS J'AI LU
87, quai Panhard-et-Levassor, 75013 Paris

Diffusion France et étranger : Flammarion